JN411434

한국과 중국의 상속법 비교연구

오
용
규 吳勇圭 Oh, Yongkyu

대구 덕원고등학교 졸업
서울대학교 법과대학 졸업
서울대학교 법과대학원 법학과 졸업(석사)
중국정법대학 대학원 수료(박사과정)

경력

1996 제38회 사법시험 합격
1999 사법연수원 제28기 수료
1999.4.-2002.3. 3군사령부 군검찰관, 2군사령부 송무장교
2002.4.-2005.2. 대구지방법원 판사
2005.2.-2006.2. 대구지방법원 경주지원 판사
2006.2.-2008.8. 수원지방법원 판사
2008.8.-2009.8. 중국정법대학 방문학자
2009.8.-2010.2. 수원지방법원 판사
2010.2.-2012.2. 사법연수원 연수생 수습 기획 교수
2012.2.-2014.2. 서울고등법원
2014.2.-2016.2. 창원지방법원 부장판사
2016.2.- 사법연수원 교수
2016.2.- 고려대학교, 아주대학교, 강원대학교 법학전문대학원 겸임교수

아시아태평양법
연구시리즈 5

한국과 중국의 **상속법** 비교연구

오용규

민속원

머리말

학위 논문 주제를 선정할 때 많은 고민을 하였다. 내가 관심을 가지고 있을 뿐만 아니라 다른 연구에도 도움을 줄 수 있는 주제가 무엇일까 고민하였다. 결국 내가 관심을 가지고 있던 가사, 중국법, 통일사법에 모두 연관될 수 있는 주제를 선정하게 되었다. 그리고 이 주제 선정에는 지도교수이신 윤진수 교수님의 가르침이 큰 역할을 하였다.

가족법에 있어 어느 입법례가 더 우수하다고 단정짓기는 어려울 것 같다. 다만, 세계 각국 고유의 역사와 전통, 관습에 따라 가족법이 형성되었고 발전하였을 뿐이다. 그런 의미에서 북한과 같이 소비에트 가족법을 연원으로 하는 중국 가족법에 대한 연구가 사회주의 가족법에 대한 이해를 넓힘으로써 향후 남한과 북한 가족법의 통합 논의가 있을 경우 그 기초자료로 쓰일 수 있을 것이라는 희망으로 이 글을 쓰게 되었다.

석사 과정 수료 후 많은 시간이 지나 학위논문을 쓴다는 것이 쉽지는 않았지만 중국 자료들을 연구하면서 사회주의 가족법에 대한 이해가 넓어졌고 부양 관계가 중심이 되는 사회주의 가족법이 참 흥미롭게 느껴졌다. 비록 필자의 학문적 역량으로 내용이 많이 부족하더라도 이 글을 읽는 분들이 너그러이 이해해줄 것이라고 믿고 그 분들의 가족법 연구에 조금이라도 도움이 되었으면 하는 마음이다.

끝으로 바쁜 일정 속에서도 논문 작성 방향과 논문의 부족한 점 등을 꼼꼼하게 지적해주신 윤진수 교수님, 이동진 교수님, 최준규 교수님께 깊은 감사의 말씀을 드린다.

오용규

차례

01
서론

제1절
연구의 목적

1992년 한중 수교 이후 한국과 중국의 인적, 물적 교류가 계속하여 증가하여 왔는데, 2000년대 이후 중국 경제가 급속히 성장함에 따라 한국과 중국 사이의 인적 교류도 양적이나 질적으로 모두 폭발적 증가세를 보이고 있다. 수교 첫해인 1992년 64억 달러였던 양국간 교역 규모는 2016년 2천 114억 달러로 약 33배 늘어났고, 중국은 한국의 최대 수출 · 수입국(2016년 기준 전체 수출액의 25.1%, 전체 수입액의 21.4%)이 되었으며[1] 한국 역시 중국의 3위 수출국(2016년 기준 전체 수출액의 4.5%), 1위 수입국(2016년 기준 전체 수입액의 10.4%)이 되었다.[2] 양국간 인적

1· http://stat.kita.net/stat/world/major/KoreaStats06.screen 2017년 11월 8일 방문.

2· http://news.kotra.or.kr/user/nationInfo/kotranews/ 2017년 11월 8일 방문.

교류도 수교 당시보다 120배나 증가하였으며, 2016년 한국을 방문한 중국인 관광객은 806만 명으로 전체 관광객의 46.8%를 차지하였다.[3] 최근 정치적 문제로 인하여 양국간 인적 교류가 감소되고 있으나 지리적, 경제적, 문화적 배경의 근접성을 고려할 때 조만간 회복될 것으로 기대된다.

한중 교류는 경제적 교류 이외 인적 교류도 상당히 많으며, 그 인적 교류에는 결혼을 통한 가족 형성도 포함된다. 중국 이외 다른 대부분의 나라는 경제적 교류가 성장하더라도 인적 교류가 그에 따라 성장하는 데에는 한계가 있으나, 중국은 지리적, 문화적으로 오랜 기간 동안 밀접한 관계에 있었을 뿐만 아니라 2백만 명 이상의 조선족들[4]이 있음으로 인하여 인적 교류가 다른 나라에 비하여 비교할 수 없을 정도로 많았으며, 결혼도 많이 이루어졌다. 과거에는 조선족 동포와의 결혼이 주류를 이루다가 최근에는 한족과의 결혼도 늘고 있고, 앞으로 더욱 늘어날 것으로 예상된다.

그로 인하여 국제사법에 따라 중국 가족법이 적용되는 사안[5]이 증가하고 있어 우리나라 법조인으로서도 중국 가족법을 충분히 이해하고 적용하여야 할 필요성이 커지고 있다. 그 뿐만 아니라 문화

---

3. http://www.yonhapnews.co.kr/bulletin/2017/08/16/0200000000AKR20170816037900008.HTML?input=1195m, http://biz.chosun.com/site/data/html_dir/2017/08/17/2017081701308.html 2017년 11월 8일 방문.

4. http://encykorea.aks.ac.kr/Contents/Index?contents_id=E0068435 2017년 11월 8일 방문.

5. 예를 들면, 혼인 무효 소송의 경우 우리나라 국제사법 제36조 제1항은 "혼인의 성립요건은 각 당사자에 관하여 그 본국법에 의한다"라고 규정하고 있으므로 중국인인 당사자는 중국 혼인법이 적용되며, 친권 및 양육권 지정과 관련하여서는 국제사법 제45조가 "친자간의 법률관계는 부모와 자의 본국법이 모두 동일한 경우에는 그 법에 의하고, 그 외의 경우에는 자의 상거소지법에 의한다"고 규정하고 있어 관련 중국 법률을 찾아보아야 하며[중국 섭외민사관계법률적용법(涉外民事关系法律适用法)에 의하여 결국 대한민국 민법이 준거법이 된다], 그 외에도 국제사법에 부모의 본국법에 의하게 되는 조문이 여러 개 있어 중국 가족법을 적용하여야 할 경우가 상당수 발생할 수 있다.

적 배경의 유사성으로 인하여 가문, 가족, 성씨, 결혼, 상속 등에 대하여도 비슷한 인식을 공유하고 있는 경우가 많아서 서로간 가족법 분야의 교류를 통하여 좀 더 합리적이고 적절한 가족법 개정에 도움을 줄 수도 있다.

한중 교류의 증가로 인하여 민법, 상법, 형사법 등의 실무가, 학자들 간의 학술대회 등 교류가 증가하고 있을 뿐만 아니라 서로 간 많은 영향을 받고 있다. 이 중 가족법 부분은 정치체제뿐만 아니라 그 나라의 문화에 의한 영향도 크기 때문에 이념의 영향을 적게 받는 부분이라고 할 수 있다. 사회주의 가족법은 남녀평등 원칙을 중시하고 부양관계를 상속법의 영역으로 끌어들이는 등 전반적으로 사회적 능력이 없는 사람들을 보호하는 규정이 좀 더 구체적이고 다양하게 규정되어 있다는 특징이 있다. 중국 상속법은 상속권 인정이나 유언자유의 인정 등에서 자본주의 상속법과 차이가 크지 않으며, 상속인의 범위 및 순위, 상속의 승인 및 포기, 유언의 방식, 유산의 처리 등에 있어서도 크게 다르지 않은 규정을 두고 있다.(권리 자체를 인정하고 있다는 점은 같지만 구체적 규정은 상당히 다른 면이 많다) 더구나 한국과 중국은 오랜 역사에서 인접국으로 많은 문화 교류가 있었고 유교 문화권이라는 점에서 유사한 점이 있어 가족법에 대한 인식에 있어 유럽의 여러 국가보다는 서로간 비슷한 면이 더 많아 한중 가족법의 비교가 더 큰 의미를 가질 수 있다.

또한, 중국은 최근 상속법 개정 논의가 활발히 진행 중이다. 1985년 중화인민공화국 계승법中华人民共和国继承法[6]이 제정된 이후 30

6· 중국에서는 우리의 상속법을 계승법이라고 한다. 이 글에서는 중국 법령명이나 원문을 그대로 옮겨야 하는 경우에는 계승법이라고 하고, 나머지는 상속법이라고 칭하기로 한다.

년이 지났으며 그 30년 동안 중국은 급격한 경제발전을 이루어 경제 규모에서는 이미 미국 다음으로 커졌고, 2016년도 기준 1인당 GNP도 8,000달러를 넘어섰으며, 북경이나 상해 등 주요 도시의 1인당 GNP가 20,000달러에 근접하고 있다. 이러한 급속한 경제성장으로 인하여 상속법 제정 당시와 현재는 경제적 기반이 너무 달라졌을 뿐만 아니라 국민들의 권리보호 의식, 사회를 바라보는 관점 등도 상당히 달라지는 등 상속법 개정의 분위기가 성숙되어 있고 개정 논의도 활발히 이루어지고 있다. 상속법 이외 민법 분야는 이러한 사회발전에 맞추어 제정, 개정이 이루어지고 있다. 중화인민공화국 민법통칙中华人民共和国民法通则[7] 은 1986년 제정되어 2009년 개정되었고, 중화인민공화국 담보법中华人民共和国担保法[8] 은 1995년, 중화인민공화국 합동법中华人民共和国合同法[9] 은 1999년, 중화인민공화국 물권법中华人民共和国物权法은 2007년 각 제정되었으며, 중화인민공화국 혼인법中华人民共和国婚姻法은 1980년 제정되어 2001년 개정되었다.[10]

이와 같은 중국 상속법 개정 논의는 우리 상속법에도 시사하는 바가 많다. 중국 내에서 상속법 개정과 관련하여 비교법적 연구도 상당히 진행되고 있고, 개정을 위한 연구를 맡은 교수, 연구원들이 법관과 학자들 사이의 토론회도 수차례 개최하고, 한국과 일본과의 교류 학술대회도 개최하여 여러 의견을 수렴하여 2012년 중국

7· 우리나라의 민법총칙과 유사한 내용을 규정하고 있다.

8· 민법 중 담보 부분[보증(保证), 저당(抵押), 질권(质押), 유치(留置), 계약금(定金)]에 관한 것만 별도로 규정하고 있다.

9· 중국 민법에서는 '계약'을 '합동'이라고 한다. '합동법'이란 우리의 '채권법'이나 '계약법'을 말한다.

10· 뒤에서 보는 바와 같이 통합 민법전에 대한 필요성이 꾸준히 제기되고 있지만 아직 통합 민법전을 제정하고 있지는 못하며 민법통칙, 물권법, 담보법, 합동법, 혼입법, 상속법 등 단행법의 형태로 존재하고 있다.

인민대학中国人民大学과 흑룡강대학黑龙江大学이 중심이 되어 기초한 '중화인민공화국계승법 수정초안 건의고中华人民共和国继承法修正初案建议稿' 등 개정안이 작성되었다. 이러한 논의 과정 속에서 상속법의 여러 제도에 대한 심도 깊은 연구가 이루어졌고, 외국의 다양한 입법례에 대한 조사와 연구도 이루어졌다.

우리나라 상속법은 중국처럼 단행법으로 존재하는 것이 아니라 처음부터 민법 속에 상속편으로 규정되어 있었는데 사회의 변화에 따라 상속인의 범위와 상속분이 몇 차례 수정되고 호주상속이 폐지되는 등 1977년, 1990년, 2002년, 2005년 일부 개정이 있었으나 전면적으로 개정되지는 아니하였다.

그러나 우리나라도 처음 민법이 제정된 1960년으로부터 이미 50년 이상의 시간이 흘렀고 그 사이 경제적으로도 수백 배 성장하였을 뿐만 아니라 핵가족화가 상당히 진행되었으며, 사회와 가족에 대한 인식도 상당한 변화가 있어 상속법의 개정에 대하여 한번 생각해볼 필요가 있다고 생각한다. 또한 통일이 되는 경우 남북 가족법의 통합에 대하여도 대비하여야 할 것인데, 북한 가족법과 같은 연원(소비에트 가족법)을 가지고 있는 중국 가족법에 대한 비교 연구는 향후 통합 가족법을 제정함에 있어도 시사점을 줄 수 있을 것으로 생각한다. 특히 북한 가족법이 같은 공산주의 법체제인 중국과 상당 부분 유사하므로 중국 가족법 중 현재 중국 사회에 맞지 않는 점을 잘 관찰하면 장래 통일이 되는 경우 북한 가족법이 직면하게 될 문제점도 미리 파악해볼 수 있고 통합 가족법 논의에도 도움이 될 수 있을 것으로 기대된다.

제2절
연구의 방법 및 범위

1. 연구의 방법

중국 상속법과 우리나라 상속법은 다른 부분이 많다. 예를 들면, 상속순위 및 상속분에 있어 우리나라는 1순위 직계비속, 2순위 직계존속, 3순위 형제자매, 4순위 4촌 이내의 방계혈족으로 하되, 배우자는 1순위 또는 2순위의 상속인이 있는 경우에는 그 상속인과 동순위로 공동상속인이 되고 그 상속인이 없는 때에는 단독상속인이 되며 다른 상속인의 상속분에서 5할을 가산한다고 규정하고 있으나 중국은 1순위는 배우자, 자녀, 부모이고 2순위는 조부모, 외조부모, 형제자매로 하되 동순위자의 상속분은 균등하다고 규정하고 있다. 이 밖에도 우리나라는 유류분 제도를 두고 있으나 중국은 이에 해당하는 제도는 없고 노동능력이 결핍되고 생활수입원이 없는 상속인에게 일정액의 상속을 하도록 하는 필유분 제도가 있다. 그 외 단순승인을 원칙으로 하는지, 한정승인을 원칙으로 하는지, 유증부양협의 제도를 두고 있는지 등 여러 부분에 차이가 존재한다.

그러므로 우리나라와 중국의 상속법의 모든 조문을 비교법적으로 연구하는 것도 적지 않은 의미가 있으리라고 생각하지만, 최근 중국에서 상속법 개정 논의가 활발히 이루어지고 있으므로 이 부분을 중점적으로 소개하면서 우리나라와 중국의 차이를 비교법적으로 연구하는 것이 더 큰 의미가 있을 것으로 생각된다. 이와 함께 개정 논의가 있는 부분에 대한 해외 여러 나라들의 입법례도 같이 소개하여 상속 제도에 대하여 입체적으로 살펴보고자 한다.

2. 연구의 범위

우리나라와 중국은 지리적으로 인접하고 있고, 유교문화권이라는 측면에서 문화적 공통점을 보유하고 있기는 하다. 그러나 구체적인 변화 형태는 같다고만 할 수 없으며, 시대 상황에 따라 차이가 많았다. 특히 중국은 사회주의 혁명 이후 소비에트 가족법을 도입하였고, 현재에도 그 영향이 많이 남아있다.

우리나라와 중국의 상속법을 비교하기에 앞서 중국 상속법의 개관을 살펴보고 이 중 중국에서 개정논의가 있는 부분을 밝힌 후 먼저 우리나라와 중국 상속법의 연원과 상속법을 관통하는 기본원칙을 알아보고자 한다. 우리나라에서는 상속법의 기본원칙이라고 하면 생소하게 생각할 사람들이 많겠지만 사회주의 법제도하에서는 대다수 법률 교과서의 서두에 기본원칙을 상술하고 있다. 그리고 그 기본원칙은 그 법률을 이해하는 데 있어 상당한 도움을 준다.

구체적으로 우리나라와 중국 상속법을 비교함에 있어서는 중국에서 개정 논의가 활발한 부분을 위주로 비교하고자 한다. 아무래도 개정 논의가 활발하다보니 그 부분에 대하여 여러 입법례도 조사하고 제도의 취지나 연혁에 대한 연구도 심도 있게 이루어져 있으며, 무엇보다도 중국의 30년 전과 비교하여 많이 바뀐 현재의 경제, 사회 양상을 반영하는 핵심적 부분이어서 우리나라 상속법의 특징을 비교법적으로 파악하는 데에도 도움이 되기 때문이다.

여기서는 우리 상속법 편제와 같이 법정상속을 먼저 다루고 다음으로 유언상속을 다루기로 한다. 법정상속 중에는 상속인의 범위 및 순위, 배우자의 상속순위와 상속분에 대하여 다루고자 한다.

상속이란 것이 가족의 생계를 위하여 필수적이었던 재산의 승계라는 면이 강하므로 그 가족, 즉 상속인의 범위에서부터 여러 입법례가 존재하게 된다. 앞에서 본 바와 같이 상속인의 범위에서부터 우리나라와 중국은 많은 차이를 보이고 있으며, 특히 배우자의 상속순위와 상속분은 큰 차이를 보이고 있다. 이에 대하여 중국에서도 배우자에게 영순위零顺位의 상속순위를 인정하여야 한다는 주장이 활발한데, 부부별산제를 채택하고 있는 우리와 달리 부부공유재산제를 채택한 중국에서도 그 필요성이 큰지 생각해볼 필요가 있다.

다음으로 유언상속 중 유증의 제한 부분에 관하여 살펴본다. 이 부분은 우리나라와 중국 상속법의 가장 큰 차이점 중 하나이며, 우리 상속법 개정 논의에도 도움이 될 수 있으리라 생각한다. 중국 상속법은, 부양관계를 상속권 취득의 근거로 처음으로 상속법에 도입한 소비에트 상속법을 계수하여 우리 상속법보다 더 가족과 공동체 사회의 보호에 기울어져 있는 것으로 보인다. 배우자와 사별한 사위나 며느리라고 하더라도 장인장모나 시부모에 대한 봉양의무를 다한 경우 1순위 상속인으로 규정하고 있고, 가족 중 노동능력이 결핍되고 생활수입원이 없는 상속인을 특별히 보호하고 있는 중국 상속법 제19조의 필유분必留份 제도나 상속인 이외 피상속인의 부양을 받고 있었던 노동능력이 결핍되고 생활수입원이 없는 자 또는 상속인 이외의 피상속인에 대하여 많은 부양을 한 자가 적당한 유산 분배를 청구할 수 있는 중국 상속법 제14조의 유산작급청구권遗产酌给请求权 등이 그러한 예라고 할 수 있다. 그럼에도 불구하고 중국은 유류분 제도를 도입하지 않고 있었는데 이번 상속법 개정 논의에서 여러 학자들이 유류분 제도(중국에서는 특유분 제도라는 용어를 사용한다)[11] 의 도입을 주장하고 있다. 유언의 자유를 더 제한하는 방향으로 개정작업을 하고 있는 것이다. 그러나 중국은 이미 필유분 제도 및 유산작급청구권 제도를 두고 있는데, 거기에다 덧붙여 유류분 제도를 신설할 필요가 있는지에 대한 의문도 없지 않다. 우리나라 소송실무에서는 생계에 아무런 지장이 없음에도 오로지 상속을 더 많이 받으려는 이유로 유류분 제도를 이용하는 사람이 많은데, 이러한 소송으로 인하여 가족관계의 파탄에 이르는 경우가 많다. 유류분 제도의 이와 같은 역작용에 대하여 비판의 목소리가 높은 편인데, 이러한 중국의 개정 논의가 우리에게도 시사하는 바가 있을 것으로 생각된다.

그 밖에 상속의 단순승인과 한정승인, 유증부양협의 제도 등이 한중 상속법을 비교함에 있어 의미가 있다고 생각하지만, 이 부분은 중국에서는 개정 논의가 거의 없는 부분이어서 굳이 많은 분량을 두고 다루지 않고 아래 중국 상속법 개관 부분에서 짧게 소개만 하고자 한다.

---

11. 중국에서는 우리나라의 '유류분'을 '특유분'이라고 지칭하고 있어 용어의 혼돈이 있을 수 있다. 이 논문에서는 중국 제도를 지칭할 때는 '특유분'으로, 우리나라나 외국 제도를 지칭할 때는 '유류분'으로 하기로 한다.

02

중국 상속법 개관 및 개정 논의

제1절 중국 상속법 개관

1. 상속법의 제정 및 체계

1985년 4월 10일 중국 제6차 전국인민대표대회 제3차 회의는 중화인민공화국 계승법을 채택·공포하였고, 같은 해 10월 1일부터 시행되었다.

전체적인 체계는, 제1장 총칙에서 상속개시 시점, 상속재산의 범위, 상속권 상실 등을 규정하며, 제2장 법정상속에서 상속인 범위 및 상속순위, 상속분에 관하여 규정하고, 제3장 유언상속과 유증에서는 유언능력 및 방식, 유언의 제한 등에 관하여 규정하며, 제4장 유산의 처리에서는 유산분할 방식, 한정상속 원칙, 채무 청산, 유증부양협의 등에 관하여 규정하고 있다.

중국 상속법은 전반적으로 부양관계가 상속법 전반에 내재되어 있는 소비에트 상속법의 영향을 많이 받았으나 중국 특유의 전통과 관습이 상당 부분 더해져 발전되었기 때문에 소비에트 상속법과 동일하지 않으며 상당한 차이가 있다.

2. 총칙

가. 상속의 개시

상속은 피상속인의 사망으로 개시되며, 이 경우 법정상속 규정에 의하여 처리한다. 다만 유언이 있는 경우에는 유언상속 혹은 유증 규정에 의하여 처리하며, 유증부양협의가 있는 경우에는 이 협의에 따라 처리한다.(중국 상속법 제5조)

나. 상속 재산의 범위

중국 상속법 제3조는 상속재산으로서의 유산을 "공민[1] 사망시에 남겨진 개인의 합법적 재산"이라고 규정하고 있다. 그 구체적인 대상은 크게 다음 3가지로 나눌 수 있다.

---

[1] 공민은 권리를 향유하고 의무를 부담하는 주체이다. 중국 헌법 제33조는 "제1항 무릇 중화인민공화국 국적을 가진 사람은 모두 중화인민공화국의 공민이다. 제2항 중화인민공화국 공민은 법률 앞에서 모두 평등하다. 제3항 국가는 인권을 존중하고 보장한다. 제4항 어떠한 공민도 헌법과 법률이 규정한 권리를 향유하고 동시에 반드시 헌법과 법률이 규정한 의무를 이행하여야 한다."라고 규정하고 있다.

① 수입, 주택, 저축, 생활용품, 입목, 가축, 가금, 문물과 도서자료(동조 제1~4호)

② 저작권, 특허권 중 재산권리(동조 제5호)

③ 법률이 공민 소유로 인정한 생산수단(동조 제6호)

이 중 ① 및 ②의 재산을 상속재산으로 규정하고 있는 것은 다른 사회주의 상속법과 별다른 차이가 없다.[2]

공민의 사유주택은 유산이 될 수 있지만 택지의 소유권은 공민 개인의 소유에 속할 수 없으므로 유산이 될 수 없다. 국가 정책이나 법률에 따라 농촌 지역의 토지, 산을 점유 · 사용하여 식수와 조림을 할 수 있으며 심은 자가 소유하고 상속하는 것을 허락한다.[3]

제6호에 규정된 "법률이 공민 소유로 인정한 생산수단"은 다른 의미를 갖고 있다. 여기서의 사유재산권이란 생산수단에 대한 사적 소유권을 일컫는 것으로 사회주의 소유권의 일반 형식인 개인적 소유권[4]과는 다른 의미이다. 중화인민공화국 성립 이후 개인이 소유하는 재산은 주로 생활과 관련된 것이었으나 개혁개방 이후 사회주의 시장경제체제가 도입됨에 따라 상속법 제정 전 이미 많은 공민들이 상당한 생산수단을 소유하게 되었으며 이러한 소유관계를 이 조항에서 명문으로 인정하였다.[5]

---

2. 최달곤, 「중국상속법」, 『가족법연구』 2호, 한국가족법학회, 2011, 87쪽.
3. 巫昌祯 主编, 『婚姻与继承法学』(第五版), 中国政法大学出版社, 2011, 288쪽.
4. 제3장 제2절 2. 나. 참조.
5. 巫昌祯 主编, 앞의 책, 288쪽.

다. 상속권의 포기와 상실

1) 상속권의 포기

중국 상속법 제25조 제1항 전단에서 "상속개시 후 상속인의 상속권 포기는 마땅히 유산처리 전에 상속포기의 표시를 해야 한다."라고 규정하고 있다. 상속권 포기의 표시는 반드시 상속개시 후 유산의 처리 전에 해야 한다.

상속권 포기는 상속지위와 상속배당액에 대한 포기이다. 상속권을 포기하면 당연히 피상속인이 법에 따라 마땅히 납부해야 하는 세금과 채무를 상환할 책임도 없다. 그러나 그렇다고 하여 상속인이 법정의무를 이행하지 않아도 된다는 것을 의미하는 것이 아니다. 예를 들어, 부양, 봉양의무를 지닌 상속인이 비록 상속권을 포기하였어도 피상속인의 생전에 생활, 치료로 인해 형성된 채무에 대해 여전히 자신의 의무범위 내에서 필요한 상환책임을 부담해야 한다. 또한 상속인은 이미 고인이 된 배우자 유산의 상속권 포기를 이유로 쌍방 자녀에 대한 부양의무를 회피해서는 안 된다.[6] 최고인민법원도 이러한 취지에 따라 '최고인민법원의 중화인민공화국계승법 시행에 관하여 약간의 문제에 대한 의견'이라는 사법해석[7] (이하 '상속법 사법해석'이라고만 한다) 제46조에서 "상속인의 상속권 포기로 인해 법정의무를 이행할 수 없게 되면 상속권 포기의 행위는

---

6. 巫昌祯 主编, 위의 책, 281쪽.

7. "사법해석"이란 최고인민법원이 재판과 관련하여 법률과 법령을 구체적으로 응용하는 해석을 말한다. 중국 사법제도는 양심종심제(兩審終審制)로 2심이 최종심인데, 2심도 사실심이다. 그리하여 우리 대법원과 같이 판결을 통하여 법령 해석의 통일을 기할 수 없기 때문에 최고인민법원이 판결이 아닌 사법해석으로 법령 해석의 기준을 제시하고 있으며, 이는 모든 사법기관을 구속하기 때문에 사법해석은 사실상 법령에 준하는 효력이 있다.

무효가 된다."고 규정하고 있다.

2) 상속권의 상실

상속권의 상실은 상속인의 피상속인 혹은 다른 상속인에 대해 일정한 범죄를 범하거나 위법행위를 함으로 인해 법에 따라 상속자격을 박탈당하는 것을 말하며, 상속권의 상실은 상속권의 포기와 구별된다. 상속권 포기는 본인의 상속권에 대한 일종의 처분행위로서 상속인에게 부여하는 일종의 권리인데 반해 상속권 박탈은 반드시 법정 요건에 부합해야 한다.

중국 상속법 제7조는 상속인이 다음 4가지 원인으로 인해 상속권을 상실한다고 규정하고 있다.

① 피상속인을 고의적으로 살해한 경우
② 유산을 쟁탈하기 위하여 다른 상속인을 살해한 경우
③ 피상속인 유기遺棄 혹은 피상속인 학대의 상황이 심각한 경우
④ 유언 위조, 곡해曲解 혹은 소멸의 상황이 심각한 경우

3. 법정상속

가. 법정상속인의 범위 및 순위

중국 상속법 제10조는 법정상속인으로 1순위는 배우자, 자녀, 부모, 2순위는 형제자매, 조부모, 외조부모를 규정하고 있으며, 위법 제13조는 "동일 순서의 상속인의 상속분은 일반적으로 균등하

다."라고 규정하고 있다. 1순위 상속인이 있는 경우 2순위 상속인이 상속할 수는 없으며, 1순위 상속인이 모두 존재하지 않은 경우에서야 2순위 상속인이 상속할 수 있다. 같은 순위 상속인 사이에서는 상속분은 균등하다.[8]

나. 상속인 외의 유산취득인

실제생활에서 피상속인과 밀접한 관계를 지니는 경우는 대개 법정상속인에만 국한되지 않는다. 비록 법정상속인은 아니지만 피상속인에 대해 부양의무를 다하거나 혹은 피상속인의 부양에 의존하는 사람도 법에 따라 적당한 유산을 분배받을 수 있다.

상속인 이외의 유산취득인은 법정상속인 이외의 법률 규정에 따라 피상속인 유산을 취득할 권리를 지닌 공민을 가리킨다. 중국 상속법 제14조는 "상속인 이외 피상속인의 부양에 의지하는 노동능력이 결핍되고 생활수입원이 없는 자 혹은 상속인 이외 피상속인에 대하여 비교적 많은 부양을 한 자에게 적당한 유산을 분배할 수 있다."고 규정하고 있다.

법정상속인 이외의 유산취득인의 일부는 피상속인의 먼 친족이며, 일부는 피상속인과 완전히 친족관계가 없는 경우이므로 그들은 피상속인의 유산에 대해 본래는 상속권을 향유하지 못한다. 법률상 그들에게 유산취득의 권리를 부여하는 것은 양로보육養老保育, 상부상조 원칙을 구현하기 위해서이다. 상속법의 규정에 의거하여 유산을 취득하는 법정상속인 이외의 사람의 그 유산취득 권리는

---

[8] 자세한 내용은 아래 제4장 제1절에서 살펴보기로 한다.

독립적이며, 상속인의 상속권에 종속되는 것이 아니다. 피상속인 사망 후에 상속인 이외의 유산취득인은 곧 본인 혹은 그 법정대리인이 피상속인의 유산 중 적당한 액수의 유산취득을 주장할 권리를 가진다.[9]

중국 상속법 제14조의 규정에 따른 상속인 이외의 유산취득인은 두 종류가 있다. ① 피상속인의 부양에 의존하는 노동능력이 결핍되고 생활수입원이 없는 사람. ② 피상속인에 대한 부양이 비교적 많은 사람. 이 두 종류는 모두 피상속인의 법정상속인 이외의 사람이다.[10]

다. 대위상속代位继承

대위상속은 피상속인의 자녀가 피상속인보다 먼저 사망하여 그 후대직계육친이 피상속인 유산을 대체상속하는 법정 상속방식을 가리킨다.[11]

중국 상속법 제11조는 "피상속인의 자녀가 피상속인보다 먼저 사망하는 경우, 피상속인 자녀의 직계비속이 대위상속한다. 대위상속인은 일반적으로 오직 그의 부친 혹은 모친이 상속할 권리를 가졌던 유산배당액만 상속할 수 있다."고 규정하고 있는데, 이에 따라 대위상속은 다음과 같은 특징을 지닌다.[12]

대위상속인은 반드시 피대위상속인의 직계비속이어야 하며, 피

---

9. 巫昌祯 主编, 앞의 책, 302쪽.
10. 자세한 내용은 아래 제5장 제2절 2에서 살펴보기로 한다.
11. 巫昌祯 主编, 앞의 책, 303쪽.
12. 巫昌祯 主编, 앞의 책, 302~303쪽.

대위상속인의 방계혈족 혹은 직계존속은 모두 대위상속권이 없다. 중국에서 대위상속은 촌수의 제한을 받지 않아 대위상속인은 피대위상속인의 자녀, 손주, 외손주, 증손주, 외증손주 등이 될 수 있다. 또한 대위상속인은 일반적으로 피대위인의 유산배당액만 취득할 수 있으며, 대위상속인이 2명 이상이면, 피대위상속인이 마땅히 얻는 배당액을 오직 공동으로 상속 · 분할할 수 있고, 단독으로 다른 법정상속인과 피상속인의 유산을 평분平分할 수 없다. 만약 대위상속인이 노동능력이 결핍되고 생활수입원이 없거나 혹은 피상속인에 대한 주요 부양의무를 다한 경우에는 유산분배 시에 마땅히 배려해야 하고, 많이 분배할 수 있다.

피대위상속인은 반드시 상속권을 지녀야 한다. 만약 상속권을 상실하면 이미 대위할 권리가 없어졌기 때문에 그 직계비속이 대위상속할 수 없다. 상속법 사법해석 제28조는 "상속인이 상속권을 상실하면 그 직계비속이 대위상속해서는 안 된다. 만약 이 대위상속인이 노동능력이 결핍되고 생활수입원이 없거나 혹은 피상속인에 대해 다한 봉양의무가 비교적 많은 경우에는 적당히 유산을 분배할 수 있다."고 규정하고 있다.

라. 전상속转继承

전상속은 재상속, 연속상속, 제2차 상속이라고도 하는데, 상속인이 상속개시 후 유산분할 전에 사망하는 경우 그가 상속하는 유산을 그의 합법적 상속인이 상속하도록 전환하는 제도이다. 유산을 수령하는 이미 사망한 상속인의 합법적 상속인을 전상속인이라 하고, 이미 사망한 상속인은 피전상속인被转继承人이라 한다.[13]

전상속은 유산상속권리의 이전이며, 단지 상속개시 후 상속인이 아직 유산취득 혹은 유산수령을 못하고 사망하면 그가 마땅히 상속하는 유산을 자신의 상속인이 상속하도록 전환하는 것일 뿐이며 실제적으로는 2단계 상속이 연속해서 발생하는 것을 함께 처리하는 것이다. 따라서 일반 상속법 규정이 적용된다.[14] 중국 상속법에서는 전상속 제도가 명확히 규정되어 있지 않지만, 상속법 사법해석 제52조는 "상속개시 후에 상속인이 상속포기를 표시하지 않고 유산분할 전에 사망하는 경우 그 유산상속의 권리는 그의 합법적 상속인에게로 전이된다."고 규정하고 있는데 이 규정은 전상속 제도를 전제로 한 것으로 볼 수 있다. 그 외 전상속과 유사한 제도로 전유증이 있는데 수유증자가 상속개시 후 유산분할 전 사망한 경우 그 수증하는 유산액을 그의 상속인이 이어받는 것을 말한다.[15] 이에 대하여 상속법 사법해석 제53조는 "상속개시 후 수유증인이 유증을 받겠다는 표시를 하고 유산 분할 전 사망한 경우 그 유증을 받을 권리는 그의 상속인에게 이전된다."라고 규정하고 있다.

마. 유산분배

상속인의 상속권 행사에는 상속수령과 상속포기의 권리가 존재하며 유산 분할 · 취득 청구의 권리도 존재한다. 법정상속인의 유산상속은 중국 상속법 제10조에 따라 법정의 상속순서에 따라 진

13· 巫昌祯 主编, 앞의 책, 304쪽.

14· 吴汉东 总主编, 孟令志 · 曹诗权 · 麻昌华 著, 『婚姻家庭与继承法』, 北京大学出版社, 2012, 286쪽.

15· 吴汉东 总主编, 앞의 책, 287쪽.

행해야 한다.

그 외 중국 상속법 제13조의 규정에 따라 법정상속인 유산분배는 일반적 균등, 적당한 배려, 권리의무상호일치와 상호협상의 원칙과 정신을 따라야 하는데, 구체적으로 말해 다음의 원칙에 따라 진행하여야 한다.[16]

(1) 일반적 상황 하에서는 균등분배한다(위 법 제13조 제1항).

(2) 특수 상황 하에서는 불균등분배를 할 수 있다.

법정상속인 사이에 일반적으로 균등하게 유산을 분배해야 한다는 것은 반드시 일률적으로 같다는 것을 의미하지 않으며, 중국 상속법 제13조는 제2항 이하에서 "생활에 특수한 어려움이 있는 노동능력이 결핍된 상속인에 대해 유산분배 시 마땅히 배려하여야 한다. 피상속인에 대해 주요 부양의무를 다하거나 혹은 피상속인과 공동으로 생활하는 상속인에 대해 유산분배 시에 많이 분배할 수 있다. 부양능력과 부양조건이 있는 상속인이 부양의무를 다하지 않으면 유산분배 시에 마땅히 분배하지 않거나 혹은 적게 분배해야 한다. 상속인이 협상에 동의하면 불균등할 수도 있다."고 규정하고 있다.

법정상속에 있어, 법정상속인의 범위, 상속순서, 분배원칙 등은 모두 법률의 직접규정에 따르므로 당사자는 변경할 권리가 없다. 그러나 상속인의 상속권 실현은 여전히 당사자의 의사표시와 분리될 수 없어서, 앞서 말한 바와 같이 당사자는 유산수령을 할 수도

---

16. 巫昌祯 主编, 앞의 책, 306쪽.

있고 유산포기를 할 수도 있는데 특히 각 상속인이 얻는 구체적인 유산배당액 등의 문제들은 각 상속인 사이의 협의가 요구된다.[17]

중국 상속법 제15조는 "상속인은 마땅히 상호양해와 양보, 화목 단결의 정신에 따라 상속문제를 협상처리해야 한다. 유산분할의 시간, 방법과 배당액은 상속인이 협상하여 확정한다. 협상이 결렬되면 인민조정위원회가 조정하거나 혹은 인민법원에 소송을 제기할 수 있다."고 규정하고 있다.

4. 유언상속

가. 유언자유의 원칙

중국 상속법 제16조가 "공민은 본 법규정에 따라 유언을 작성하여 개인재산을 처분할 수 있다."고 규정하고 있듯이 유언자유 원칙은 중국 상속법의 중요 원칙 중 하나이다. 그러나 유언 작성의 권리를 남용하거나, 상속인의 상속권을 마음대로 박탈하거나, 상속인에게 일부 사회도덕에 위반하는 의무를 부과하는 등과 같은 경우가 발생할 수 있다. 따라서 중국 상속법은 유언자유를 인정함과 동시에 그에 대해 적당한 제한을 가하여 유언상속이 효과적으로 그 기능을 발휘할 수 있도록 하고 있다. 민법 및 상속법의 규정에 의거한 이러한 제한은 주로 다음과 같은 내용이다.[18]

17· 巫昌祯 主编, 앞의 책, 307쪽.

18· 巫昌祯 主编, 앞의 책, 310~311쪽.

(1) 유언은 반드시 법률의 제약을 받으므로, 헌법, 민법, 혼인법, 상속법 등의 법률의 규정을 위반해서는 안 된다.

(2) 유언은 사회주의 도덕준칙과 선량한 풍속을 위배해서는 안 된다.

(3) 유언은 법정상속인 중에서 봉양이 필요한 노인과 독립생활능력이 없거나 생활수입원이 없는 미성년자녀 및 노동능력을 상실하고 생활수입원이 없는 병자 및 신체장애자들이 필요로 하는 상속배당액을 박탈해서는 안 된다(중국 상속법 제19조 참조).

나. 유언의 유효요건

유언은 요식 법률행위이므로 유언자는 법률 규정에 부합하도록 유언을 해야 한다.

중국 상속법 제17조는 공증유언(제1항), 자필유언(제2항), 대필유언(제3항), 구두유언(제4항)과 녹음유언(제5항) 5가지 형식을 규정하고 있다.

1) 공증유언公证遗嘱

공증절차와 방식에 따라 하는 유언을 가리킨다. 공증은 국가공증기관이 법률사실의 진실성, 합법성을 확인하는 행위로 공증유언은 가장 엄격한 형식을 요구하고 가장 강력한 증거력을 가진다. 공증유언은 2명 이상의 공증원公证员이 참여하며, 공증원 앞에서 유언내용을 쓰거나 구술하고, 공증기관은 유언자의 신분과 유언내용을 심사해야 한다.[19]

---

[19] 王歌雅 主编, 『婚姻家庭继承法』, 清华大学出版社, 2008, 214쪽.

2) 자필유언自书遗嘱

친필유언이라고도 하며, 유언자가 생전에 친필로 쓴 유언을 말한다. 자필유언은 유언자가 친필로 쓰며, 증인의 현장 목격을 필요로 하지 않아 간편하고 하기 쉬우며, 또한 비용을 절약하고 비밀을 보장할 수 있어, 유언자가 진실한 의사를 충분히 표명하기 때문에 유언의 법정형식의 하나로 쓰이고 있다.[20] 상속법에 의거해 자필유언은 반드시 유언자가 친필로 전문全文을 쓰고, 서명을 하고, 유서를 작성한 연 · 월 · 일을 기재하여야 한다. 이전에 작성한 유언을 수정하는 경우에도 역시 본인이 설명과 서명을 하고, 연 · 월 · 일을 기재하여야 한다. 상속법 사법해석 제40조는 "공민이 유서에서 언급하는 사후 개인재산 처분의 내용이 확실히 고인의 진실한 의사표시이고, 본인이 서명하고 연 · 월 · 일을 기재하였으며 상반되는 증거가 없다면 자필유언에 따라 처리될 수 있다."고 규정하고 있다.

3) 대서유언代书遗嘱

대서유언은 유언자가 내용을 구술하고 타인이 대신하여 쓴 유서를 말한다. 유언이 확실히 유언자의 진실한 의사를 구현했다는 점을 보장하기 위해 상속법은 유언 대필 시에 2명 이상 증인의 현장목격을 요구하고, 그 중 1명이 대필하고, 대필자가 쓴 유언은 유언자의 확인을 거쳐야 하며, 연 · 월 · 일을 기재하고 대필자, 다른 증인 및 유언자가 서명해야 한다.

20· 巫昌祯 主编, 앞의 책, 313쪽.

4) 녹음유언录音遗嘱

녹음유언은 유언자가 유언내용을 구술하면, 녹음테이프를 이용한 녹음으로 유언자의 의사를 표현하는 유언형식을 가리킨다. 녹음유언은 비교적 새로운 유언형식으로 간편하고 제작하기 쉬우며, 표현이 정확하다는 특징을 지니지만, 녹음은 타인에 의해 위조, 왜곡되기 쉽고, 보관이 쉽지 않다. 따라서 상속법도 엄격한 요건을 요구한다. 녹음유언 제작은 마땅히 유언자가 2명 이상의 증인이 현장에서 목격하는 상황에서 직접 유언의 내용을 서술한 후 제작한 주소, 연 · 월 · 일을 설명하고, 증인이 직접 자신의 이름을 말하여 녹음하고, 제작 완료 이후에 유언을 봉하고 유언자와 증인이 서명하고 연 · 월 · 일을 기재한 후 유언자 혹은 증인에게 전달하여 보관한다.[21]

5) 구두유언口头遗嘱

구술유언이라고도 하며, 유언자가 구두형식으로 하는 유언을 가리킨다. 구두유언은 유언자가 생명이 위독하거나 혹은 기타 긴급상황에 처한 경우 다른 형식의 유언을 할 여유가 없을 때의 특별한 유언방식이다. 구두유언은 가장 간편하며, 위급상황에 적용될 수 있지만, 타인에 의해 왜곡, 위조되기 쉽기 때문에 법률이 엄격한 요건을 요구하고 있다. 유언자의 생명이 위독하거나 혹은 기타 긴급상황에서 유언자가 다른 형식의 유언을 할 수 없을 때에만 비로소 구두유언을 할 수 있다. 구두유언은 반드시 2명 이상의 증인의 현장목격이 있어야 한다. 구두유언은 유언자가 그 위급상황

21· 王歌雅 主编, 앞의 책, 215쪽.

중 사망한 경우 효력을 발생하며, 위급상황의 해제 후 유언자가 서면 혹은 다른 형식을 이용해 유언을 작성할 수 있을 때에는 유언자가 다른 유언을 하였는지 여부에 관계 없이 앞서 작성한 구두유언은 무효가 된다.[22]

유언자는 자신이 한 유언을 취소하거나 변경할 수 있으며, 여러 개의 유언을 한 경우 최후에 작성한 유언을 기준으로 하고, 자필유언, 대서유언, 녹음유언, 구두유언이 공증유언을 취소하거나 변경할 수 없다(중국 상속법 제20조). 즉, 공증유언이 있는 경우 뒤에 다른 형식의 유언이 있더라도 공증유언이 우선하게 된다.

다. 유증과 유증부양협의

1) 유증

유증은 공민이 유언의 방식으로 개인의 합법적 재산의 일부 혹은 전부를 국가, 집체조직 혹은 법정상속인 이외의 기타 공민에게 증여하는 것이며, 유언자 사망 시에 집행효력이 발생하는 단독 법률행위이다.[23]

중국 상속법 제16조 제3항은 "공민은 유언으로 개인의 재산을 국가, 집체集体 혹은 법정상속인 이외의 사람에게 증여할 수 있다."고 규정하고 있다. 유언이 갖춰야 하는 조건과 특징이 유증에도 적용되며 다음과 같은 특징이 있다.[24]

22· 王歌雅 主编, 앞의 책, 216쪽.
23· 巫昌祯 主编, 앞의 책, 325쪽.
24· 巫昌祯 主编, 앞의 책, 326쪽.

(1) 유증은 타인에게 재산이익을 제공하는 무상無償행위이다.

법정상속인과의 차이는 수유증인과 유증자 사이에는 법률상의 혈연관계, 혼인관계, 부양관계 등이 존재하지 않는다는 것이며, 유증자가 타인에게 제공하는 재산이익은 무상양도로 수유증인이 법률상의 의무를 다해야 한다는 것을 전제로 하지 않는다. 유증에서 비록 어떤 경우에는 의무가 부과되기도 하지만 이러한 의무는 그와 대등한 것이 될 수 없다. 유증자는 단지 재산의무만을 타인에게 증여할 수 없고, 수유증인이 부담하는 의무가 그가 향유하는 권리를 초과하게 할 수 없으므로, 유증은 반드시 무상이어야 한다.

(2) 수유증인은 국가, 집체조직 혹은 법정상속인 이외의 사람이다.

법정상속인은 수유증인이 될 수 없으며, 단지 유언상속인만 될 수 있다. 법정상속인이 유언에 기초해 유산을 취득하는 것도 무상일 수 있지만, 상속법에서는 이를 유언상속의 유산취득 방식으로 본다. 법정상속인은 오직 자연인이지만, 수유증인은 자연인일 수도 있고, 법인과 집체조직일 수도 있다.

2) 유증부양협의遗赠扶养协议

중국 상속법 제31조는 "공민은 부양인과 유증부양협의를 체결할 수 있다. 협의에 따라 부양인은 이 공민의 생양사장生養死葬의 의무를 부담하고, 수유受遺의 권리를 향유한다. 공민은 집체소유제조직과 유증부양협의를 체결할 수 있다. 협의에 따라 집체소유제조직은 이 공민의 생양사장의 의무를 부담하고, 수유의 권리를 향유한다."고 규정하고 있다. 즉, 유증부양협의란 피부양인(또는 유증자)과 부양인 사이에 체결하는, 부양인이 피부양인에 대하여 생양사장의 의무를 부담하고, 피부양인이 자신의 재산을 그의 사후에 부양인 소유로 귀속시키는 협의라고 할 수 있다. 유증부양협의의 특징은 다음과 같다.[25·]

가) 유증부양협의는 쌍방유상有償의 계약관계이다.

유증부양협의는 비록 상품교환관계를 반영하지는 않지만 일종의 계약이며 그 성립은 반드시 쌍방 당사자의 평등한 협의를 토대로 하여 의사표시가 일치해야 한다. 협의가 체결되어 법적 효력이 생기면 어떤 당사자도 일방적으로 협의를 변경 혹은 철회해서는 안 된다. 다만, 부양인이 지불한 대가가 반드시 취득하는 유산가치와 동일할 필요는 없다.

나) 협의주체는 일정한 특수성을 지닌다.

피부양인은 반드시 자연인이어야 하며, 통상 실제적으로 대부분 의지할 곳 없는 법정상속인이 없는 노인이다. 부양인은 법정상속인 이외의 사람이며, 집체소유제조직도 될 수 있다.

다) 유증부양협의의 부양인의 권리는 오직 피부양인 사망 시에만 실현될 수 있다.

유증부양협의는 피부양인이 생전에 부양인과 체결하여 법률효력이 발생하는 협의로 부양인은 반드시 피부양인 생전에 협의규정의 의무를 이행해야 한다. 그러나 반드시 유증자 사후가 되어야만

25· 巫昌祯 主编, 앞의 책, 328~329쪽.

비로소 피부양인의 유산을 취득할 수 있으며, 부양인은 유증자 생전에 유증재산 취득을 요구해서는 안 된다.

라) 유증부양협의는 적용상 우선성을 지닌다.

중국 상속법 제5조는 "상속개시 후 법정상속에 따라 처리한다. 유언이 있는 경우 유언상속 혹은 유증에 따라 처리한다. 유증부양협의가 있는 경우 협의에 따라 처리한다."고 규정하고 있는데, 구체적으로는 유증부양협의와 유언이 모순되지 않는다면 유산은 각각 협의와 유언에 따라 처리하며, 만약 모순된다면 협의에 따라 처리하고, 협의와 모순되는 유언의 전부 혹은 일부는 무효가 된다.

5. 유산의 처리

가. 유산의 분할

1) 유언상속의 우선

중국 상속법 제5조는 "상속개시 후 법정상속에 따라 처리한다. 유언이 있는 경우 유언상속 혹은 유증에 따라 처리한다."고 규정하고 있다. 즉, 유산분할 시에 우선 피상속인이 작성한 유언에 따라 처리해야 하며, 유언이 없는 경우 또는 유언이 무효이거나 유언상속인이 상속을 포기하거나 상속권을 상실한 경우 비로소 법정상속의 규정에 따라 분할한다.

2) 유산의 실제 효용의 충분한 발휘

중국 상속법 제29조 제1항은 "유산분할은 마땅히 생산과 생활 수요에 유리하고, 유산의 효용을 해쳐서는 아니 된다."고 규정하고 있다. 상속법 사법해석 제58조는 "인민법원은 유산 중 주택, 생산 자료와 특정 직업이 필요로 하는 유산을 분할 시에는 마땅히 그 사용효익과 상속인의 실제 필요에 유리하도록 각 상속인의 이익을 함께 고려하여 처리해야 한다."고 규정하고 있다.

3) 유산 분할이 부적합한 유산의 처리

유산을 처리할 때 분할이 부적합한 유산은 중국 상속법 제29조 제2항에 따라 '금전환산折价', '적당한 보상适当补偿' 혹은 '공유共有' 등의 방법을 채택하여 처리할 수 있다. '금전환산'은 분할이 부적합한 유산을 환금 후에 상속인이 대금을 분할하는 것이다. '적당한 보상'은 분할이 부적합한 유산에 대해 우선 소유자를 확정한 뒤 실물소유자가 다른 상속인의 상속지분을 대금 형식을 이용해 보상하는 것이다.[26]

나. 채무의 상환

1) 유한책임 원칙

중국 상속법 제33조 규정은 "유산상속은 마땅히 피상속인이 법에 따라 납부해야 하는 세금과 채무를 상환해야 하며, 세금납부와 채무상환은 그의 유산 실제 가치를 한도로 한다. 유산 실제 가치를

26· 巫昌祯 主编, 앞의 책, 340~341쪽.

초과하는 부분을 상속인이 자원하여 상환하는 것은 이 한도에서 제외된다."고 규정하고 있다.

2) 채무상환의 유증집행에의 우선

중국 상속법 제34조는 "유증집행은 유증자가 법에 따라 납부해야 하는 세금과 채무 상환을 방해해서는 안 된다."고 규정하고 있는데, 그 목적은 공민이 유증 형식을 이용하여 재산을 이전하여 국가와 채권자의 이익에 손해를 미치는 것을 방지하는 데 있다.

제2절
중국 상속법의 개정 논의

1. 상속법 개정 논의 경과

중국 현행 상속법은 1985년 4월 10일 공포되고 1985년 10월 1일 시행된 이래 30년이 경과하였다. 민법 중 다른 부분은 새로 제정이 되거나 개정되면서 어느 정도 시대의 변화와 경제적 성장 등의 사회 변화를 수용하였으나 상속법은 그런 변화들이 수용되지 아니하여 많은 학자들의 개정 요구가 있었다. 본격적인 상속법 개정 논의 전 2002년 중국 정부가 통합 민법전 제정을 준비하는 과정[27]에

27· 중국에서 민법전을 편찬하려는 작업은 수차례 있었다. 1954년 전국인민대표대회 상임위원회에서 민법전을 기초하였으나 반우파투쟁의 확대로 입법활동이 중단되었으며, 1962년 다시 민법전 기초작업이 상정되어 초안이 완성되었으나 문화대혁명으로 인하여 중단되었다. 1979년 11월 전국인민대표대회 상임위원회 제3차 회의에서 민법전 초안작업을 조직하여 1982년 민법초안 제4고가 만들어졌으나 정식으로 통과되지 아니하였고(다만 이를 기초로 민법통칙만

서 제출된 중국 학계의 민법 초안 중에도 상속법 부분의 개정안이 있었다. 대표적인 민법 초안에 관한 책자로는 중국인민대학 왕리밍王利明 교수가 중심이 된 '중국인민대학 민상사법률과학연구중심中国人民大学民商事法律科学研究中心'에서 기초한 '중국 민법전 초안 건의고 및 설명中国民法典草案建议稿及说明'과 중국사회과학원의 량훼이싱梁慧星 교수가 중심이 된 '중국 민법전 입법연구 과제조中国民法典立法研究课题组'에서 기초한 '중국 민법전 초안 건의고부이유中国民法典草案建议稿附理由'가 있다.[28]

그 후 2011년 3월에 열린 제11기 전국인민대표대회 제4차 회의 기간 중 전국인민대표대회대표가 세 건의 의안을 제출하면서 상속법 개정을 요구하였다. 이에 1년 정도 상속법 개정을 위한 많은 노력들을 하였고, 2012년 6월 16일부터 17일까지 서남정법대학西南政法大学에서 개최된 '중국 계승법 수개 열점난점문제 연토회中国继承法修改热点难点问题研讨会'에서 34편에 이르는 상속법 개정과 관련된 주제가 발표되었는데 그 논문들과 천웨이陈苇 교수가 작성한 중화인민공화국계승법 수정안건의고中华人民共和国继承法修正案建议稿가 실린 '중국 계승법 수개 열점난점문제 연구中国继承法修改热点难点问题研究'라는 책[29]이 2013년 초 발간되었다.

위 연토회가 개최된 다음 달인 2012년 7월 25일 중국 푸지엔성福建省에서 중국인민대학민상사법률과학연구중심中国人民大学民商事法律科学

통과되었다), 2002년 12월 제9차 전국인민대표대회 상임위원회 제31차 회의에서 민법초안을 심의하였으나 물권법 부분이 완성되지 않았고 이에 대하여 여러 의견이 분분하여 민법초안은 최종적으로 보류되었다. 2014년 11월 공산당의 18기 중앙위원회 제4차 전체회의(18차 4중전회)에서 명확히 민법전 편찬을 제의하였고, 2016년 6월 제12차 전국인민대표대회 상임위원회 제21차 회의가 처음으로 민법통칙초안을 심의하였고 민법전 편찬작업이 입법과정으로 진입하였다.(http://www.npc.gov.cn/npc/lfzt/rlyw/2016-10/26/content_1999692.htm 2018. 1. 8. 방문)

28· 아래에서는 위 책자들에서 밝힌 민법 초안을 각 '왕리밍 초안', '량훼이싱 초안'이라고 한다.

29· 陈苇 主编, 『中国继承法修改热点难点问题研究』, 群众出版社, 2013.

研究中心과 최고인민법원출판사最高人民法院出版社가 공동으로 주최하는 제3차 국제민법논단 및 제9차 법관과 학자 대화논단이 개최되어 50여 편에 이르는 논문이 발표되었고, 이 논문들과 함께 현행 상속법 37개 조문을 94개 조문(부칙까지 포함할 경우 97개 조문)으로 늘린, 중국인민대학과 흑룡강대학이 중심이 되어 기초한 중화인민공화국계승법 수정초안 건의고中华人民共和国继承法修正草案建议稿가 실린『계승법의 현대화继承法的现代化』라는 책[30]이 2013년 초 발간되었다.

짱동메이张冬梅 교수는 위 대화논단에서 언급, 토론하는 주제를 다음과 같이 요약하였다.[31]

1) 상속법 수정과 완전화

가) 상속법 수정의 필요성, 나) 상속법의 전통성과 현대화, 다) 상속법의 입법체제, 라) 상속법과 기타 법률의 협조

2) 상속법 총칙 개정

가) 유산의 범위, 나) 상속능력, 다) 상속권의 상실과 회복, 라) 상속승인 또는 상속포기의 의사표시

3) 유언규칙 개정

가) 유언의 형식과 효력, 나) 유언능력, 다) 유언의 견증见证, 라) 부부공동유언, 마) 후위상속后位继承, 바) 필유분과 특유분, 사) 유언의 효력과 변경, 아) 유언신탁

4) 법정상속규칙 개정

가) 상속인의 범위와 순위, 나) 대위상속代位继承

30· 杨立新, 刘德权, 杨震 主编,『继承法的现代化』, 人民法院出版社, 2013.

31· 张冬梅,「第三届国际民法论坛暨第九届法官与学者对话论坛纪要」,『继承法的现代化』, 人民法院出版社, 2013, 5~12쪽.

5) 유산처리규칙의 개정

가) 유증부양협의와 상속부양협의, 나) 개괄상속과 한정책임, 다) 유언관리인, 라) 유산청산과 채무 상환

그러나 그 후 상속법 개정 계획은 취소되었다. 2013년 10월 30일 발표된 제12기 전국인민대표대회 상무위원회 입법기획의 새로운 입법기획에 포함된 법률은 68건이었는데, 그 중 제1류 항목에 속하는 법률 초안(조건이 비교적 성숙되고 임기 내 심의제청예정인 사안)은 47건, 제2류 항목에 속하는 법률 초안(작업을 다그쳐야 하며 조건이 성숙될 때 심의를 제청할 사안) 21건이었는데, 그 중 상속법은 포함되지 아니하였으며, 제3류 항목(입법조건이 불완전하여 계속 연구 논증이 필요한 입법 사항)에도 언급되지 아니하였다.[32] 이러한 갑작스런 중단은 많은 민법학자들을 당혹스럽게 하였다. 여전히 민법학자들은 상속법 개정을 주장하고 있으나, 이를 반대하고 있는 측도 있다. 다음에서 살펴보기로 한다.

2. 상속법 개정 논의

가. 중국 민법전 초안의 상속법 규정

1) 왕리밍王利明 초안[33]

---

[32] 杨立新(赵晓舒 역), 「중국 상속법의 개정과 민법전 편입의 장애와 기대」, 『가족법연구』 제30권 제2호, 한국가족법학회, 2016, 71~72쪽; 杨立新 主编, 『继承法修订入典之重点问题』, 中国法制出版社, 2016, 11쪽.

[33] 왕리밍 민법 초안인데 줄여서 왕리밍 초안이라고 쓴다.

민법전 제4편이 상속에 관한 내용이다. 총 5개 장(제1장 통칙, 제2장 법정상속, 제3장 유언, 제4장 유증부양협의, 제5장 유산의 처분)으로 현행 상속법과 동일한 체제를 유지하지만, 조문의 숫자는 137개 조항으로 현행 상속법의 37개 조항에 비하여 상당히 증가하였다.[34] 현행 중국 상속법의 특색으로서, ① 무조건적인 한정상속의 원칙,[35] ② 부양관계의 중시,[36] ③ 피상속인이 생전에 속해 있던 지역 단위에서의 활동 중시[37] 등을 지적하며, 보완되어야 할 내용으로서 ① 귀구归扣[38](특별수익자의 상속분 조정) 규정이 없으므로, 특별수익의 대상이 되는 재산의 객체와 범위를 명확하게 규정할 것, ② 상속인의 채권자를 보호하기 위하여 상속인의 피상속인에 대한 권리의무가 소멸되지 않음을 명확하게 규정할 것, ③ 상속재산분할의 효력으로서 이전주의를 규정하여 상속재산의 분할에 의한 재산권 이전의 효력을 명확하게 할 것, ④ 공동상속인의 하자담보책임을 보완할 것, ⑤ 공동상속인이 부담하는 상속채무의 형식이 연대책임인지의 여부가 명확하지 않으므로 이를 명확하게 규정하여야 한다는 점을 지적하고 있다.[39]

34· 王利明, 『中国民法典草案建议稿及说明』, 中国法制出版社, 2004, 77~94쪽.

35· 중국 상속법 제33조 : 유산상속은 마땅히 피상속인이 법에 따라 납부해야 하는 세금과 채무를 상환해야 하며, 세금납부와 채무상환은 그의 유산 실제가치를 한도로 한다. 유산 실제가치를 초과하는 부분을 상속인이 자원하여 상환하는 것은 이 한도에서 제외된다.

36· 중국 상속법 제12조(배우자와 사별한 며느리가 시부모에 대해, 배우자와 사별한 사위가 장인장모에 대해 주요 봉양의무를 다했다면 제1순위 상속인이 된다) 이외에도 여러 조문에서 이러한 특징이 보인다.

37· 중국 상속법 제32조 : 무인상속 또는 무인수유 유산은 국가소유로 귀속된다. 사자 생전에 집체소유제조직의 성원인 경우 소재 집체소유제조직 소유로 귀속된다.

38· 공동상속인 중 1인의 상속인이 상속개시 전 피상속인으로부터 특정한 증여를 받은 경우 상속재산 분할 시 이를 고려하여 유산을 분할하는 제도를 중국에서는 귀입(归入)과 구제(扣除)의 약칭으로 "귀구(归扣)"라고 하는데, 우리 민법 제1008조와 유사한 제도이다.

39· 이상욱, 「중국의 상속법(계승법) 개정 논의와 전망」, 『가족법연구』 제28권 제2호(통권 50호), 2014, 330쪽.

2) 량훼이싱梁慧星 초안[40]

량훼이싱 초안은 민법전 제7편이 상속에 관한 내용인데, 5개장(제77장 통칙, 제78장 법정상속, 제79장 유언 처분, 제80장 유증부양협의, 제81장 유산의 처리)으로 구성되어 있으며, 제3장은 제1절 일반규정, 제2절 유언의 형식, 제3절 유언의 내용, 제4절 유언의 변경과 철회, 제5절 유언의 효력으로 구성되어 있다.[41]

나. 양리신杨立新 교수의 개정 의견

상속법 개정을 주도적으로 이끌었던 중국인민대학교 양리신 교수는 위 상속법 개정안이 담긴 두 책에 모두 실린 자신의 논문 '계승법 개정에 대한 십개 문제 의견对修正继承法十个问题的意见'에서 열 가지의 중국 상속법의 문제점을 제시하였는데, 여기에서는 또 다른 자신의 논문인 '중국 상속법의 개정과 민법전 편입의 장애와 기대'에서 제기한 10가지의 주요 문제[42]를 살펴본 후 이 논문에서 언급되지 않은 범위에서 '상속법 개정에 대한 십개 문제 의견'에서 제시된 문제점을 살펴보기로 한다.

1) '중국 상속법의 개정과 민법전 편입의 장애와 기대'에서 제기한 10가지의 주요 문제

가) 합법적으로 이전될 수 있는 유산 범위의 제한

---

40 량훼이싱 민법 초안인데 줄여서 량훼이싱 초안이라고 쓴다.

41 梁慧星, 『中国民法典初案建议稿附理由』(侵权行为编, 继承编), 法律出版社, 2004, 133~270쪽.

42 杨立新, 「중국 상속법의 개정과 민법전 편입의 장애와 기대」, 62~67쪽.

현행 중국 상속법 제3조는 "유산은 공민이 사망 시 남겨진 개인의 합법적 재산이다."라고 규정하면서 여러 가지를 열거하고 있는데, 그 중 제5호에서 규정한 "법률이 공민 소유로 인정한 생산수단"이라는 표현은 명백한 계획경제 시대의 흔적으로서 다른 법조문과 모순된다고 주장하고 있다.

나) 법정상속의 강조와 유언상속의 간과

중국 상속법에서 법정상속이 유언상속에 비하여 앞서 배열되어 있고, 상속법 제5조에서 "상속개시 후 법정상속에 따라 처리한다. 유언이 있으면 유언상속 혹은 유증에 따라 처리한다."라고 규정하고 있는데, 원래부터 유언상속을 가볍게 보는 민족 전통 관습의 토대 위에 있는 것으로 법정상속이 더 중요하다는 잘못된 이미지를 남길 수 있다고 주장한다.

다) 법률상 유언 방식의 부족

현행 중국 상속법에 의하면 유언 방식에 대한 규정이 너무 적고 범위가 좁다. 공정증서에 의한 유언, 자필증서에 의한 유언, 대필증서에 의한 유언, 녹음에 의한 유언과 구수증서에 의한 유언 5종 유형밖에 없는데 사회 변화를 반영하지 못하고 있으므로 비밀증서에 의한 유언, 프린트증서에 의한 유언, 전자파일에 의한 유언, 녹화에 의한 유언 등의 방식을 추가하여야 한다고 주장한다.

라) 공정증서에 의한 유언 효력 우선

중국 상속법은 법률이 인정하는 다섯 가지의 유언방식 중에 공정증서에 의한 유언의 효력이 우선한다는 원칙을 특별히 규정하고 있다. 상속법 제20조 제2항은 "자필유언, 대필유언, 녹음형식의 유언 및 구두유언은 공증유언을 취소하거나 변경할 수 없다."고 규정하고 있다. 이 규정은 피상속인이 수 개의 유언을 했고 그 내용이 서로 충돌되는 경우에는 마지막의 유언을 기준으로 한다는 상속법의 일반적 원칙을 부정하고 공증기관이 개입하여 공정증서에 의한 유언을 발급하는 경우 다른 유언 방식에 우선하게 되어 피상속인이 숨을 거두기 전 마지막 순간에 유언을 변경하는 의사표시를 하더라도 새로운 공정증서를 작성하지 못하는 경우에는 유언을 변경할 수 없어 유언자유의 원칙에 반한다고 주장한다.

마) 유류분[43] 없이 공서양속에 의한 유산 처분 제한

중국 현행 상속법은 제19조에서 노동능력이 결핍되고 생활수입원이 없는 자에게 유산의 일정액을 유보하여야 한다고 규정하고 있지만 유언에 의하여 유산을 임의로 처분하는 것을 제한하기 위한 유류분 제도를 규정하고 있지 않다. 다만, 피상속인이 유언을 통하여 유산을 유증할 때 법원은 공서양속 원칙을 적용하여 피상속인의 유증행위를 제한하고 있을 뿐이다.[44] 이러한 판결에 대하여 다수의 학자들이 유언자유의 원칙을 위배하고 상속제도의 안정성을 침해하였다고 비판하고 있다.

---

[43] 杨立新 교수는 자신의 논문에서 특유분(特留份)이라고 지칭하고 있으며, 중국 상속법 제19조는 필유분(必留份) 규정이라고 설명하고 있다. 하지만 중국 민법학자 중에는 중국 상속법 제19조를 특유분(特留份)이라고 설명하는 학자도 있다.

[44] 아래 제5장 제2절 3. 라. 3) 부분의 루저우 첩 유증 사건 참조.

바) 구체적인 유언상속 제도의 미비함

중국 상속법이 유언상속을 규정하고 있지만 이에 대한 구체적인 제도, 즉 유언능력, 유언의 철회, 유언신탁, 교체된 유언, 후순위의 유언, 유언집행인, 감쇄扣減[45] 등 제도가 규정되어 있지 아니하여 유언상속이 제대로 그 기능을 다하고 있지 않다고 주장한다.

사) 협소한 법정상속인 범위

중국 현행 상속법상 법정상속인의 범위가 너무 좁다. 상속법상 상속인은 배우자, 자녀, 부모, 형제자매, 조부모, 외조부모만으로 정하고 있으며, 손자녀, 외손자녀는 규정이 없어 대위상속으로 해결할 수밖에 없다. 법정상속인의 범위가 좁아서 상속인이 없는 유산이 많아지게 되어 그 유산이 모두 국가나 집체集體에게 속하게 되는데, 이러한 규정은 국가이익과 집단이익을 보호하기 위한 규정으로 사유재산보호의 원칙과 맞지 않는다고 주장한다.

아) 법정상속 순위의 불합리

중국 현행 상속법이 규정하고 있는 법정상속 순위는 두 가지가 있는데, 제1순위의 상속인은 배우자, 자녀, 부모이며, 제2순위의 상속인은 형제자매, 조부모, 외조부모이며 그 외 상속인을 규정하고 있지 않다. 이는 비교법상 보기 드문 입법례로서 (1) 피상속인의 다른 많은 친족의 상속권을 박탈하고 있는 점, (2) 배우자, 자녀, 부모를 같은 상속순위에 놓은 점, (3) 손자녀와 외손자녀의 상속순

---

45. 중화인민공화국계승법 수정초안(양리신 개정안) 제51조[扣減]에서 "유언상속 혹은 유증이 처분할 수 있는 유산액을 초과하여 필유분, 특유분의 수액이 부족한 경우 유언상속 혹은 유증의 상응수액의 감액을 청구할 수 있다"고 규정하고 있다.

위를 규정하지 않은 점, (4) 배우자를 확정된 제1순위 상속인으로 정하고 있는 점은 모두 큰 문제가 있다고 주장한다.

자) 유산관리인 제도의 부존재

중국 현행 상속법은 유산관리인 제도를 규정하고 있지 않다. 다만, 상속법 제24조에서 "유산을 가진 사람은 마땅히 유산을 적절히 보관해야 하며, 누구도 횡령 혹은 쟁탈해서는 안 된다."고 규정하고 있을 뿐이다. 또한 상속법에서 유산관리인의 추천 제도도 규정하지 않고 있으므로 분쟁이 발생하는 경우 법원이 누구를 유산관리인으로 정할 것인지 구체적인 방법이 없게 되므로 유산을 적절히 보관하여야 한다는 규정만으로는 부족하다고 주장한다.

차) 유산처리 규범의 결여

중국 현행 상속법상 유산의 처리 규범에 관한 제도가 결여되어 있다. 현재 상속법은 이에 관하여 단지 다음과 같은 조문을 두고 있다. 제28조에서 "태아의 상속분은 유보하여야 한다."고 하며, 제29조에서 "유산분할은 생산과 생활수요에 유리하여야 하고 유산의 효용을 해하여서는 아니되고, 분할이 적당하지 않은 유산은 경매할 수 있고, 적당한 보상 또는 공유 등의 방법으로 처리할 수 있다."고 규정하고 있으며, 제33조에서 "유산의 상속은 피상속인이 법에 따라 납부하여야 할 세금과 채무를 변제하여야 하되 유산의 실제 가치를 한도로 한다."라고 규정하고 있다.

그러나 유산의 처리 중의 보전청구권, 조건이 있는 한정상속, 유산목록, 유산목록에 대한 이의, 유산의 청산과 그의 절차, 유산변제의 순서, 남은 유산의 배당, 상속인이 없는 유산의 변제 순서로서 유산관리비용 · 유언집행비용 등 우선적으로 변제되어야 할 부분에 대한 규정도 없고, 미납된 국세를 변제순서에서 제1순위로 하여 피상속인의 채권자 보호에도 미흡하다.

이와 같이 중국 현행 상속법은 현재의 사회경제 수준에 부응하지 못하여 사법실무가 공평하고 정의롭게 상속관계를 처리하는데 지장을 초래하고 있다고 주장하고 있다.

2) '계승법 개정에 대한 십개 문제 의견对修正继承法十个问题的意见' 에서 제시한 열 가지의 중국 상속법의 문제점[46]

가) 유산 범위의 확대 규정

나) 법정상속인의 범위 증가와 합리적인 상속순서 규정

다) 상속권의 상실과 포기 규정

라) 유언상속과 관련된 문제

마) 특유분 규정

바) 특별수익자의 상속분 조정[47]

사) 유산처리규칙의 정비

아) 공동상속규정

자) 채권자의 이익 보호 규정

차) 유언신탁

---

46 杨立新, 「对修正继承法十个问题的意见」, 『继承法的现代化』, 人民法院出版社, 2013, 23~45쪽.

47 杨立新 교수의 위 글에서는 归扣라는 용어를 쓰고 있다.

이 중 이미 소개한 부분 이외의 문제점에 대하여 소개하면 다음과 같다.

-상속권의 상실과 포기[48]

중국 현행 상속법은 상속권 상실에 대하여 4가지 경우를 열거[49] 하고 있는데, 이러한 규정만으로는 상속권 상실 사유를 충분히 규정하였다고 볼 수 없고 규정에 따라 효과를 달리 정하고 있지도 않다. 상속권 상실 후에 그 권리가 회복될 수 있는지 여부에 따라 절대적 상실과 상대적 상실로 구분할 수 있는데, 절대적 상실은 어떠한 사유로도 상속권이 회복되지 않는 것이고 상대적 상실은 용서와 같은 사유가 있으면 상속권이 회복될 수 있는 것으로 이를 구분하여 규정하여야 하며, 상속회복청구권 규정이 존재하지 않으므로 신설하여야 한다고 주장한다.

-특별수익자의 상속분 조정

중국 현행 상속법에서 공동상속인이 상속 개시 전 이미 증여를 받은 것이 있을 경우 상속분에서 이를 고려하여 계산하는 규정을 두고 있지 아니하므로 다음과 같은 규정을 신설하여야 한다.

---

48. 杨立新, 앞의 글, 27~30쪽.

49. 중국 상속법 제7조에서는 다음과 같이 규정하고 있다.
상속인에게 다음과 같은 행위가 있는 경우 상속권을 상실한다.
1) 피상속인을 고의적으로 살해한 경우
2) 유산을 쟁탈하기 위하여 다른 상속인을 살해한 경우
3) 피상속인 유기(遺棄) 혹은 피상속인 학대의 상황이 심각한 경우
4) 유언 위조, 곡해(曲解) 혹은 소멸의 상황이 심각한 경우

중화인민공화국 상속법 수정초안 제29조 : 상속개시 전 결혼, 분가, 영업, 통상 기준을 초과하는 교육 · 직업훈련으로 인하여 이미 피상속인의 증여재산을 받은 상속인은, 증여가액이 상속개시 시의 피상속인의 소유재산으로 산입되어 상속재산이 되어야 한다. 다만, 증여 시 그러하지 않을 것을 표시한 경우 그러한 제한이 없다. 전항의 증여가액은 유산분할 시 상속인의 상속분에서 공제한다. 상속분을 초과하는 증여는 상속인이 그 초과 부분을 반환할 필요가 없으나 법률에 다른 규정이 있는 경우 그러하지 아니하다. 증여가액 계산은 증여시의 가치를 기준으로 산정한다.

- 공동상속규정

공동상속에 대한 명확한 규정이 없으므로 공동상속을 잠재적 공동상속, 묵시적 공동상속, 명시적 공동상속으로 나누어 그 발생 요건과 효력을 규정하여야 한다고 주장한다.

- 유언신탁

유언신탁이란 유언의 방식으로 신탁하는 것을 말한다. 유산의 관리, 분배, 운용 및 급부 방식 등을 포함하여 유언으로 신탁하여야 하며, 유언이 효력을 발생할 때 신탁재산이 수탁인에게 이전되어 수탁인이 유언의 내용에 따라 유산을 관리하는 규정을 추가하여야 한다고 주장한다.

다. 천웨이陈苇 교수의 개정 의견

천웨이陈苇 교수가 서남정법대학에서 개최된 중국 계승법 수개 열점난점문제 연토회에서 제시한 중화인민공화국계승법 수정안 건의고中华人民共和国继承法修正案建议稿는 총 14장으로 구성되어 있으며, 제1장 총칙, 제2장 유산관리, 제3장 상속의 승인과 포기, 제4장 상속권의 취득과 상실, 제5장 상속권의 상속권의 보호와 시효, 제6장 유산, 제7장 유언과 유언상속, 제8장 무유언상속(법정상속), 제9장 유증, 제10장 상속계약(유증부양협의), 제11장 유산채무청산, 제12장 유산분할, 제13장 무인상속의 유산, 제14장 부칙이 그것이다.

3. 상속법 개정에 대한 반대 견해의 내용[50]

상속법 개정에 대하여 민법학자들은 많은 학술대회를 개최하고 각 방면에서의 개정 논점에 대한 논문을 작성하는 등 상당한 열정을 보여 주었다. 그러나 일부 법관들은 상속법 개정에 대하여 유보적이거나 반대하는 입장을 보이고 있다. 반대의 주요 입장은 다음과 같다. (1) 현행 상속법은 비교적 완비되어 있으며, 상속법 사법해석을 통하여 상속법을 보완하고 있기 때문에 입법에 있어 큰 부족이 없다. (2) 현재 사회생활에서 상속법에 규정된 상속제도와 어긋나는 중대한 변화가 일어나지 않고 있으며, 현재의 상속법과 사법해석으로 현재 일어나고 있는 상속분쟁을 해결할 수 있고, 상속사건이 많지 않은 상황에서 굳이 상속법 개정을 할 긴박한 필요성이 없다.

50· 杨立新(赵晓舒 역), 「중국 상속법의 개정과 민법전 편입의 장애와 기대」, 72쪽; 杨立新 主编, 『继承法修订入典之重点问题』, 12쪽.

4. 현행 상속법에 대하여 제기된 문제의 주요 원인과 개정 반대론에 대한 의견

양리신杨立新 교수는 자신의 논문 '중국 계승법의 개정과 민법전 편입의 장애와 기대'에서 현행 상속법상 존재하는 문제의 주요 원인으로 다음과 같은 4가지를 지적하면서 개정 반대론에 대하여 자신의 의견을 밝히고 있다.

가. 현행 상속법에 대하여 제기된 문제의 주요 원인[51]

1) 상속법 제정 당시 입법사회배경으로서의 계획경제의 영향

상속법 제정 당시 중국은 1976년 마오쩌뚱 사망 후 상속법이 폐지되었던 문화대혁명의 시기의 암흑기를 벗어나 대규모의 개혁개방이 막 시작되던 시기였다. 비록 당시 개혁개방의 목표를 설정하고 시행하였지만 사회경제 구조는 여전히 계획경제체제였으며 시장경제체제가 제대로 시행되고 있지 않았다. 그리하여 유산의 범위에 대하여도 '법률이 소유를 허가한 생산자료'라는 규정을 두게 되었다. 계획경제체제 하에서는 개인재산은 제한을 받았고 개인이 가지고 있는 재화도 매우 적었으며, 주로 그 재화는 생활필수품이었다. 시장경제체제를 시행한 후 공민公民이 소유하는 재화가 급속히 증가하였고 개인기업이나 주식형 기업이 우후죽순처럼 생겨났다. 현재는 거대한 액수의 유산 분쟁도 흔히 발생하고 있고 사회가 복잡해지고 다양해짐으로 인하여 분쟁의 유형도 다양해지

---

51 杨立新(赵晓舒 역), 「중국 상속법의 개정과 민법전 편입의 장애와 기대」, 68~70쪽.

고 있다. 이와 같이 경제 기초가 계획경제에서 시장경제로 바뀌고 개인 소유 재산의 급증은 상속관계에 있어 많은 변화를 초래하고 있으며, 이러한 현상을 반영한 상속법의 개정이 이루어져야 한다.

2) 상속법 입법 당시 자연인의 보편적인 빈곤 상황

상속법 제정 당시 중국은 보편적으로 빈곤한 상황이었기 때문에 상속법 입법시 많은 검토가 필요하지 아니하였다. 심지어 개인이 과다한 재산을 갖고 있는 것은 자본주의로 향한 것이라는 비판적 의식도 존재하였다. 당시 공민들은 가장 중요한 상속재산이라 할 수 있는 개인주택, 자동차도 없었고 월수입도 높지 않았다. 당시 공민들이나 입법자 모두 법정상속이나 유언상속에 있어 세세한 규정을 두어야 할 필요성을 느끼지 못하였을 것이다. 즉, 1985년의 중국 상속법은 가난한 사람들의 상속법이었으며 부유한 시장경제체제 사회의 상속을 예정하지 못하고 있어 현재 기준에서는 상당히 부족할 수밖에 없다.

3) 사법상 국가이익 지상주의의 '좌'적인 사상의 영향

중국 사회에서 입법과 사법司法 작업 중 '좌'적인 사상 영향이 장시간 존재하였다. 문화대혁명 중 유산상속은 자산계급의 산물로 여겨져 언급할 수 없었고, 유산분쟁으로 취급되었다. 문화대혁명이 끝난 후 법치사회를 건립하기 시작하였을 때에도 좌적인 영향은 여전히 존재하였다. 사법私法 분야에서 '좌'적인 사상의 중요한 표현은 바로 국가이익 지상주의이다. 상속법에서의 법정상속인의 범위 축소, 법정상속순서의 간소화, 유산 처리시의 세금우선원칙 등은 모두 국가이익 지상주의 사상의 영향이다. 이러한 입법은 국가이익을 지켰지만 개인의 재산적 이익을 침해하였고, 사권보호우선원칙을 위배하였다.

4) 사법 분야 중 구소련 민법 사상의 영향을 제거하지 않음

1949년 중화인민공화국 성립 후 중국의 민법에서 기존 국민당 정부의 법률은 폐지되고 구소련 민법이 전면적으로 계수되었다. 그 후 수십 년 동안 구소련의 민법 사상과 전통은 줄곧 중국 민법에 거대한 영향을 미쳤다. 1960년대 중소관계가 냉각된 후에도 구소련 민법사상은 여전히 중국 민법 정립과 민법 이론 연구에 영향을 미쳤다. 1985년 상속법 제정 당시에도 이러한 상황이 있었고 상속법의 여러 조문에서 구소련 민법의 영향을 많이 받았다. 예를 들면 상속 범위와 상속 순위는 1922년 소련 민법전 등의 영향을 직접적으로 받았는데 이는 중국뿐 아니라 동구권 등 여타 공산주의 국가에도 영향을 주었다. 이러한 규정은 주로 비시장경제국가가 채용하는 방법이며 시장경제의 상속제도에 부합되지 않는다.

나. 개정 반대론에 대한 의견[52]

1) 중국 현행 상속법은 37개 조문으로만 구성되어 있어 현 민법 규정 총수인 1,100여 개[53]의 3% 정도에 불과하다. 1930년의 중화민국 민법은 상속편만 88개의 조문으로 전체 민법 조문 1,225개의

52· 杨立新(赵晓舒 역), 「중국 상속법의 개정과 민법전 편입의 장애와 기대」, 73~75쪽 참조.

53· 양리신 교수는 위의 글에서 민법 규정의 범위를 특정하지 아니한 채 1,193개라고만 하고 있는데, 우리 민법과 유사한 범위로 한정한다면 민법통칙(156개), 물권법(247개), 담보법(96개), 합동법(428개), 혼인법(51개), 계승법(37개), 수양법(收养法, 입양에 관한 법률이다)(34개), 침권책임법(侵权责任法, 불법행위법이라고 볼 수 있다)(92개)로 총 1,141개이다.

7.19%를 차지하였다. 또 독일 민법전은 전체 조문 2,385개에서 상속편은 394개로 16.48%를 차지한다. 중국 상속법은 조문 수량이 적고 차지하는 편장도 적어 현행 상속법의 입법의 부족, 제도적 결함을 직접적으로 반영하고 있다고 볼 수 있다. 앞서 본 바와 같이 현행 상속법 규정은 현재 사회생활 및 상속실무수요를 만족시키기 어렵다. 비록 상속법 관련 사법해석이 있지만 상속법 규정이 원천적으로 부족하고 사법해석의 입장이 분명하지 못한 제약도 있어 중국의 상속제도는 여전히 비교적 많은 오류가 있다.

2) 상속법을 시행한지 30년이 경과하였고, 이미 중국은 성공적으로 계획경제체제로부터 시장경제체제로 그 체제를 바꾸었다. 시장경제는 사유재산의 종류를 확대시켰고 내용을 증가시켰으며 가족관계에 영향을 미쳐 현행 상속법은 이미 사회생활의 수요를 만족시킬 수 없게 되었다. 법원에 접수되는 상속사건이 적다거나 난이도가 높지 않다고 하여 상속법 개정이 필요 없다고 할 수 없다. 현행 상속법은 공정증서에 의한 유언의 효력을 다른 유언방법에 우선하도록 하기 때문에 중국의 공증기관이 대량의 상속 분쟁 처리 업무를 담당하게 되었다. 그리하여 공증증서가 있음으로 인하여 해결되는 상속과 관련된 분쟁수는 법원에서 접수되는 상속과 관련된 분쟁수보다 훨씬 많다. 법원에 소송을 제기한 경우 법원이 상속법이 적용되는 사안이 아니라는 이유로 입안立案[54] 하지 않거나 소송을 기각하는 경우 당사자들은 더더욱 법원이 아닌 다른 방법

---

54 소제기에 대한 심사업무는 통상 인민법원 입안정(立案庭)에서 하게 되며, 원고의 소제기가 소송요건에 부합하는지를 심사하여 조건에 부합하는 경우 수리를 하고, 그렇지 않은 경우 재정(裁定)으로 불수리한다. 이때 수리하는 것을 입안이라고 한다.(전대규, 『중국민사소송법』, 박영사, 2008, 261~262쪽 참조)

으로 분쟁을 해결하고자 하며 그럴 경우 법원으로서는 상속사건이 많지 않다고 생각할 수밖에 없다. 예를 들어 상속법은 특유분 제도를 두지 않고 필유분 제도만을 규정하고 있기 때문에 유언이 상속인의 상속권을 침해하는 문제에 대하여 법원은 유언이 공서양속을 위반하여 무효라는 방법으로 판단하게 되는데, 이는 유언자의 유산 처분 권리를 박탈하게 되는 것으로 이를 두고 현행의 상속법이 흠결이나 부족한 점이 없다고 생각하는 것은 타당하지 않다.

5. 상속법 개정 논의에 대한 전망과 비교법적 연구의 필요성

앞서 상속법 개정 필요성을 강력히 주장하고 있는 양리신杨立新, 천웨이陈苇 교수 등의 주장 등을 살펴보았다. 중국 민법학자들의 상속법 개정 요구는 충분히 경청할 만한 것으로 생각된다. 시장경제가 제대로 도입되지도 않은 상태에서 구소련 민법의 영향을 그대로 받은 상속법이 현재 중국의 경제 · 사회 상황을 잘 반영하고 있을 것이라고 생각하기 어렵다. 상속법을 제외한 다른 민법들은 모두 2000년 즈음 제정 또는 개정되어 급격히 변화한 경제 · 사회 상황을 어느 정도 반영하고 있다는 점에서도 더욱 그렇다. 우리 민법만 하더라도 전체 1,118개 조문 중 120개가 넘는 상속법 조문을 갖고 있다. 이에 비해 중국 상속법은 37개의 조문에 불과하여 복잡 다양한 상속문제를 해결하기에는 큰 어려움이 있을 수 있다. 그러나 중국의 법관들은 현재의 상속법(37개 조문)과 관련 사법해석(64개 조문)으로 상속사건을 해결할 수 있다고 보고 있는 듯하다. 양리신杨立新 교수는 사법상 국가이익 지상주의의 '좌'적인 사상의 영향을 비판하고 있지만 과연 중국 정부가 양리신 교수의 생각에 동의하고 있을지 알 수 없다.

중국은 여전히 공산주의 국가이며 마오쩌뚱 사상을 포기하고 있지 않으며 헌법에서도 그러한 공산주의 사상을 표명하고 있다. 중국 헌법 제1조는 "중화인민공화국은 노동자계급이 이끄는 노동자연맹을 기초로 하는 인민민주독재의 사회주의국가"로 선언하고 있고, 제6조는 "중화인민공화국의 사회주의경제제도의 기초는 생산수단의 사회주의공유제, 즉 전민소유제와 노동군중의 집체소유제이다. 국가사회주의 초급단계는 공유제를 주체로 하여 각종 소유제가 공동으로 발전하는 경제제도"라고 하고 있다. 즉, 수차례의 헌법개정을 통하여 초기사회주의 법체계로서의 특징이 퇴색되기는 하였지만 중국은 여전히 사회주의 실현을 법의 목표로 삼고 있다. 이러한 원칙 아래 민법통칙 제1조는 "공민과 법인의 합법적 민사권익을 보호하고, 민사관계를 정확하게 조정하며, 사회주의 현대화건설 사업발전수요를 적응하기 위하여 헌법과 우리나라 실제 정황에 근거하여 민사활동의 실천경험을 총괄하여 본법을 제정한다."고 규정하고 있고, 물권법 제1조는 "국가기본경제제도 및 사회주의시장경제질서를 유지·보호하고 물권 귀속을 명확히 하며 물건의 효용을 발휘하고 권리자의 물권을 보호하기 위하여 헌법에 근거하여 본법을 제정한다."고 규정하고 있으며, 합동법 제1조에서도 "계약당사자의 합법권익을 보호하고, 사회경제질서를 유지·보호하며, 사회주의현대화건설을 촉진하기 위하여 본법을 제정한다."고 규정하고 있다. 또한, 민사소송법의 임무 중 하나로 사회주의건설사업의 순리적 진행을 규정하고 있다(민사소송법 제2조).

이와 같이 중국이 비록 사회주의 계획경제를 수정하여 자본주의 시장경제적 요소를 받아들였지만, 이를 사회주의시장경제라고 지칭하고 있으며 이러한 상황을 국가사회주의 초급단계로서 각종 소유제가 공동으로 발전하는 단계로 보고 있을 뿐 사회주의의 포기라고 생각하고 있지 않은 것으로 보인다. 이는 개인의 이익보다는 국가의 이익을 더 중시하는 중국의 최근 여러 행보에서도 나타나고 있다. 게다가, 중국 법원에서 상속문제를 해결함에 있어서 공서양속을 적용하는 경우가 많아서 굳이 상속법을 개정할 필요성까지 느끼고 있는 것으로 보이지 않는다.

이러한 결과로서 2012년 활발히 이루어지던 상속법 개정 논의는 주춤하게 되고 소강상태에 빠진 것으로 보인다. 그러나 2012년경의 상속법 개정 논의는 2004년경 통합 민법전 제정 논의에 담겨있었던 상속법 개정 논의와는 달리 학자들 사이에서 아주 활발히 토론과 연구가 이루어졌고, 이를 토대로 중국 사회의 재산상속 현실을 잘 반영할 수 있는 개정안을 마련하기에 이르렀다. 비록 위 개정안이 실제 상속법 개정으로 실현되지는 않았지만 그 개정 논의는 우리에게도 시사하는 바가 많다. 뒤에서 보는 바와 같이 한국과 중국의 상속법은 연원에 있어 상당한 차이가 있지만 모두 종법제로부터 큰 영향을 받은 공통점이 있고 사회문화적으로도 유사한 점이 많아 중국에서 개정 논의된 내용 중 우리 상속법을 이해하는 데 도움이 되는 부분을 소개하는 것은 우리 상속법의 이해를 깊게 하는 데에도 도움이 될 뿐만 아니라 중국 상속법에 대한 이해를 높이는 데에도 도움이 될 것이다. 또한 중국 상속법과 상당 부분 유사한 북한 상속법을 이해하는 데에도 도움이 될 것으로 보인다.

중국 상속법 개정 논의 중 이와 같은 도움이 될 만한 부분으로는 법정상속인의 범위 및 순위(법정상속인으로 규정할 친족의 범위 및 배우자의 상속순위와 상속분), 유언의 자유의 제한과 관련한 공동상속인 또는 피상속인과 밀접한 관계에 있는 사람의 보호(필유분, 특유분, 유산작급청구권 등), 유언상속제도의 정비 및 새로운 유언상속방법의 도입 문제 등이다. 이러한 검토에 앞서 한국과 중국 상속법의 연혁과 기본원칙을 비교함으로써 현재와 같은 상속법의 차이를 갖게 된 이유부터 살펴보고, 위 사항 중 법정상속인의 범위 및 순위, 배우자의 상속순위 및 범위, 유언 자유의 제한 등을 검토하기로 한다.

03

상속법의 연혁과 기본원칙

제1절
한국 상속법의 연혁과 기본원칙

1. 상속법의 연혁

우리나라의 전통적인 혼례는 남귀여가혼男歸女家婚 또는 서류부가혼婿留婦家婚이라고 하는데, 신랑이 신부의 집에서 혼례를 치르고 그 후로도 오랜 동안 처가에서 살며 자식을 낳고 기르는 형태를 말한다. 이러한 혼인 방식은 고려시대에 광범위하게 행하여졌으며 조선시대에 이르러 중국의 주자학과 주자가례를 도입하여 민간에 보급하려는 노력을 하였음에도 조선 중기까지는 대체로 유지되었던 것으로 보여진다.[1] 이와 같은 혼인 관습, 즉 딸이 그 부모와 상당

---

1. 정긍식, 「조선초기 제사승계법제의 성립에 관한 연구」, 서울대학교 박사학위 논문, 1996, 111쪽.

기간 동안 동거하는 것은 재산의 상속에도 상당히 영향을 미쳤을 것이라고 보여진다. 그리하여 고려시대와 조선시대 전기까지는 자녀의 공동 · 균분상속을 원칙으로 하였고, 아들과 딸의 차별도 없었으며, 기혼과 미혼의 차이도 없었다. 다만, 제사를 지내는 상속인인 장남은 봉사조奉祀條라는 명목하에 2할을 고유상속분에 가급加給하였고, 가묘가 있는 가옥을 상속할 수 있었다.[2] 경국대전에 의하면 상속을 받을 수 있는 제1순위의 상속인은 자녀이고, 제2순위 상속인은 배우자, 제3순위 상속인은 피상속인의 4촌 이내의 본족本族이었다. 1순위의 자녀는 적출자녀이기만 하면 남녀를 불문하고 동순위의 상속인이 되었고, 자녀가 없는 경우에 배우자가 상속하였고, 배우자와 자녀 모두 없는 경우 피상속인의 본족에게 재산을 상속할 수 있게 하여 원래 재산을 돌려주게 하였다.[3]

적자와 서자의 차이는 있었는데, 양첩의 자녀는 적출자녀의 1/7, 천첩의 자녀는 1/10만을 받을 수 있을 뿐이었다.[4] 그러나 조선 후기로 접어들면서 장자우대, 남녀차별 등의 경향이 나타나기 시작하였다. 이는 혼인양식이 남귀여가혼에서 친영례親迎禮(신랑이 처가에 가서 신부를 맞이하여 신랑 집으로 데리고 와서 혼례식을 행하는 방식)로 바뀌고, 유교적 종법제가 강화되어 장자 우선의 원칙이 확고히 자리잡게 되고, 17세기 이후 인구가 증가하면서 토지가 부족해지게 된 것 등이 그 이유가 될 것이다.[5] 유언의 자유는 인정되었으나 상속인을 제외하고 제3자

---

2. 한국학중앙연구원, 『조선시대 재산상속문서 분재기』, 한국학중앙연구원 출판부, 2014, 13쪽; 윤진숙, 「조선시대 균분상속제도와 그 의미」, 『법철학연구』 제16권 제2호, 세창출판사, 2015, 279쪽.

3. 윤진숙, 위의 글, 280쪽.

4. 한국학중앙연구원, 앞의 책, 13쪽.

5. 윤진숙, 앞의 글, 283~284쪽.

에게 증여하는 등의 경우에는 난명亂命이라고 하여 그 효력이 부정되었다.

일제강점기에서는 조선민사령朝鮮民事令에 의하여 친족상속에 있어서 관습이 적용되었는데, 당시 조선고등법원의 판례는 호주상속과 재산상속이 동시에 이루어지는 경우 호주상속인이 우선 단독으로 재산상속을 하고 그 후 다른 동생들이 호주상속인에게 분재分財를 청구할 수 있을 뿐이었고, 분재를 할 경우에도 호주상속인이 다른 상속인보다 우대를 받았다고 보고 있었고, 딸의 분재청구권은 인정되지 아니하였다.[6·7·]

1960년에 시행된 민법은 공동상속을 원칙으로 하되, 호주상속인인 재산상속인에게는 상속분의 1/2을 가산하며, 여자의 상속분은 피상속인과 동일가적家籍 내에 있는 경우에는 남자의 1/2, 동일가적 내에 있지 않는 경우 1/4이고, 피상속인의 처의 상속분은 직계비속과 공동상속인 경우에는 남자의 1/2이고, 직계존속과 공동상속인 경우에는 남자와 동일하게 상속하는 것으로 규정하였다.

1977년의 상속법 개정에서는 처의 상속분이 호주상속인인 장남의 상속분과 동일해졌고, 동일가적 내에 있는 여자의 상속분이 남자의 상속분과 동일하게 되었다. 그러나 동일가적 내에 있지 아니한 여자의 상속분은 여전히 남자의 1/4이었다. 그리고 이 때 유류분 규정이 처음 도입되었다.

6· 윤진수, 『친족상속법강의』, 박영사, 2016, 272쪽.

7· 대법원 판례(1994. 11. 18.선고 94다36599 판결 등)도 이러한 관습법에 관하여 "민법 시행 이전의 재산상속에 관한 관습법에 의하면, 호주가 사망하여 그 장남이 호주상속을 하고 차남 이하 중자가 수인 있는 경우에 그 장남은 호주상속과 동시에 일단 전호주의 유산전부를 승계한 다음 그 약 2분의 1은 자기가 취득하고 나머지는 차남 이하의 중자들에게 원칙적으로 평등하게 분여하여 줄 의무가 있다는 것이 구민법 시행 당시의 민사령에 의한 관습이다."라고 판시하고 있다.

1990년 상속법 개정으로 종전의 호주상속제도는 친족법상의 호주승계제도로 바뀌었고, 호주상속인에 대한 상속분 가산이 없어졌으며, 딸의 상속분이 동일가적 내인지 여부에 관계없이 아들과 같아졌다. 그리고 부夫와 처妻의 상속법상 지위가 완전히 동일해졌다. 그 밖에 기여분제도[8] 및 특별연고자에 대한 분여제도[9]가 신설되었다. 또한 피상속인의 재산형성에 실제로 기여한 바도 없고, 피상속인과 실제로 가족공동생활을 하고 있지도 않았던 사람이 먼 친척이라는 이유로 상속을 받는다는 것은 부당하다는 비판을 받아들여 상속인이 될 수 있는 방계혈족을 종래 8촌 이내에서 4촌 이내로 축소하였다.[10]

2002년 상속법 개정은 헌법재판소에서 상속법 규정 중 일부가 위헌 내지 헌법불합치 결정을 받음으로써 이루어졌다. 그 내용은 상속회복청구권의 제척기간을 상속개시된 때부터 10년이 아니라 상속권의 침해행위가 있은 날로부터 10년으로 바꾸고(제999조 제2항),[11] 상속의 포기나 한정승인을 할 수 있는 날이 지난 후에도 상속채무가 상속재산을 초과하는 사실을 중대한 과실 없이 알지 못하고 단순승인을 한 경우에는 다시 한정승인을 할 수 있도록 한 것이다(제1019조 제3항).[12]

---

8. 민법 제1008조의2 : ① 공동상속인중에 상당한 기간 동거 · 간호 그 밖의 방법으로 피상속인을 특별히 부양하거나 피상속인의 재산의 유지 또는 증가에 특별히 기여한 자가 있을 때에는 상속개시 당시의 피상속인의 재산가액에서 공동상속인의 협의로 정한 그 자의 기여분을 공제한 것을 상속재산으로 보고 제1009조 및 제1010조에 의하여 산정한 상속분에 기여분을 가산한 액으로써 그 자의 상속분으로 한다.

9. 민법 제1057조의2 : ① 제1057조의 기간 내에 상속권을 주장하는 자가 없는 때에는 가정법원은 피상속인과 생계를 같이하고 있던 자, 피상속인의 요양간호를 한 자 기타 피상속인과 특별한 연고가 있던 자의 청구에 의하여 상속재산의 전부 또는 일부를 분여할 수 있다.

10. 김주수 · 김상용 공저, 『친족상속법』 제12판, 법문사, 2015, 563쪽.

11. 헌법재판소 2001. 7. 19. 선고 99헌바9 · 26 · 84,2000헌바11,2000헌가3,2001헌가23(병합) 참조.

2005년 상속법 개정은 기존 기여분제도의 일부 수정 및 특별한 정승인 규정을 일부 보완하는 정도로 이루어졌다.

2. 상속제도의 근거

현행법이 상속을 인정하고 있는 이상, 상속제도의 근거 내지 본질, 존재 이유를 논할 필요가 없을 수도 있으나 상속제도의 본질에 대하여 사회주의 입법례에서는 달리 보고 있으므로 우리 상속제도의 근거를 살펴보는 것은 비교법적 측면에서도 필요하다.

사유재산제도가 인정되는 이상 상속제도가 인정되는 것은 당연하다. 상속제도가 없다면 사유재산제도가 제대로 기능을 발휘할 수 없다. 그러나 사유재산제도만으로는 상속재산이 누구에게 귀속되는가를 설명하지는 못하며 상속제도의 본질 또는 근거에 대한 설명이 상속인이 상속을 받는 근거를 설명해줄 수 있다. 이에 대하여 몇 가지 견해가 있다. 먼저 ① 혈연대가설은 상속을 혈연의 대가로 본다. ② 선점설은 피상속인의 사망으로 인하여 상속재산은 무주물이 되고, 그와 동시에 피상속인의 가족이 이를 선점한다고 주장한다. ③ 의사설은 피상속인의 의사에서 상속의 근거를 구한다. 즉, 재산의 소유자에게 재산처분의 자유가 인정되는 한 유언도 인정되어야 하고, 무유언상속의 경우 법률이 피상속인의 의사를 추정하여야 하는데, 그 추정적 의사는 일정한 범위의 친족에게 유증하라는 것이라는 취지이다. ④ 공유설은 상속재산은 피상속인의 단독

---

12. 헌법재판소 1998. 8. 27. 선고 96헌가22,97헌가2 · 3 · 9,96헌바81,98헌바24 · 25(병합) 참조.

소유가 아니라 실질적으로 가족들의 공유라고 주장한다. ⑤ 사후부양설은 부양의무자는 살아 있을 때는 물론 사후에도 부양의무를 부담하여야 하고, 이러한 부양청구권이 상속권으로 전화轉化된 것이라고 한다. ⑥ 공익설은 상속제도를 인정하지 않으면 피상속인이 재산을 낭비하게 될 것이라거나, 상속을 인정하지 않으면 상속재산은 무주물이 되어 이를 차지하기 위한 다툼이 생기므로 이를 방지하기 위하여 상속제도를 인정한다고 설명한다.[13]

현재 다수설은 상속을 다원적으로 설명하고 있다. 재산의 축적에는 배우자 등 다른 가족이 협력하고 있어 가족은 잠재적인 공유자이고, 가족의 재산은 가족의 생활보장의 담보가 될 재산이므로 상속권의 근거는 잠재적 공유관계의 현재화와 생존가족의 생활보장을 위하여 실행되는 유산의 청산에 있다는 것이다. 또한 피상속인이 사후에 어떤 자에게 그 재산을 이전하려는 욕망도 법이 고려하는 바라고 한다.[14]

3. 상속법의 기본원칙

상속법의 기본원칙으로는 사적 상속, 유언의 자유, 친족에 의한 상속, 법정당연승계 및 포괄승계의 4가지를 들 수 있다.[15] 이 중 앞의 3가지는 실체적인 원칙이며, 마지막 것은 법기술적인 성격을

---

13. 윤진수, 『친족상속법 강의』, 박영사, 2016, 277쪽.

14. 윤진수, 위의 책, 277쪽.

15. 윤진수, 위의 책, 278쪽 참조. 위 책 이외 우리나라 상속법 교과서 중에 상속법의 기본원칙을 제시한 책을 찾기 어렵다. 위 책에서 제시된 기본원칙을 소개한다.

가진다.

독일 상속법의 기본원칙으로도 법기술적인 원칙으로 포괄승계의 원칙과 자동(직접)취득의 원칙이, 실체적인 원칙으로 가족과 친척 상속권의 원칙, 사적계승의 원칙, 유언자유의 원칙 등이 제시되고 있다.[16]

가. 사적 상속

사적 상속이라 함은 상속 재산이 사인으로부터 사인에게로 상속된다는 것을 말한다. 상속재산은 상속인이 없을 때에만 보충적으로 국가에 귀속된다. 사적 상속은 사유재산제도에 근거한 것이다.

사적 상속의 원칙과 관련하여 문제되는 것은 과도한 상속세 부과이다. 독일에서는 상속권을 박탈할 정도의 과다한 상속세 부과는 위헌이라는 논의가 있다. 그러나 일반적으로 상속은 무상이라는 점에 비추어 보면, 취득에 비용이 소요되는 소득세나 기타 다른 재산에 대한 과세보다는 납세의무자인 상속인의 담세능력이 더 크다고 할 수 있으므로 상속세 부과를 위헌이라고 할 수는 없다.[17] 헌법재판소도 "상속세 제도는 국가의 재정수입의 확보라는 일차적인 목적 이외에도, 자유시장경제에 수반되는 모순을 제거하고 사회정의와 경제민주화를 실현하기 위하여 국가적 규제와 조정들을 광범위하게 인정하는 사회적 시장경제질서의 헌법이념에 따라 재

16· Karlheinz Muscheler(윤철홍 역), 「독일 상속법의 기본원칙」, 『숭실대 법학논총』 14집, 2004 참조.

17· 윤진수, 「상속제도의 헌법적 근거」, 『헌법논총』 10집, 1999, 206쪽.

산상속을 통한 부의 영원한 세습과 집중을 완화하여 국민의 경제적 균등을 도모하려는 데 그 목적이 있다."고 설시하고 있다.[18]

나. 유언의 자유

유언 자유의 원칙에 의하여 피상속인은 자신의 사후의 법률관계를 미리 결정할 수 있다. 예컨대 재산을 유증, 사인증여 등의 방법으로 자유롭게 처분할 수 있다. 이는 사적 자치의 원칙의 일부라고 할 수 있다. 유언의 자유는 헌법상 재산권의 보호를 받을 뿐만 아니라, 헌법 제10조의 행복추구권에서 파생된 유언자의 일반적 행동의 자유에도 포함된다.[19] 그러나 유언의 자유가 전혀 제한될 수 없는 것은 아니다. 유언의 자유 제한으로서 중요한 것은 유류분의 규정에 의한 것과 민법 제103조의 공서양속 위반으로 유언을 무효로 하는 것, 유언의 방식을 엄격하게 정하고 있는 민법의 각 조항 등이다.

---

18. 헌법재판소 1997. 12. 24. 선고 96헌가19 결정.

19. 헌법재판소 2008. 3. 27. 선고 2006헌바82 결정은 "1) 우리 헌법의 재산권 보장은 사유재산의 처분과 그 상속을 포함하는 것인바, 유언자가 생전에 최종적으로 자신의 재산권에 대하여 처분할 수 있는 법적 가능성을 의미하는 유언의 자유는 생전증여에 의한 처분과 마찬가지로 헌법상 재산권의 보호를 받는다. 유언자가 자필증서에 의한 유언으로 유증을 하는 경우 그 방식을 모두 구비하지 않으면 설사 유언자의 의사가 진정한 것이라고 하더라도 유언의 효력이 부인되어 유언자의 진의를 관철할 수 없게 되는바, 이는 자신의 재산권을 자유롭게 처분할 수 있는 권능을 제한하는 것으로 헌법 제23조 제1항에서 보장되는 유언자의 재산권에 대한 제한이 된다. 2) 한편 유언의 자유는 단순한 재산권 처분의 권능 이외에도 사적 자치의 실현이라는 의미를 지니는바, 유언을 할지의 여부, 그 구체적인 내용의 선택, 유언의 방식 등은 기본적으로 개인의 자유로운 의사결정에 맡겨져 있다. 그러므로 이 사건 법률조항 부분과 같이 자필증서에 의한 유언에 있어서 그 방식을 제한하는 것은 헌법 제10조의 행복추구권에서 파생된 유언자의 일반적 행동의 자유를 제한하는 것이 된다."고 판시하고 있다.

다. 친족에 의한 상속

현행 상속법상 친족상속권은 두 가지 형태로 나타난다. 하나는 피상속인이 아무런 유언 등을 하지 않은 채로 사망하여 법률의 규정에 따라 상속이 이루어지는 법정상속 내지 이른바 무유언상속의 경우에, 법률의 규정에 따라 배우자 및 친족이 상속인으로 되는 것이고, 다른 하나는 피상속인이 유언에 의하여 유증을 한 경우에도, 위의 친족 등은 법정상속분 중 일정한 비율을 유류분으로서 취득하고, 상속분이 그 유류분보다 부족할 때에는 그 부족한 한도 내에서 수유자 등에 대하여 그 반환을 청구할 수 있는 유류분 제도이다.[20]

라. 법정 당연승계 및 포괄승계

상속에 의한 승계는 법률의 규정에 의하여 당연히 이루어진다. 따라서 상속인이 상속을 받겠다는 적극적인 의사표시를 할 필요가 없으며, 다른 표시를 하지 않으면 특별한 사정이 없는 한 단순상속이 된다. 상속에 의한 승계는 다른 권리나 의무의 승계에 요구되는 별도의 법률요건을 갖추지 않아도 인정된다. 즉, 피상속인이 사망하면 상속인은 피상속인이 소유하고 있던 물건의 소유권을 바로 취득하며 부동산의 경우에도 소유권이전등기 없이 바로 소유권을 취득하게 된다(민법 제187조). 또 피상속인의 채권을 상속인이 취득할 때에는 피상속인에 의한 채권양도 통지가 불가능하기 때문에 종전

20· 윤진수, 앞의 글, 194~195쪽.

채권자에 의한 채무자에 대한 통지 없이도 채무자에게 대항할 수 있다. 점유권도 상속인의 현실적인 지배 없이도 상속에 의하여 상속인에게 당연히 이전한다. 이러한 법정 당연승계의 결과로 피상속인의 사망으로 인한 권리취득에 시간적 틈이 없게 된다.

다만, 상속인이 상속을 원하지 않는 경우에는 상속인이 상속을 포기할 수 있으며(민법 제1041조), 상속의 포기는 상속개시된 때에 소급하여 그 효력이 있다(민법 제1042조).

제2절
중국 상속법의 연혁과 기본원칙

1. 중국 상속법의 연혁[21]

가. 중국 고대상속법

중국 고대상속법은 광의의 상속법으로 볼 수 있다. 종법宗法제도에서 파생된 가독상속家督相續의 특징이 매우 두드러졌고, 종족 혹은 가족구성원의 "동거공동재산"이라는 재산공유제도가 시행되었기 때문에, 유산의 상속은 "별적이재別籍异财"의 원칙에 따라 분가하면 재산을 나누게 되었다. 선진先秦시대 "예禮"는 상속관계를 조정하는 기본수단이었고, 후세에 이르러 관습법이 되었든 도덕규범이 되었든 관계 없이 상속제도에서 여전히 중대한 작용을 하였다. 진한秦汉

---

21. 巫昌祯 主编, 앞의 책, 18~20쪽 내용을 번역하여 인용함.

이후의 율律, 령令 및 명청明清의 회전会典에서도 많은 상속조항을 담았는데, 첫째로는 "예률결합禮律結合"이라고 하여 예교禮教가 여전히 그 핵심이었고, 둘째로는 "출예입형出禮入刑"이라고 하여 엄격한 형벌 수단을 이용하여 전통의 상속관계를 유지하였다.

나. 중국 근대상속법

청말 시대 기존 법률을 수정하여 1910년 반포한 "대청현행형률大清現行刑律"의 상속 관련 규정은 대부분 고대의 제도를 답습한 것으로, 변혁은 거의 없었는데, 이 법률의 민사 관련 부분은 위안스카이袁世凱 정부가 원용하였다. 그 밖에 청나라 정부는 일찍이 독일, 일본 민법을 모방하여 "대청민률초안大清民律草案"을 만들었고, 그 중 상속편은 "율례관律例館"과 "예학관禮學館"이 초안을 제정하였으나, 이 법률은 공포되지 않았다. 북양정부 후기에 민법초안을 제정하여 이를 재판에서 원용하는 것을 허가하였는데, 그 중 상속편은 자연스레 가독상속을 인정하였다.

국민당정부의 "민법상속편"은 1930년 12월에 공포되었으며, 이듬해 5월 5일부터 시행하였다. 이 법은 독일과 스위스 민법을 다수 인용하였으며, 상속제도 중에 봉건제의 요소를 혼합하였는데, 그 내용은 재산상속법 부분이었다. 법정상속의 순서는 네 가지로 ① 직계혈족비속 ② 부모 ③ 형제자매 ④ 조부모가 있으며 배우자는 어떤 순서의 상속인과도 동시에 상속을 받을 수 있고, 다만 순서에 따라 유산상속분 비율이 증가될 뿐이었다. 개괄상속 원칙하에 한정상속 원칙을 선택하였는데, 상속인이 수인일 경우 한 사람이 한정상속을 선택하면, 다른 상속인도 같이 한정상속이 되는 것으로

보았다. 그 밖에도 위 법은 유언상속방식, 유언자유, 특유분, 유증 및 상속인 없는 유산의 귀속 등에 대해 규정을 두었다. 이 외에도, 국민당 정부는 "민법상속편시행법"을 공포하였고, 사법원司法院과 최고법원은 몇 가지 해석례와 판례를 선고하였다.

다. 중국 현대상속법

일찍이 신민주주의혁명시기에 중국공산당이 이끄는 혁명근거지 정권은 상속정책 및 몇몇 상속법조와 조례를 제정하였는데, 이는 상속에서의 남녀평등과 권리의무 일치 원칙을 특히 강조하였고, 중화인민공화국 성립 후 상속입법의 토대가 되었다. 중화인민공화국 성립 후인 1950년 혼인법은 남녀평등원칙을 확립하였고, 부부간, 부모자녀간 서로 유산을 상속할 권리를 규정하였다. 1954년 중국 헌법 제12조에서는 "국가는 법률에 의거하여 공민의 사유재산 상속권을 보호한다."고 규정하였고, 이러한 규정들은 중국 사회주의 상속제도의 기초를 다지게 했다. 이후 민법의 초안 작업 중에 상속법 내용을 넣게 되었다. 재판업무의 실제 필요에 따라 제1차 전국민사심판업무회의에서 최고인민법원은 "민사정책의 몇 가지 문제를 관철하고 집행하는 것에 관한 의견关于贯彻执行民事政策几个问题的意见"을 발포하였고, 그 중 상속문제를 처리하는 기준에 대하여 몇 가지 규정을 두었다.

그러나 문화대혁명 시기에 사회주의법제는 심각하게 파괴되었고, 상속법제에도 변화가 생겨 1975년 헌법과 1978년 헌법에서는 상속권에 관한 규정이 사라졌다. 문화대혁명 종결 후 공산당의 11차 인민대표대회 3중전회(제3차 전체회의) 이래로, 중국의 사회주의 법제가 빠른 속도로 발전하였고, 1979년 2월 최고인민법원이 제2회 전국민사심판업무회의 중에 제출한 "민사정책법률을 관철하고 집행하기 위한 의견关于贯彻执行民事政策法律的意见"에서 상속문제에 대해 비교적 구체적이고 체계를 갖춘 규정을 제정하였다. 같은 해 11월 전국인민대표대회 상무위원회 법제업무위원회는 민법 초안 소그룹을 구성하여, 상속법의 초안업무를 새롭게 시작하였다. 1982년 12월 4일 제5회 전국인민대표대회 제5차 회의에서 통과한 중화인민공화국헌법 총강에 "국가는 법에 의거 공민의 사유재산 상속권을 보호한다"고 명시하여 헌법상 상속권 보호 규정을 회복한 후 1985년 4월 10일 제6회 전국인민대표대회 제3차 회의에서 '중화인민공화국계승법'이 통과되었다.

2. 중국 상속법의 본질(사회주의 상속법의 본질)

가. 상속의 본질

상속의 본질에 대하여 단지 마르크스주의만이 과학적으로 상속법을 분석하고 그 본질을 정확히 지적할 수 있으며 자산계급의 각종 학설과는 다르다고 하며 다음과 같이 주장한다.[22]

① 상속법은 원인이 아니라 결과이다. 상속제도는 일정한 사회경제기초의 상층구조이고 일정한 상속제도는 일정한 경제

22· 巫昌祯 主编, 앞의 책, 34쪽 참조.

기초에 따라 결정된다. 마르크스Marx, Karl와 엥겔스Engels, Fridrich는 "상속법은 생산관계에 대한 법의 의존성을 가장 선명하게 설명한다."고 지적하였다.

② 상속제도는 상층구조의 일종으로서 경제기초에 달려있고 경제생산에 영향을 미친다. 이러한 논리는 어떤 국가와 어떤 사회제도하에서도 상속제도의 기본원리에 적용된다.

③ 상층구조 영역에서 상속제도는 고립하여 존재하지 않고 동일 기초의 기타 상층구조와 상호작용한다. 예를 들면, 상속제도와 혼인가정제도는 뗄 수 없는 관계이다. 상속인의 범위와 지위, 상속의 방식과 유산의 분배 등에 있어 혼인가정제도의 영향을 받지 않는 바가 없다. 반대로 상속제도는 가정경제 측면에서 중요한 작용을 한다.

나. 사회주의 상속제도

또한 사회주의 상속제도에 대하여 다음과 같이 설명하고 있다.[23]

사회주의사회는 상속권을 폐지하여서는 안 된다. 상속은 원래 사자死者 개인소유의 재산을 생자生者에게 이전하는 수단으로 상속은 사유재산제의 산물이다. 사회주의사회 상속제도가 계속 존재해야 하는지 여부는 중대한 이론적, 실천적 문제이다.

19세기 초 프랑스의 공상적 사회주의자 생시몽Saint-Simon(Comte De Claude Henri De Rouvroy)은 상속권 폐지를 요구하였다. 그 후 무정부주의자 바쿠닌Bakunin(Mikhail Aleksandrovich)도 상속권의 폐지가 사회혁명의 기

[23] 巫昌祯 主编, 앞의 책, 35~36쪽 참조.

점이라고 주장했다. 이에 대하여 마르크스는 상속권의 소멸은 생산수단 사유제의 사회개조의 자연적 결과이지 사회개조의 기점이 될 수 없다고 강력하게 비판하였다.

경제기초와 상층구조 사이의 관계에 관한 마르크스주의에서의 기본원리를 근거로 하여 중국 사회주의혁명의 경험으로부터 사회주의 사회의 상속제도에 관하여 다음 두 가지 기본문제를 명확히 하여야 한다.

① 사회주의 사회에서 상속제도는 객관적 필연성이 있다. 사회주의 국가는 비단 공민의 합법적 수입, 저축, 주거와 기타 합법적 재산의 소유권을 박탈하지 않을 뿐만 아니라 보호한다. 공민의 사유재산이 존재한다면 재산의 상속은 피할 수 없는 것이다. 구체적으로 말해서 중국은 여전히 사회주의초급단계에 있고 경제제도의 기초는 생산자료의 사회주의공유제, 즉 전민소유제全民所有制와 노동군중집체소유제勞動群衆集體所有制이다. 동시에 노동자의 개별경제활동과 사영경제활동은 사회주의 공유제경제의 보충적 요소이다. 다양한 경제성분이 병존함으로써 전민소유제 재산과 노동군중집체소유재산 이외에 여전히 공민개인소유의 재산도 있게 된다. 사회주의는 각자 최대한으로 노력하고 노동에 따라 분배한다는 원칙을 실시하므로 공민은 자기의 노동을 통하여 상응한 물질이익을 취득한다. 이것은 공민 각자의 사유재산의 차이를 낳게 하고 공민이 충분히 노동에 있어 적극성을 발휘하도록 격려하고 훨씬 많은 개인재산을 축적하게 한다. 사회주의 제도하에서 가정은 보편적으로 소비단위일 뿐만 아니라

일부분은 생산경영단위이기도 하다. 인구재생산을 계획적으로 진행하고 가정구성원 상호간 부양 의무를 지게 함으로써 공민이 친족의 재산에 의지하여 생활을 할 수 있게끔 한다. 능력 있는 공민은 반드시 개인재산으로써 다른 가정구성원에 대하여 최선의 책임을 진다.

② 사회주의 사회의 상속제도와 사유제사회의 상속제도는 성질상 명백히 구별된다. 1) 상속제도의 기초 : 비록 소량의 사유경제가 있다고 하더라도 사회주의 상속제는 근본적으로 생산자료공유제 기초에서 구축된다는 점에서 상속제도의 기초가 다르다. 2) 상속권의 주체 : 사회주의 사회 상속권의 주체는 광범위한 노동자들인 점에서 사유제사회에서는 소수의 착취자들이 주체인 것과 다르다. 3) 상속권의 객체 : 사회주의 사회의 유산은 기본적으로 공민개인의 노동소득이며 사유제사회의 착취소득과 다르다. 4) 상속제도의 작용과 의의 : 사회주의 상속제도의 취지는 공민개인재산소유권과 유산상속권을 보호하고 가정의 양로육아의 기능을 발휘하게 하며 인민의 생활수준을 제고하고 사회재산축적을 증대시키며 안정적 사회질서를 유지하고 재산의 정상적 유통을 보장하는 것이다. 이런 점에서 사유제사회의 착취권력의 답습과 착취제도의 연속과 다르다.

3. 중국 상속법의 기본 원칙

중국의 사회주의 상속제도는 앞서 본 바와 같이 자본주의 상속제도와 그 이념을 달리 하며 상속제도의 본질 및 근거에 대한 관념도 다를 수밖에 없고 상속법의 기본원칙도 서로 다르게 된다. 중국 상속법도 기본틀은 소비에트 상속법을 계승한 것이며 그 기본원칙은 사회주의 상속제도를 실현하는 것을 이념으로 한다는 점에서 사유재산제 국가의 그것과 다르다. 거기다가 중국 상속법 기본원칙은 중국 특색의 사회주의 상속제도의 특징을 반영하고 있고, 이는 중국 상속법의 해석과 적용의 근거가 되고 있다.

중국 혼인법[24]과 달리 중국 상속법은 총칙에 기본원칙을 열거하지 않고 있으므로 위와 같은 원칙은 법률조문 등을 통하여 나타나고 있다.

중국 상속법의 기본원칙에 대하여 중국 민법학자들의 견해가 일치되지는 아니하나 사유재산 상속권 보호 원칙, 남녀평등 원칙, 권리의무 상호일치 원칙, 양로보육, 병자 · 신체장애자 배려 원칙은 대체로 일치되고 있는 것으로 보이며, 그 외 상호 양해 · 양보와 단결화목 원칙,[25] 유언자유 원칙,[26] 공서양속 원칙,[27] 한정상속 원칙[28] 등이 논의되고 있다. 중국 상속법 사법해석은 전문前文에서 "인민법원은 사회주의법제원칙에 근거하여 상속권남녀평등을 견지하여 상호부조 및 권리의무 상호 일치의 정신을 관철하며, 공민의 사유재산 상속권을 보호한다."고 규정하고 있다.

24· 중국 혼인법은 제2조에서 "혼인의 자유, 일부일처, 남녀평등의 혼인제도를 실행한다. 부녀와 아동, 노인의 합법적 권익을 보호한다. 계획적 출산과 육아를 실행한다."고 규정하고 있다.

25· 巫昌祯 主编, 앞의 책, 65쪽; 刘春茂 主编, 『中国民法学 · 财产继承』(修正版), 人民法院出版社, 2008, 48~50쪽; 何志 主编, 『婚姻继承法原理精要与事务指南』, 人民法院出版社, 2008, 726쪽.

26· 杨立新 主编, 『婚姻家庭继承法』, 北京师范大学出版社, 2012, 254~255쪽.

27· 杨立新 主编, 위의 책, 252쪽.

28· 刘春茂 主编, 앞의 책, 46~48쪽; 吴汉东 总主编, 앞의 책, 269쪽; 王歌雅 主编, 앞의 책, 176쪽.

이 글에서는 사유재산 상속권 보호 원칙, 남녀평등 원칙, 양로보육 및 병자 · 신체장애자 배려 원칙, 상호 양해 · 양보와 단결화목 원칙, 권리의무 상호일치 원칙, 공서양속 원칙, 유언자유 원칙, 한정상속 원칙의 순서로 살펴본다.

가. 공민의 사유재산 상속권 보호 원칙

공민의 사유재산 상속권 보호는 상속법의 가장 주요한 기본원칙으로 중국 헌법에 규정되어 있다. 헌법 제13조 제2항은 "국가는 법률규정에 의거해 공민의 사유재산 상속권을 보호한다."고 규정하여 상속 입법의 근거, 목적 등을 제공하고 있다. 이에 따라 상속법 제1조는 "중화인민공화국 헌법 규정에 근거하여 공민의 사유재산의 상속권을 보호하기 위하여 본 법을 제정한다."고 규정하고 있다.

위 조문들은 국가와 법률이 공민 사유재산 상속권의 향유와 법에 따른 행사를 보호하도록 하고 있으며, 구체적으로 아래와 같이 몇 가지로 설명할 수 있다.[29]

> (1) 공민이 사망 시 남긴 개인의 합법적 재산은 상속인이 모두 법에 따라 상속할 수 있다. 합법적으로 취득한 사람이 있다면, 국가 혹은 집단이 유산을 몰수하지 않는다. (2) 국가는 법률에서 상속인의 범위와 상속순서에 대해 규정한다. 유언상속인 혹은 법정상속인에 관계없이 그 상속권은 불법적으로 박탈되면 안 되며, 법

---

[29] 巫昌祯 主编, 앞의 책, 63쪽.

정사유 발생 시에만 상속인이 상속권을 상실한다. 상속인이 명확하게 상속권 포기를 표시하지 않으면 상속을 승인한 것으로 본다. (3) 상속인의 상속권 향유는 민사행위능력 유무의 제한을 받지 않는다. 무민사행위능력자無民事行爲能力者의 상속권은 그 법정대리인이 대신하여 행사한다. 제한행위능력자制限行爲能力者의 상속권은 그 법정대리인이 대신하여 행사하거나 혹은 법정대리인의 동의를 구한 후 본인이 행사한다. (4) 공민의 상속권이 타인에 의하여 불법침해를 받게 될 때에는 법정기한 내 소송절차를 통해 인민법원에 법에 따른 보호를 청구할 권리가 있다.

나. 상속권 남녀평등 원칙

남녀평등은 중국 혼인법의 기본원칙일 뿐만 아니라, 상속법의 기본원칙 중 하나이기도 하다. 이는 중국 헌법이 확립한 정치, 경제, 문화, 사회와 가정생활 등 각 영역에서의 양성관계의 원칙이 상속제도에서 구체적으로 구현된 원칙이다. 중국 상속법 제9조는 이러한 헌법의 원칙에 따라 "상속권은 남녀가 평등하다."라고 규정하고 있다.

상속권 남녀평등은 공민이 상속권의 주체로서 성별의 차이로 인해 그 권리의 향유와 행사에 영향을 받지 않는 것을 가리킨다. 상속관계에서 부녀자 경시 · 배척 금지가 그것의 핵심이며, 구체적으로 아래 몇 가지 내용을 포함하고 있다.[30]

30· 巫昌祯 主编, 앞의 책, 63~64쪽.

1) 남성 혹은 여성에 관계없이 모두 평등한 상속권을 향유한다. 법정 상속인의 범위와 상속순서 규정 시에 성별의 차이로 인한 구별을 하지 않고, 친족 촌수의 계산과 구분에서 남계와 여계의 차이가 없으며, 대위상속代位继承에서 남성과 여성, 남계친과 여계친의 지위와 권리가 평등하다.
2) 부부는 상속에서 평등한 권리를 지닌다. ① 부부는 상호 유산상속의 권리를 가지며, 배우자는 제1순위 법정상속인이 된다. ② 부부의 혼인존속기간 내 형성한 공동재산을 일방의 사망으로 분할하게 될 때에는 우선 그 절반을 생존배우자 소유로 나눠줘야 하며, 그 나머지를 유산 분할할 때에도 생존 배우자는 여전히 상속권을 향유한다. ③ 부부 일방의 사망 후 나머지 일방이 재혼을 하더라도 자신이 상속한 재산을 처분할 권리를 지니며, 누구도 간섭해서는 안 된다.
3) 남성 혹은 여성에 관계없이 유언 형식으로써 본인 사후의 남은 재산에 대해 처분권이 있으며, 피상속인이 유언에서 지정한 그 상속유산을 받을 권리를 지닌다. 유언은 노동능력이 결핍되고 생활수입원이 없는 남성과 여성 상속인에 대해 필요한 유산을 남겨둬야 한다.

다. 양로보육 및 병자 · 신체장애자 배려 원칙

혼인, 가정, 노인, 어머니와 아동 및 장애자의 합법적 권익을 보호하는 것은 중국 헌법과 법률의 중요원칙 중 하나이다. 노인을 공경하고 아동을 잘 보육하는 것은 우수한 중국적 전통이며 중국 사회주의의 도덕적 기풍으로 이러한 양로보육 및 병자 · 신체장애자 배려를 중국 상속법의 기본원칙 중 하나로 보고 있다. 이는 헌법과 법률의 요구일 뿐만 아니라 사회주의 도덕의 발현으로 본다. 또한 이러한 원칙은 사회적 부담을 경감하고 가정의 사회적 역할을 충분히 발휘할 수 있도록 한다.[31]

비록 양로보육 및 병자 · 신체장애자에 대한 배려를 중국 상속법에서 명확하게 규정하고 있지는 않지만 이 기본정신이 관철되고 있으며, 이 원칙은 노동능력이 결핍되고 생활수입원이 없는 상속인에 대한 특별히 배려하는 조문(중국 상속법 제19조 등)으로 나타난다. 구체적인 내용은 다음과 같다.[32]

1) 상속인의 범위를 피상속인과 공동생활하며, 상호 부양의무를 부담하는 가정성원으로 한정하고, 피상속인에 대해 부양의무를 지닌 사람[33]은 제1순위 법정상속인에 속하고, 일정 조건 하에서 피상속인에 대해 부양의무를 지닌 사람[34]은 제2순위 법정상속인에 속한다. 제1순위 법정상속

31· 巫昌祯 主编, 앞의 책, 64쪽.

32· 巫昌祯 主编, 앞의 책, 64~65쪽.

33· **중국 혼인법 제20조 (부부부양의무)**
부부는 상호 부양(扶养) 의무가 있다.
일방이 부양의무를 이행하지 않을 때 부양이 필요한 일방은 상대방에게 부양비를 지불하도록 요구할 권리가 있다.
위 법 제21조 (부모와 자녀)
부모는 자녀에 대해 부양(抚养), 교육 의무가 있으며 자녀는 부모에 대해 봉양(赡养), 부조 의무가 있다.
부모가 부양의무를 이행하지 않을 때 미성년 또는 독립적으로 생활할 수 없는 자녀는 부양비를 지불하도록 요구하는 권리가 있다.
중국 혼인법, 상속법에서는 부양과 관련하여 赡养, 抚养, 扶养 3가지의 용어를 사용하는데, 赡养은 손아래사람이 손윗사람을 공양하는 의미로, 抚养은 손윗사람이 손아래사람을 무양하는 의미로, 扶养은 赡养과 抚养의 의미 뿐만 아니라 일반적인 부양까지 포함하는 의미로 쓰고 있으며, 赡养이나 抚养을 쓸 경우에도 扶养이라는 용어를 자주 쓰고 있다.

34· **중국 혼인법 제28조 (조부모와 손자 사이의 부양의무)**
부담능력이 있는 조부모, 외조부모는 부모가 이미 사망했거나 부모가 부양할 능력이 없는

인에는 배우자뿐만 아니라 부모와 자녀도 있다. 피상속인의 자녀가 피상속인보다 먼저 사망하면 그 직계비속이 대위상속한다.

2) 유산분배에 있어 생활에 특수한 어려움이 있는 노동능력이 결핍된 상속인을 배려해야 한다. 상속인 이외에도 피상속인의 부양에 의지하는 노동능력이 결핍되고 생활수입원이 없는 사람에 대해서는 유산을 분배해줄 수 있다. 유언은 마땅히 노동능력이 결핍되고 생활수입원이 없는 상속인을 위해 필요한 유산을 남겨둬야 하고 유산분할 시에는 태아의 상속분을 남겨둬야 한다.

3) 노인부양, 아동애호를 격려한다. 배우자와 사별한 며느리가 시부모에 대해, 배우자와 사별한 사위가 장인장모에 대해 주요한 봉양의무를 다하는 경우 제1순위 법정상속인이 된다. 상속인 이외에도 피상속인에 대한 비교적 부양을 많이 한 사람은 적당한 유산을 취득할 수 있다. 상속인이 만약 고의로 피상속인을 살해, 유기 혹은 피상속인을 학대한 정도가 심각하면 상속권을 상실한다.

4) 공민은 부양인 혹은 집체소유제 조직과 유증부양협의를 체결할 수 있다. 협의에 따라 부양인 혹은 집체소유제 조직은

미성년 손자, 손녀, 외손자, 외손녀를 부양할 의무가 있다. 부담능력이 있는 손자, 손녀, 외손자, 외손녀는 자녀가 이미 사망했거나 또는 자녀가 부양할 능력이 없는 조부모, 외조부모를 부양할 의무가 있다.
위 법 제29조 (형제와 자매 사이의 부양의무)
부담능력이 있는 형, 누나(언니)는 부모가 이미 사망했거나 또는 부모가 부양할 능력이 없는 미성년 남동생, 여동생을 부양할 의무가 있다. 형, 누나(언니)가 부양해서 어른이 된 부담능력이 있는 남동생, 여동생은 노동능력이 결핍되고 생활수입원이 없는 형, 누나(언니)를 부양할 의무가 있다.

공민 생양사장生養死葬의 의무를 부담하고, 유증을 받을 권리를 향유한다. 그러나 부양인이 불성실하게 의무를 이행할 시에는 부양을 받는 공민이 유증협의를 해제할 수 있다.

라. 상호 양해 · 양보와 단결화목 원칙

유산 상속 시 상속인의 가정성원 간에 서로 양해 · 양보하고, 단결화목하여 상속문제를 협의하여 처리해야 한다. 이를 중국 사회주의 상속제도 본질의 반영일 뿐만 아니라 중국 사회주의 상속관계의 특색으로 보고 있다. 중국의 사법실무는 일관되게 이 원칙을 중시하고 있고, 상속법도 이러한 도덕적 요구를 법률 단계로 격상시켰다. 이 원칙에 따라 상속인은 유산분할의 시간, 방법과 배당에 대해 마땅히 겸양화목의 정신에 따라 확정해야 한다. 만약 협상이 결렬되면 인민조정위원회가 조정을 진행할 수 있고 인민법원에 소송을 제기할 수도 있다.[35]

이 원칙의 관철을 위해 중국 상속법은 두 가지 측면에서 규정을 하였다. 첫째, 적극적 면에서는 상호 양해 · 양보와 단결화목에서 출발하여 협상을 하도록 하였다. 법률은 유산분할의 기한을 제한하지 않는데, 이는 중국 인민이 부모의 일방이 사망 후 일반적으로 유산을 분할하지 않는 관습을 고려한 것일 뿐만 아니라 상속인 간의 충분한 협상과 양해를 할 수 있도록 하기 위해서이다. 중국 상속법은 어려움이 있는 상속인을 배려할 것을 요구하며(중국 상속법 제13조) 생산과 생활수요에 유리하며 유산의 효용을 해치지 않는다는

35· 巫昌祯 主编, 앞의 책, 65쪽.

전제 하에 합리적으로 유산을 분할하도록 하고 있다(위 법 제29조). 둘째, 소극적 면에서는 유산쟁탈을 위해 상속인 살해 및 유언 위조, 왜곡 혹은 소각, 정도가 심각한 학대 등을 상속권 상실의 요건으로 하고 있다(위 법 제7조).

마. 권리의무 상호 일치 원칙

중국 헌법 제33조는 "어떤 공민이든 헌법과 법률 규정의 권리를 향유하는 동시에 반드시 헌법과 법률 규정의 의무를 이행해야 한다."라고 규정하고 있다. 권리와 의무 상호 일치는 사회주의 제도 하에 보편적으로 적용되는 법률원칙의 하나이며, 중국 상속법도 동일하게 이 원칙을 구현하고 있다. 상속관계는 일반 민사관계와 다른 그 나름의 특수성을 지니고 있어 이 원칙은 상속영역에서 나름의 특정한 함의를 지니고 있다. 구체적으로는 다음과 같다.[36]

1) 권리주체의 지위와 권리객체의 처분

권리주체에 관하여 보면 비록 부양관계가 상속권 취득의 근거는 아니더라도 앞서 본 바와 같이 상속법의 권리주체범위와 혼인법의 의무주체범위는 대체적으로 일치하며, 법정 상속순서의 배열도 혼인법상 부양의무의 정도와 서로 대응된다. 이는 권리의무 일치를 고려한 것이다. 또한 중국 상속법 제13조는 법정상속 부분에서 "피상속인에 대해 주요 부양의무를 다하거나 피상속인과 공동생활을 한 상속인에 대해 유산분할 시 많이 분배할 수 있다. 부양

36· 巫昌祯 主编, 앞의 책, 65~66쪽.

능력과 부양조건이 있는 상속인이 부양의무를 다하지 않으면 유산 분할 시에 분배하지 않거나 적게 분배해야 한다."고 규정하고 있다. 이는 비록 상속권 상실과 같이 권리의 유무 문제와 관련은 없지만 이러한 유산의 불균등 분배방식은 권리의무 일치 원칙을 구현한 것이다.

2) 권리내용 방면

① 의무부義務附 유언상속이 있는 경우 상속인은 마땅히 그 의무를 이행해야 한다. 정당한 이유 없이 의무를 이행하지 않으면, 관련 조직 혹은 개인의 청구를 거쳐 인민법원이 그의 유산취득 권리를 취소할 수 있다. ② 상속인이 상속을 하면 유산의 재산적 권리를 취득함과 동시에 관련 재산적 의무도 취득해야 하며 마땅히 피상속인이 법에 따라 납부해야 하는 세금과 채무를 청산해야 한다. 그러나 중국은 한정상속이 원칙이기 때문에 유산의 실제가치를 한도로 하여 상속인이 의무를 이행하는데 이것도 권리의무 일치의 원칙을 구현한 것이다.

바. 공서양속 원칙

공서양속은 공공질서와 선량한 풍속의 통칭이다. 현대 민법에서 공서양속은 기본법률원칙 중 하나이며 일체의 민사활동은 공공질서와 선량한 풍속의 준칙을 준수하여야 한다. 민법의 일부분으로서의 상속법도 공서양속 원칙을 준수하여야 한다. 상속인은 상속 중 이러한 원칙을 준수하여야 하고 공공질서와 선량한 풍속을 위배하여서는 안 된다. 공서양속 원칙은 상속법 중 명문의 규정은 없지만 사법실무에서는 당연히 준수하여야 하고, 유언자의 유언처분행위가 법률 규정과 공서양속을 위배할 때 유언은 무효가 된다.[37]

사. 유언자유 원칙

유언의 자유는 자연인이 생전에 유언으로 자기의 재산을 처분함으로써 향유하는 자유권리이다. 중국 상속법 제16조는 "공민은 유언으로 개인재산을 법정상속인 중 1인 또는 수인이 상속하도록 지정할 수 있다. 공민은 유언으로 개인재산을 국가 · 집체 또는 법정상속인 이외의 사람에게 증여할 수 있다."고 규정하고 있다. 이것은 중국 상속법 상의 유언자유 원칙을 확인한 것이다.

유언의 자유는 기본원칙으로서 다음과 같은 중요한 사회적 의의가 있다.[38]

(1) 유언의 자유는 자연인의 개인재산소유권을 철저히 보호하고 의사의 자치를 실현하는데 유리하다. (2) 유언의 자유는 가정의 기능을 발휘하게 함으로써 가정의 양로육아養老育兒 역할을 수행하게 할 수 있다. (3) 법정상속에 있어서는 유산분할 시 쉽게 분쟁이 발생할 수 있지만 유언자유 원칙은 유언의 방식으로 자기의 유산을 미리 처분하고 구체적 상속분을 명확히 하여 가정 내 분쟁을 감소하거나 예방함에 유리하다. 다만, 유언자유 원칙은 일정한 제한이 있다. ① 유언은 법률의 구속을 받으며 법률 규정에 위배되어

---

37. 杨立新 主编, 『婚姻家庭继承法』, 252쪽.
38. 杨立新 主编, 『婚姻家庭继承法』, 255쪽.

서는 안 되며, 그런 경우 유언은 무효이다. ② 유언은 공공도덕과 선량한 풍속을 위배하여도 안 된다. 그 경우에도 유언은 무효가 된다. ③ 유언 시 노동능력이 결핍되고 생활수입원이 없는 상속인에게 필요한 유산액을 유보하여야 하며 그렇지 않은 경우 유보되어야 하는 유산액 부분에 대한 유언은 무효이다.

아. 한정상속 원칙[39]

한정상속은 상속인이 피상속인이 생전에 진 세금과 채무에 대하여 상속인의 상속유산의 가치 범위에 한정하여 청산책임을 진다는 것으로 상속한 유산가치 총액을 초과한 채무에 대하여 상속인은 청산책임을 지지 않을 수 있다.

일반적 상황에서 채무자는 자기의 재산총액을 채권자에 대하여 담보하고 있을 뿐이며, 채무청산은 자기의 모든 재산을 한도로 하고 인신으로써 변제해서는 안 된다. 채무자가 사망한 경우 그 채무청산은 그의 유산, 즉 상속인이 상속받은 유산을 한도로 하여야 하며, 이러한 원칙은 세계 다수의 국가가 채용하고 있다.[40][41]

중국 상속법 제33조는 "유산상속은 피상속인이 납부하여야 하는 세금과 변제하여야 하는 채무를 변제하여야 하고 세금 납부와 채무 청산은 그의 유산의 실제 가치를 한도로 한다. 유산의 실제 가치 초과 부분을 상속인이 자원하여 상환하는 것은 관계 없다.

39· 한정상속 원칙을 상속법의 기본원칙으로 제시하고 있는 교과서는 刘春茂 主编, 앞의 책, 吴汉东 总主编, 앞의 책과 王歌雅 主编, 앞의 책 등이며, 모든 교과서에서 상속법의 기본원칙으로 제시하고 있지는 않다.

40· 王歌雅 主编, 앞의 책, 176쪽.

41· 吴汉东 总主编, 앞의 책, 269쪽.

상속인이 상속을 포기하는 경우 피상속인이 납부하여야 하는 세금이나 변제하여야 하는 채무에 대하여 상환책임을 부담하지 않을 수 있다."고 규정하고 있다.[42]

한정상속은 사자 생전 납부하여야 하는 개인 세금과 채무에 적용될 뿐이다. 가정이 공동으로 지는 채무와 세금에 속하는 것은 사자가 생전에 자신의 명의로 부담하였다고 하더라도 가정 전체 성원이 부담하여야 하고 한정상속 원칙이 적용되지 않는다. 상속인의 생활수요를 위하여 피상속인이 지게 된 세금과 채무는 한정상속의 범위에 속하지 않으며 상속인이 청산책임을 부담하여야 한다. 상속인이 피상속인을 공양하지 않아서 피상속인이 정상생활의 수요를 위하여 지게 된 생활비, 의료비 등도 한정상속 원칙의 제한을 받지 않고 상속인이 청산책임을 부담한다. 상속인이 초과 부분을 자원하여 변제하는 것을 법률이 금지하지 않는다. 다만 상속인이 변제한 후 한정상속을 원인으로 반환을 청구할 수는 없다.[43]

한국은 상속의 단순승인을 원칙으로 하고 있다. 대부분의 상속인이 상속 시 단순승인하고 있을 뿐만 아니라 한정승인의 경우에는 법에 규정한 필요한 절차에 따라 한정승인 신고를 하여야 하는데, 모든 상속인에게 이러한 요구를 하는 것이 쉽지 않고 상속제도를 까다롭고 번거로운 제도로 만들 수 있기 때문이다. 그러나 일반적으로 상속인의 상속의사는 상속받을 재산이 있다는 것을 전제하고 있을 것이며, 상속인이 상속으로 인하여 상속재산을 초

42· 대만 상속법도 한정승인을 원칙으로 하고 있다. 대만 민법 제1148조는 "상속인은 상속개시 시로부터 본법의 다른 규정이 있는 경우를 제외하고 피상속인 재산상의 일체의 권리, 의무를 이어받는다. 상속인은 피상속인의 채무에 대하여 상속을 원인으로 획득한 유산을 한도로 청산책임을 부담한다."라고 규정하고 있다.

43· 王歌雅 主编, 앞의 책, 176쪽.

과하는 상속채무까지 부담하겠다는 의사를 가지는 것이 보편적이지는 않을 것이다. 물론 가족 재산의 승계라는 측면에서 보면 피상속인이 가족의 생계를 위하여 경제활동을 하다가 채무초과 상태가 되었다면 그러한 혜택을 받은 상속인이 그 채무를 책임지는 것이 바람직할 수도 있겠지만 피상속인이 상속인에 대한 부양의무와 무관하게 채무를 지게 된 경우도 많을 것이며, 상속인에게 피상속인의 부담까지 부담시켜 정상적인 사회생활을 하기 힘들게 하는 것은 사회경제적으로도 바람직하지 않다고 볼 수 있다. 그런 면에서 한정승인을 원칙으로 하고 있는 중국 상속법 제도의 취지와 내용에 대하여 살펴보는 것도 의미가 있으리라 생각하지만 이 논문의 취지에 따라 상속법의 기본원칙으로 소개하는 것으로 내용을 줄이고자 한다.

04

법정상속인의 범위와 순위 및 배우자의 상속순위와 상속분

제1절 법정상속인의 범위 및 순위

1. 한국 상속법 상의 법정상속인의 범위 및 순위

가. 제1순위 - 직계비속

직계비속이 여러 명 있는 경우에 촌수가 다르면 최근친을 선순위로 하고(예를 들어 피상속인의 직계비속으로 자녀와 손자녀가 있는 경우 자녀만이 상속인이 된다) 촌수가 같으면 공동상속인이 된다. 자녀가 사망한 경우 그 사망한 사람의 직계비속이 대습상속을 하게 된다(민법 제1001조). 만약 자녀(들)이 모두 사망하거나 상속결격, 상속포기 등으로 상속권을 잃게 되면 손자녀(들)이 상속인이 된다.

직계비속이라면 자연혈족과 법정혈족이 동등하므로 친생자이든 양자이든, 혼인 중의 자녀이든 혼인 외의 자녀이든 차이가 없이 동등하다.

계모자 관계나 적모서자 관계에 있는 사람은 1990년 12월 31일까지는 상호간에 상속인이 될 수 있었으나 민법 개정으로 인하여 1991년 1월 1일 이후에는 서로간 상속인이 될 수 없다.

양자는 친생부모와 양부모 모두에 대하여 상속권을 가진다. 하지만 친양자는 입양으로 친생부모와의 친생자관계가 단절되므로 친생부모의 상속인이 될 수 없다.

나. 제2순위 - 직계존속

직계존속이 여러 명 있는 경우 촌수가 다르면 최근친을 선순위로 하고(예를 들면, 피상속인의 상속인으로 부모와 조부모가 있는 경우 부모만이 상속인이 된다) 촌수가 같으면 공동상속인이 된다. 양자가 사망하면 양부모와 친생부모 모두 상속권을 가진다.[1] 그러나 친양자의 친생부모는 친양자의 상속인이 될 수 없다.

다. 제3순위 - 형제자매

과거 판례는 여기서의 형제자매는 피상속인의 부계방계혈족만을 의미하므로 이성동복異姓同腹의 형제자매(아버지는 다르고 어머니가 같은 형제)는 상속인에 해당하지 않는다고 하였으나[2] 1990년 민법 개정 이후

---

1. 대법원 1995. 1. 20.자 94마535 결정
2. 대법원 1975. 1. 14. 선고 74다1503 판결

피상속인과 이성동복의 관계에 있는 형제자매도 상속인이 된다고 하였다.

라. 제4순위 - 4촌 이내의 방계혈족

방계혈족 가운데에서도 최근친이 선순위가 되고 촌수가 같으면 공동상속인이 된다.

마. 배우자

배우자는 제1순위인 직계비속 또는 제2순위인 직계존속과 동순위로 상속인이 되고 직계비속이나 직계존속이 없는 경우 제3순위인 형제자매나 제4순위인 4촌 이내의 방계혈족에 우선하여 단독상속인이 된다. 여기서의 배우자는 법률상 유효한 배우자를 말하며 사실혼 배우자는 해당하지 않는다. 헌법재판소도 사실혼 배우자에게 상속권을 인정하는 않는 것이 위헌이 아니라고 결정하였다.[3]

---

[3] 헌법재판소 2014. 8. 28. 2013헌바119 결정에서 "사실혼 배우자에게 상속권을 인정하지 아니하는 것은 상속인에 해당하는지 여부를 객관적인 기준에 의하여 파악할 수 있도록 함으로써 상속을 둘러싼 분쟁을 방지하고, 상속으로 인한 법률관계를 조속히 확정시키며, 거래의 안전을 도모하기 위한 것이다. 사실혼 배우자는 혼인신고를 함으로써 상속권을 가질 수 있고, 증여나 유증을 받는 방법으로 상속에 준하는 효과를 얻을 수 있으며, 근로기준법, 국민연금법 등에 근거한 급여를 받을 권리 등이 인정된다. 따라서 이 사건 법률조항이 사실혼 배우자의 상속권을 침해한다고 할 수 없다."고 판시하였다.

2. 중국 상속법 상의 법정상속인의 범위 및 순위

중국 상속법 제10조

유산은 아래 순서에 따라 상속한다.

제1순위 : 배우자, 자녀, 부모

제2순위 : 형제자매, 조부모, 외조부모

상속개시 후 제1순위 상속인이 상속하면 제2순위 상속인은 상속하지 못한다. 제1순위 상속인이 상속하지 않는 경우 제2순위 상속인이 상속한다.

본법에서 말하는 자녀는 혼생자녀, 비혼생자녀, 양자녀와 부양관계가 있는 계자녀를 포함한다.

본법에서 말하는 부모는 생부모, 양부모와 부양관계가 있는 계부모를 포함한다.

본법에서 말하는 형제자매는 같은 부모의 형제자매, 동부이모同父異母 또는 동모이부同母異父의 형제자매, 양형제자매養兄弟姊妹, 부양관계 있는 계형제자매繼兄弟姊妹를 포함한다.

제13조

동일 순서의 상속인의 상속분은 일반적으로 균등하다.

생활에 특수한 곤란이 있는 노동능력이 결핍된 상속인에 대하여 유산분배 시 배려하여야 한다.

피상속인에 대하여 주요한 부양의무를 다하였거나 피상속인과 공동생활을 한 상속인은 유산분배 시 많이 분배할 수 있다.

부양능력이 있고 부양조건이 있는 상속인이 부양의무를 다하지 않는 경우 유산분배 시 분배하지 않거나 적게 분배하여야 한다.

상속인이 협의하여 동의한 경우 불균등하게 분배할 수 있다.

가. 제1순위 - 배우자, 자녀, 부모

1) 배우자

중국 혼인법 제24조는 "부부는 서로 유산을 상속할 권리가 있다."고 규정하고 있다.

여기서의 배우자는 합법적 혼인관계에 기초하는 부부 쌍방이다. 만약 남녀 사이에 합법적이고 유효한 혼인관계가 존재하지 않으면 법정배우자가 아니므로 당연히 서로 유산을 상속할 권리를 향유할 수 없다. 남녀 사이에 합법적이고 유효한 혼인관계의 존재 유무는 중국 혼인법의 관련 규정에 의거해 판정한다. 비록 일방 배우자가 사망했을 때 어느 일방이 이혼소송을 이미 제기하였거나 1심 법원에서 이미 이혼판결을 받았다고 하더라도 이혼판결이 효력을 발생하기 전에는 여전히 상속권을 가진다.[4·5·]

2) 자녀

자녀는 피상속인과 가장 가까운 직계후대친족이다. 부모자녀 사이에는 매우 밀접한 신분관계와 재산관계가 존재하며, 세계 대부분의 나라에서 자녀는 부모의 법정상속인이 된다. 중국 상속법 제10조 규정에 의하면 자녀는 혼생자녀, 비혼생자녀, 양자녀 및 부양관계가 있는 계자녀繼子女를 포함한다. 성별과 결혼 여부를 막론하고 그 상속지위는 평등하다.

4· 杨立新 · 朱呈义, 『继承法专论』, 高等教育出版社, 2006, 153~154쪽.

5· 吴汉东 总主编, 앞의 책, 281쪽.

가) 혼생자녀婚生子女

혼생자녀는 합법적 혼인관계를 지닌 부부가 낳은 자녀를 가리킨다. 부모의 혼인관계가 존속하거나 부모의 이혼으로 인하여 일방이 부양하는 자녀인지에 관계없이 그 생부, 생모의 유산에 대해 여전히 상속권을 향유한다.

나) 비혼생자녀非婚生子女

비혼생자녀는 합법적 혼인관계가 없는 남녀가 낳은 자녀를 가리키며 미혼남녀가 낳은 자녀, 기혼자가 타인과 정당하지 않은 양성兩性관계로 낳은 자녀를 포함한다. 중국 혼인법 제25조는 "혼인 외 자녀는 혼생자녀와 동등한 권리가 있으며 그 어떤 사람이든 위해를 주거나 차별 대우하지 못한다."고 규정하여 혼인 외 자녀와 혼생자녀가 동등한 상속권을 향유한다는 것을 명확히 규정하고 있다.

다) 양자녀養子女

양자녀는 피상속인 생전에 법률의 요건과 절차에 따라 입양한 자녀를 가리킨다. 양자녀와 양부모는 혈연관계가 없는 일종의 의제擬制 육친관계이다. 중국 혼인법 제26조는 "양부모와 양자녀 사이의 권리와 의무관계는 본법의 부모자녀관계의 관련 규정을 적용한다. 양자녀와 생부모 사이의 권리의무는 입양관계의 성립으로 해소된다."고 규정하고 있다. 입양관계 성립은 곧 2가지 법률효과를 발생시킨다. 첫째는 양부모와 양자녀 사이의 권리의무관계를 확립하여, 양자녀는 양부모의 재산에 대한 상속권을 가진다. 둘째는 양자녀와 생부모 사이의 권리의무 관계를 해제하여, 양자녀는 자신의 친생부모의 유산에 대해 더 이상 상속권을 향유하지 못한다. 바꿔 말해 입양관계가 해제되고 나면 양자녀와 양부모 사이의 권리의무관계도 동시에 종지되어 양부모의 유산에 대해 더 이상 상속권을 향유하지 못하며, 생부모와의 사이에 권리의무관계가 회복되어 생부모의 법정상속인이 된다.[6]

라) 계자녀繼子女

계자녀는 부인과 전남편 혹은 남편과 전부인이 낳은 자녀를 가리킨다. 계부모와 계자녀 사이의 관계는 자녀가 부모 일방의 사망으로 인한 타방의 재혼 혹은 부모의 이혼으로 인한 일방 혹은 쌍방의 재혼으로 형성된다. 계자녀와 계부 혹은 계모는 혈연관계가 없으므로 원칙상 계자녀는 오직 생부모의 유산만 상속할 수 있고, 계부 혹은 계모의 유산을 상속할 수 없다. 중국 혼인법 제27조의 규정에 의하면 계부 혹은 계모와 그 부양교육을 받는 계자녀 사이의 권리와 의무는 부모자녀관계에 따라 처리한다. 이는 곧 계부 혹은 계모와 계자녀 사이에 부양교육관계를 형성할 때에는 계자녀는 혼생자녀와 마찬가지로 계부 혹은 계모의 유산을 상속할 수 있는, 계부 혹은 계모의 법정상속인이 된다는 것을 의미한다.[7] 주의해야 될 점은 계자녀는 계부 혹은 계모의 유산을 상속하는 동시에 여전히 그 생부모의 법정상속인이 되어 그 생부모의 유산을

---

6. 巫昌祯 主编, 앞의 책, 299쪽.

7. 吴汉东 总主编, 앞의 책, 282쪽은 "중국 혼인법에서 계자녀의 친족 법률지위는 두 가지이다. 하나는 단지 계부모의 직계인척으로서 상호간 사실상의 부양관계와 공동생활관계를 형성하지 않는다. 다른 하나는 계자녀와 계부모가 사실상 부양관계를 형성하는 경우로서 직계인척이 의제혈족으로 전화(轉化)한다. 그리하여 법률이 의제한 부모자녀간의 권리의무를 생성한다."고 설명하고 있다.

상속할 수 있다는 것이다. 이에 대해 상속법 사법해석 제21조는 "계자녀의 계부모 유산 상속은 그 생부모의 유산 상속에 영향을 미치지 않는다."고 규정하고 있다. 따라서 계자녀는 이중 상속권을 가지는데, 그와 부양교육관계를 지닌 계부 혹은 계모의 법정상속인이자 또한 그 생부모의 법정상속인이다.[8]

3) 부모

부모는 피상속인과 가장 가까운 직계선대친족이며, 자녀와의 신분관계가 매우 긴밀할 뿐만 아니라 미성년자녀 부양교육의 의무를 부담하고 당연히 자녀의 법정상속인이 된다. 자녀와 마찬가지로 부모는 생부모, 양부모와 부양관계를 지닌 계부모를 포함한다. 생부모는 그 자녀의 유산을 상속할 권리를 가지며, 양부모는 그 양자녀의 유산을 상속할 권리를 가지고, 부양관계를 지닌 계부모도 그 계자녀의 유산을 상속할 권리를 가진다. 자녀가 타인에 의해 입양되면 생부모와의 권리의무관계는 즉시 소멸되어 생부모는 그 타인에 의해 입양된 자녀에 대해 더 이상 상속권을 향유하지 못한다. 양자녀와 양부모의 입양관계가 해제되면 양부모도 더 이상 양자녀의 유산을 상속할 권리를 향유하지 못한다. 계부모는 부양관계를 지닌 계자녀에 대해 유산상속권리를 향유함과 동시에 그 친생자녀에 대한 상속권도 향유한다.[9]

---

8. 巫昌祯 主编, 앞의 책, 300쪽.
9. 巫昌祯 主编, 앞의 책, 300쪽 등.

나. 제2순위 - 형제자매, 조부모, 외조부모

1) 형제자매[10]

형제자매는 피상속인과 가장 가까운 방계傍系혈족이다. 여기서의 형제자매는 동부동모同父同母의 형제자매, 동부이모同父異母의 형제자매 혹은 동모이부同母異父의 형제자매, 양형제자매養兄弟姉妹, 부양관계를 지닌 계형제자매繼兄弟姉妹를 포함한다. 형제자매 사이는 서로 법정상속인이 된다. 주의해야 될 점은 양형제자매는 양자녀와 생자녀 사이, 양자녀와 양자녀 사이의 형제자매관계이며, 그들은 서로 상속인이 되지만, 피상속인과 그 친형제자매 사이의 권리의무관계는 입양관계로 인해 소멸되어 서로 상속권을 향유하지 못한다는 것이다. 계형제자매 사이의 상속권 유무는 마땅히 그들 사이의 부양관계 유무를 살펴 정해야 하며, 부양관계가 있을 때에는 서로 제2순위 상속인이 되고, 부양관계가 없으면 서로 상속인이 될 수 없다. 계형제자매 사이의 상호 유산상속은 그 친형제자매의 유산상속에 영향을 미치지 않는다.

2) 조부모, 외조부모[11]

조부모와 손주, 외조부모와 외손주는 부모자녀에 버금가는 가장 가까운 직계친족이다. 조부모, 외조부모는 손주, 외손주의 법정상속인이다. 그러나 중국 상속법은 손주, 외손주는 조부모, 외조부모의 법정상속인으로 규정하지 않고 있는데, 손주, 외손주는 이미

---

10. 巫昌祯 主编, 앞의 책, 300쪽 등.
11. 巫昌祯 主编, 앞의 책, 301쪽 등.

사망한 아버지 혹은 어머니의 지위를 대신하여 부모 혹은 외조부모의 유산을 대위상속할 수 있기 때문이다.

3) 배우자와 사별한 며느리와 배우자와 사별한 사위

며느리와 시부모, 사위와 장인장모 사이는 인척관계에 속하여 혈연상의 관계가 없으며, 상호지간에 본래는 유산상속의 권리가 없다. 그러나 현실생활에서 일부 며느리 혹은 사위는 배우자와 사별하기 전에 그 배우자와 공동으로 시부모 혹은 장인장모를 봉양할 뿐만 아니라 배우자와 사별한 이후 심지어 재혼한 이후에도 계속 시부모 혹은 장인장모를 봉양하고 보살핀다. 권리의무상호일치의 원칙에 기초하고, 노인봉양의 풍토를 고취하기 위해 실무경험을 토대로 중국 상속법 제12조는 "배우자와 사별한 며느리가 시부모에 대해, 배우자와 사별한 사위가 장인장모에 대해 주요 봉양의무를 다했다면 제1순위 상속인이 된다."고 규정하고 있다. 주요 봉양의무의 이행은 사법실무에서 일반적으로 다음 3가지 측면으로 이해된다. ① 경제적으로 피상속인에 대한 부조, 부양을 한다. ② 생활면에서 피상속인을 보살핀다. ③ 피상속인에 대한 봉양이 반드시 장기적, 일상적이어야 한다.[12]

여기서 주의할 점은 배우자와 사별한 며느리 혹은 사위이어야 한다는 점이다. 피상속인의 아들이나 딸이 피상속인보다 먼저 사망하여야 하며, 그렇지 않은 경우 피상속인의 아들이나 딸이 직접 상속할 뿐이며, 며느리와 사위는 상속권이 없다. 며느리와 사위의 부양행위는 피상속인의 아들과 딸의 법정의무로 융합되기 때문이

---

12. 巫昌祯 主编, 앞의 책, 301쪽.

다.[13] 배우자와 사별한 며느리 혹은 사위가 제1순위 상속권을 취득한다고 하더라도 그 자녀의 대위상속권에 영향을 미치지 않는다.[14]

배우자와 사별한 며느리의 시부모에 대한, 사위의 장인장모에 대하여 가지는 상속권은 며느리나 사위의 재혼 여부에 영향을 받지 않는다. 또한 그의 배우자 또는 생부모에 대한 상속권에 영향을 미치지 아니하며, 시부모나 장인장모와 공동생활을 하지 않아도 된다.[15]

3. 법정상속인의 범위 및 순위에 관한 입법례

비교법적으로 볼 때 법정상속인의 순위에 대해서는 크게 세 가지의 입법주의가 관찰된다.

친계주의, 상속유별주의 내지 유스티니아누스 주의, 삼계주의가 그것이다.[16]

친계주의는 제1순위 직계비속을 제외하면 피상속인의 직계존속으로 소급하여 가까운 친등에 따라 상속인의 순위를 정하면서 당해 상속인의 혈족에 대하여 제한 없이 대습상속을 허용하는 입법주의이며, 오스트리아, 독일, 스위스가 이러한 친계주의에 따른 입법을 하고 있다.

유스티니아누스 주의는 피상속인의 직계비속이 제1순위이고,

13· 吴汉东 总主编, 앞의 책, 284쪽.

14· 王歌雅 主编, 앞의 책, 199쪽.

15· 吴汉东 总主编, 앞의 책, 284쪽.

16· 곽윤직, 『상속법』(개정판), 2004, 45쪽 이하.

그의 직계존속(부모, 조부모 등) 및 피상속인과 부모를 같이 하는 형제자매(및 대습상속의 인정으로 그 직계비속)가 제2순위이다. 직계존속들 사이에는 가까운 친등이 우선하고, 제2순위에 속하는 직계존속과 형제자매는 사람수에 따라 균등하게 상속분이 인정되며, 직계존속에 대하여는 대습상속이 인정되지 않는다. 프랑스 민법 및 그 영향을 받은 라틴 법계의 국가들, 네덜란드 민법이 이를 채택하고 있다.

삼계주의는 혈족상속인을 직계비속, 직계존속, 형제자매의 3종으로 나누어, 선순위의 그룹이 후순위의 그룹을 상속에서 배제하는 것이다. 즉, 직계의 혈족에 절대적 우선을 부여하는 입법주의로서 직계비속이 제1순위, 직계존속이 제2순위, 기타 방계혈족이 제3순위가 되며, 같은 순위에서는 가까운 친등이 우선하도록 한다. 스페인 민법 및 그 영향을 받은 나라들의 민법이 이를 따르고 있다. 우리나라와 일본도 기본적으로 삼계주의를 따르고 있다고 볼 수 있다.[17]

가. 프랑스[18·19·20]

제1순위 – 자녀 및 그 직계비속

자녀는 혼생자녀, 혼인외 자녀 불문하고 상속분이 같다.

제2순위 – 부모, 형제자매 및 그 형제자매의 직계비속

17· 김형석, 「우리 상속법의 비교법적 위치」, 『가족법연구』 제23권 제2호, 한국가족법학회, 2009, 79~80쪽.

18· https://www.legifrance.gouv.fr/Traductions/en-English/Legifrance-translations

19· 프랑스 민법 제734조~제740조.

20· 陈苇 主编, 『外国继承法比较与中国民法典继承编制定研究』, 北京大学出版社, 2011, 374~378쪽 참조.

제3순위 - 부모 이외의 직계존속. 근친자를 우선으로 한다.

제4순위 - 형제자매 및 그 직계비속 이외의 방계혈족.

방계혈족은 6촌을 초과하는 경우 상속할 수 없다.

나. 독일[21·22·23·]

제1순위 - 피상속인의 직계비속

제2순위 - 피상속인의 부모 및 그 직계비속

제3순위 - 피상속인의 조부모, 외조부모 및 그 직계비속

제4순위 - 피상속인의 조부모의 부모, 외조부모의 부모 및 그 직계비속

제5순위 및 그 이상 - 위 4개보다 더 높은 존속 및 그 직계비속

제1순위의 자녀의 상속분은 균등하며, 제2순위의 부모의 상속분도 균등하다.

상속개시 시 피상속인의 직계비속이 생존한 경우 그의 직계비속은 상속권이 없으나 사망한 경우 그의 직계비속이 대습상속하고 상속분은 균등하다(독일 민법 제1924조).

부모 일방이 사망한 경우 사망한 일방의 직계비속이 대습상속한다. 직계비속이 없는 경우 그 상속분은 다른 일방 부모에게 귀속된다(위 법 제1925조).

21· http://www.gesetze-im-internet.de/englisch_bgb/englisch_bgb.pdf

22· 독일 민법 제1922~1929조.

23· 陈苇 主编, 앞의 책, 379~381쪽 참조.

다. 스위스[24·]

제1순위 – 피상속인의 직계비속(스위스 민법 제457조 제1항)

제2순위 – 피상속인의 부모 및 그 직계비속(위 법 제458조 제1, 3항)

제3순위 – 피상속인의 조부모, 외조부모 및 그 직계비속(위 법 제459조 제1, 3항)

피상속인의 상속인이 없는 경우 그 유산은 최후 주소지 소재지의 주 혹은 주의 규정에 따라 권리가 인정되는 마을에 귀속된다(위 법 제466조).

제1순위의 자녀의 상속분은 균등하며(위 법 제457조 2항), 피상속인의 직계비속이 없는 경우 부모가 1/2씩 상속한다(위 법 제458조 2항). 즉 부모의 상속분도 균등하다. 부모 중 일방이 먼저 사망한 경우 그 직계비속이 대습상속하고, 부모 중 일방의 직계비속이 없는 경우 다른 일방이 상속한다(위 법 제458조 3, 4항).

라. 일본[25·]

제1순위 – 자녀

제2순위 – 직계존속

제3순위 – 형제자매

24· http://world.moleg.go.kr/World/WesternEurope/CH/priority/38859

25· http://world.moleg.go.kr/World/Nation/JP/priority/42427?astSeq=2601

자녀가 피상속인보다 먼저 사망하였거나 상속권을 상실한 경우에는 그 자녀가 대습상속한다. 친등이 같지 않은 경우 가까운 친등이 우선한다.

자녀, 직계존속, 형제자매가 여러 명일 경우 각자의 상속분은 같다. 부모의 일방만 같은 형제자매의 상속분은 부모 쌍방을 같이 하는 형제자매의 상속분의 1/2로 한다.[26]

마. 영국[27]

배우자에게 가장 우선적인 상속권이 있는데, 직계비속 또는 부모 또는 전혈연형제자매 및 그 직계비속 등과 공동상속하게 되므로 배우자를 제외한 상속순위를 보면 다음과 같다.[28]

제1순위 – 사자의 직계비속

제2순위 – 사자의 부모

제3순위 – 사자의 전혈연全血緣(whole blood)형제자매 및 그 직계비속

제4순위 – 사자의 반혈연半血緣(half blood)형제자매 및 그 직계비속

제5순위 – 사자의 조부모, 외조부모

제6순위 – 사자의 전혈연 백부, 숙부, 고모, 외삼촌, 이모 및 그 직계비속

26· 일본 민법 제900조 제4항.

27· Intestates' Estates Act, s46; 陈苇 主编, 『外国继承法比较与中国民法典继承编制定研究』, 389~391쪽 참조.

28· 배우자의 상속순위와 상속분은 아래 제2절에서 기술한다.

제7순위 – 사자의 반혈연 백부, 숙부, 고모, 외삼촌, 이모 및 그 직계비속

무유언 사망 시 사자의 직계비속이 있는 경우 부모는 상속권이 없으며, 배우자와 직계비속이 공동상속하고, 자녀가 있고 배우자가 없는 경우 자녀는 법정신탁방식으로 전체 유산을 보유하며, 사자의 직계비속이 없으면 부모가 배우자와 공동상속하되 부모가 둘 다 생존하면 균분상속하고 한쪽만 생존한 경우 생존 부모가 모두 상속하며, 부모도 없으면 전 혈연형제자매 및 그 직계비속이 배우자와 공동상속한다. 직계비속과 배우자가 모두 없는 경우 부모가 모두 상속하며, 부모도 없는 경우 전혈연형제자매 및 그 직계비속이 상속하고, 전혈연형제자매도 없으면 반혈연형제자매 및 그 직계비속이 상속하며, 반혈연형제자매도 없으면 사자의 조부모, 외조부모가 상속하고, 조부모, 외조부모가 없으면 그 아래 순위 상속인이 상속하는 방식이다.

바. 미국

미국의 무유언 상속과 관련하여 가장 주요한 참고자료는 통일유언검인법전Uniform Probate Code(이하 UPC라고 한다)[29] 이다. UPC에서는 무유언 상속인은 배우자와 친족으로 나뉜다.

친족 상속인의 순위는 다음과 같다.[30]

---

[29] 미국 전체 주 중 19개 주가 UPC를 전체적으로 채택하고 있고, 나머지 주는 UPC를 부분적으로만 채택하고 있다. 그러나 UPC를 채택한 주 사이에서도 다양한 변형이 존재한다.(김상훈, 『미국상속법』, 세창출판사, 2012, 8쪽 참조)

제1순위 – 직계비속

혼생자녀, 비혼생자녀, 양자녀 및 혼생 추정의 유복자

제2순위 – 부모 및 그 직계비속

제3순위 – 조부모, 외조부모 및 그 직계비속

위 순위는 주마다 일정하지 않다. 상속순위에서 부모 쌍방의 기타 근친을 포함하기도 한다.

사. 대만[31]

배우자[32]를 제외한 친족 상속인의 상속순위는 다음과 같다.(대만 민법 제1138조)

제1순위 – 직계비속

제2순위 – 부모

제3순위 – 형제자매

제4순위 – 조부모

제1순위 상속인은 친등이 가까운 자가 우선한다(위 법 제1139조). 동일 순위의 상속인이 여러 명인 경우 사람수에 따라 평균한다(위 법 제1140조).

---

30. 미국도 영국처럼 최우선 상속인은 배우자인데, 제2절에서 살펴본다.

31. http://world.moleg.go.kr/World/EastAsia/TW/priority/38191; 陈苇, 宋豫 主编, 『中国大陆与港·澳·台继承法比较研究』, 群众出版社, 2007, 267~269쪽 참조.

32. 배우자의 상속순위와 상속분은 아래 제2절에서 기술한다.

전순위 상속인이 모두 상속권을 상실하거나 상속권을 포기하지 않는 경우 후순위 상속인이 상속에 참가할 수 없다.

4. 법정상속인의 범위에 관한 연혁 및 그 개정 논의

가. 중국 상속법의 법정상속인 범위의 유래

1) 사회주의 국가에서의 상속법의 기능

세계 각국 상속법 입법례에서 상속인은 배우자와 혈족에 한정된다. 인척이 상속인의 범위에 들어가기 시작한 것은 20세기 초에 불과하며, 부양관계가 상속권의 기초가 되면서부터이다. 20세기 초 사회주의국가가 건설되기 시작하였는데 당시 경제적으로 상당히 낙후되어 있고 사회보장제도가 갖추어져 있지 않아 노인, 아동, 장애인 혹은 기타 생활에 있어 특별한 곤란이 있는 사람들에 대한 기본적인 생활 보장이 당시 사회의 중요한 문제였다. 사회의 안정을 위하여 국가는 가정의 노인, 아동 부양기능을 최대한 이용하여야 하였고 각종 가정관계 심지어 부양관계도 상속의 영역으로 들어오게 되었다. 즉, 유산 상속의 방식을 빌려 가정이 국가가 부담하여야 하는 책임을 부담하게 하였다. 세계에서 가장 먼저 인척관계와 부양관계가 상속권 취득의 근거가 된 나라는 소련이며 이러한 제도가 사회주의 국가로 퍼져 나갔다.[33]

---

[33] 杨立新 主编,『继承法修订入典之重点问题』, 中国法制出版社, 2016, 50쪽.

2) 소련에서의 상속법 변천[34]

소련이 1918년 4월 27일 반포한 법령은 자본주의 법체계와는 명백히 다른 점이 있었다. 피상속인의 재산 중에서 부양비를 수령하는 상속인은 단지 노동능력이 없는 자뿐이었다. 다만, 그것과 이후 소비에트법의 상속인 범위의 원칙은 같았으며 그것은 근친관계, 배우자관계, 입양관계 등 인자가 요소가 된다는 것이었다.[35] 그러한 규정에 따라 당시 소련은 상속권의 취득근거로 세계의 통례를 받아들여 상속인의 범위를 혈족(직계비속과 직계존속, 전혈연全血緣과 비전혈연非全血緣의 형제관계)과 배우자로 한정하고 혈족관계, 혼인관계 이외로 확대하지 않았다. 당시 소비에트 상속원칙은, 사회주의 상속법이 요구하는 상속권을 누리는 공민은 피상속인의 가속家屬이어야 한다는 것이었다. 그러나 그 후 1922년 반포되어 1923년 시행된 소비에트 러시아 민법전은 직접적으로 피상속인을 의지하여 생활한 사람은 상속권을 가진다는 점을 확인하였다. 위 민법 제418조 제1항은 "법에 의하여 상속인으로 될 수 있는 자는 자녀(양자녀 포함), 배우자, 노동능력이 없는 피상속인의 부모 및 피상속인이 사망하기 전 1년 이상 부양한 기타 노동능력이 없는 자"라고 규정하였다.[36] 법정상속인을 규정하면서 1918년 반포된 법령에는 없던 상속인, 즉 '피상속인이 사망한 때로부터 1년 이상 실제 완전히 피상속인에 의지하여 생활을 한 빈곤한 자'를 규정하였다. 이전 법률에 의하면 피상속인

---

34. 杨立新 主编, 위의 책, 50~54쪽 부분을 번역하여 인용함.

35. 1918년 4월 27일 반포된 "상속제도의 폐지에 관하여"라는 법령 제2조는 "보편사회가 보증하는 법령 반포 전까지 사자의 빈곤하고 노동능력이 없는 직계비속, 직계존속, 전혈연 및 비전혈연 형제자매와 배우자는 사자의 유산으로부터 부양비를 획득할 수 있다."고 규정하였다.

36. 中央人民政府法制委员会编 : 苏俄民法典, 王增润译, 新华书店1950年版, 169쪽; 杨立新(赵晓舒 역), 「중국 상속법의 개정과 민법전 편입의 장애와 기대」, 70쪽에서 재인용.

에 의지하여 생활을 한 사람은 결국 배우자 혹은 근친이었고, 사자와 친족 관계가 없는 사람은 단지 입양관계나 계자녀 관계를 통하여서만 상속인이 될 수 있었다. 그러나 위 민법 제418조에 의하여 상속에 참가하게 되는 자, 즉 사자에 의지하여 생활을 한 빈곤한 자는 피상속인의 친족, 양자녀, 계자녀가 아닐 수 있게 되었다. 이로써 부양관계가 상속권 취득의 근거로서 처음으로 상속법의 영역으로 들어오게 되었다. 이러한 점이 소련 상속법의 특징 중 하나가 된 것이다. 사자와 친족관계나 혼인관계 없이 자원하여 형성한 동지 같은 원조관계(생활관계)에 있는 사람의 상속권을 확인한 것이다.

1945년 3월 14일 소련은 상속법에 대하여 중대한 수정을 하여 "법정상속인과 유언상속인에 관하여"라는 법령을 반포하였다. 여기서 법정상속인의 범위를 확대하여 상속인에 노동능력이 있는 부모와 형제자매를 추가하였고, 피상속인에 의지하여 생활하고 상속권을 취득하는 사람이 단지 완전히 피상속인에 의지하여 생활을 유지하는 자뿐만 아니라 피상속인이 사망하기 전 최후 1년 내에 피상속인으로부터 주요한 생활자료를 취득한 노동능력이 없는 일체의 사람을 포함하였다. 1964년 소비에트 러시아 민법전에도 부양관계가 상속권의 근거가 되는 입법을 유지하였다.

소련 해체 후 러시아는 자본주의의 길을 가게 되었고 그 사회경제, 재산관계는 모두 중대한 변화를 겪게 되었다. 이러한 변화가 법률상 반영된 것은 1994년부터 2006년까지 12년 동안 네 부분으로 나누어 제정된 러시아연방민법전이였고 상속법의 체계 부분도 변화가 비교적 컸다. 2002년 3월 1일 시행된 민법전 제3부 제5편은 법정상속인을 8개의 상속순위로 나누었고, 7개 상속순위는 자녀, 배우자, 부모로부터 여러 친족들로 구성하였고, 제1148

조 제2항과 제3항에서 8순위를 규정하였는데, '상속 개시 시 노동능력이 없고 피상속인이 사망 전 최소 1년 피상속인의 부양을 받고 공동생활을 한 공민'을 법정상속인으로 규정하였다. 이전 조항과 달라진 점은 '공동생활을 하였다'는 조건을 추가한 것이다. 이러한 규정은 소련 시기 계속 이어져 온 것이며, 법정상속권의 기초를 혈연관계, 혼인관계에 제한하는 것을 깨고 법정조건을 갖춘 일체의 공민을 포함하도록 한 것이다.

또한 이 규정은 단지 상속인에게 노동능력이 없고 일정한 기간 부양하며 공동생활을 한 것만 요구하며 상속인의 피상속인에 대한 부양을 요구하지 않는다. 피상속인이 사망 전에 일상적, 물질적 도움을 주었던 사람에게 그의 사망 후 그의 유산의 일부 심지어 전부를 계속하여 나눠주고자 하는 의도를 추정한 것이다.

3) 중국에서의 상속법 변천

중국에서 소련 상속법과 같은 규정은 1950년대부터 발견되는데, 1951년 7월 18일 '최고인민법원서남분원의 데릴사위의 장인장모에 대한 상속 요구에 대한 회답最高人民法院西南分院关于赘婿要求继承岳父母财产的问题的批复'에서 원칙적으로 상속권이 없지만 현지 관습에 따라 상황을 고려하여 처리할 수 있다고 하였으며, 1953년 5월 14일 '최고인민법원화동분원의 상속문제에 대한 회답의견最高人民法院华东分院对有关继承问题的批复意见'에서 "아들이 사망하고 며느리가 재혼하지 않은 경우 시부모의 유산에 대하여 상속권이 있으며, 자녀와 공동상속한다."고 규정하였다.[37]

37· 杨立新 主编, 『繼承法修訂入典之重點問題』, 54~55쪽.

그 후 1984년 8월 30일 최고인민법원의 '민사정책법률 집행관철에 관한 몇 가지 의견关于贯彻执行民事政策法律若干问题的意见'에서 "배우자와 사별한 며느리와 시부모 사이, 배우자와 사별한 사위와 장인장모 사이 이미 부양관계가 일방의 사망 시까지 형성되어 있는 경우 서로 상속권이 있다. 배우자와 사별한 며느리 또는 사위가 시부모 또는 장인장모의 유산을 상속하는 경우 여전히 생부모의 유산을 상속할 권리가 있다."고 규정하였고, 이러한 규정은 현행 중국 상속법 제12조에 이어져 "배우자와 사별한 며느리가 시부모에 대해, 배우자와 사별한 사위가 장인장모에 대해 주요 봉양의무를 다했다면 제1순위 상속인이 된다."고 규정하였다.[38]

학자들은 이 조항을 제정한 이유에 대하여 1) 배우자와 사별한 며느리 혹은 사위의 시부모 혹은 장인장모에 대한 부양의무 부담 고취 2) 가정의 사회적 기능 발휘 3) 권리의무일치의 민법 및 상속법 원칙 실현을 들고 있다.[39]

나. 학자들의 개정 논의

1) 왕리밍王利明 초안[40]

왕리밍 초안 제564조에서 법정상속인의 범위에 '제3순위 : 기타 4촌 이내의 친족'을 추가하여 법정상속인의 범위를 확대하였다. 현행 중국 상속법이 형제자매와 조부모, 외조부모만 법정상속인으로 규정함으로 인하여 상속인의 범위가 지나치게 협소한데, 이로

---

[38] 杨立新 主编, 위의 책, 55~56쪽.

[39] 杨立新 主编, 앞의 책, 58쪽.

[40] 王利明, 앞의 책, 83쪽 참조.

인해 결국 상속인이 없어 국가로 유산이 귀속되는 것을 방지하기 위해서이다.

제565조는 자녀의 획정 조항으로 '본법의 자녀는 혼생자녀, 비혼생자녀, 양자녀 및 부양관계가 있는 계자녀'를 말하고 '부부 쌍방이 협의하여 인공수정을 실시한 경우 그 부모자녀 사이의 관계는 혼생부모자녀 관계와 동일'하고, '부양관계가 있는 계자녀가 계부모의 유산을 상속하는 경우 그 생부모의 유산상속에 영향을 미치지 아니한다'고 규정하고 있다.

제566조는 부모의 획정 조항으로 '본법의 부모는 생부모, 양부모와 부양관계 있는 계부모를 포함한다. 부양관계 있는 계부모가 계자녀의 유산을 상속하는 경우 그 생자녀의 상속에 영향을 미치지 않는다'고 규정하고 있다.

제567조는 형제자매의 획정 조항으로 '본법의 형제자매는 동부모의 형제자매, 동부이모同父異母 혹은 동모이부同母異父의 형제자매, 양형제자매와 부양관계 있는 계형제자매를 포함한다. 부양관계 있는 계형제자매 사이에 유산을 상속하는 경우 그 친형제자매의 상속에 영향을 미치지 않는다'고 규정하고 있다.

제569조는 배우자와 사별한 며느리와 사위가 시부모와 장인장모에 대하여 봉양의무를 다하였을 경우 제1순위 상속인이 되는 것은 동일하지만 대위상속인이 없을 경우에만 그러하고 대위상속인이 있을 경우에는 제570조[41]의 유산작급청구권을 행사할 수 있

41· 왕리밍 민법 초안 제570조 : 법정상속인 이외의 피상속인의 부양에 의지하는 노동능력이 결핍되고 생활수입원이 없는 자 혹은 법정상속인 이외의 피상속인에 대하여 부양한 것이 비교적 많은 자가 적당한 유증을 받지 못한 경우 법정상속분을 초과하지 않는 것을 한계로 하여 유산을 나눠줄 것을 청구할 수 있다.

도록 규정하였다.

상속분은 현행 상속법 규정과 동일하다.

2) 량훼이싱梁慧星 초안

량훼이싱 초안에서도 왕리밍 초안과 마찬가지로 현행 중국 상속법은 상속인의 범위가 너무 협소하다는 이유로 제3순위로 '4촌 이내의 친족'을 추가하였으며, 상속인의 범위와 상속순위는 왕리밍 초안과 동일하고, 자녀, 부모, 형제자매의 획정도 거의 동일하다.[42] 그러나, 배우자와 사별한 며느리 또는 사위의 시부모 또는 장인장모에 대한 상속관계 등에 대하여는 왕리밍 초안과 달리 취급하고 있다. 배우자와 사별한 며느리 또는 사위는 시부모 또는 장인장모와 인척 관계에 불과하며 혈족이 아니므로 제1순위로 규정하는 것은 혈연관계를 기초로 법정상속인을 정하는 전체 상속법의 체계에 배치된다는 이유로 현행 중국 상속법 제12조 규정을 삭제하고 유산작급청구권으로 보상하면 된다고 주장하고 있다.[43]

법정상속인의 범위에 손자녀를 추가하는 문제에 대하여는 왕리밍 초안과 같이 반대하고 있다. 즉, 손자녀를 제2순위 상속인으로 추가하는 것이 민법의 원칙이나 권리의무상호일치 원칙에 부합하며 조부모에 대한 부양의무를 이행하게 함에도 유리하다는 등의 이유로 손자녀를 법정상속인으로 추가하자는 견해도 있지만 손자녀가 조부모를 부양하는 것은 예외적인 경우일 뿐이고 손자녀의 부모가 제1순위 상속인으로 상속을 받고 손자녀가 미성년일 경우

---

42. 다만, 혼생자녀와 비혼생자녀를 친생자녀로 대체하였을 뿐이다.
43. 梁慧星, 앞의 책, 157~158쪽.

에는 부모가 부양의무가 있으므로 상속을 인정할 필요성이 적고 대습상속을 할 수도 있기 때문에 손자녀를 별도의 법정상속인으로 추가할 필요가 없다고 주장한다.[44]

또한 상속분과 관련하여 제1856조 제2항 "공동상속인 중 피상속인으로부터 혼인, 교육 혹은 영업으로 인하여 증여를 받은 상속인이 있는 경우 피상속인의 상속 개시 시 소유재산의 가액에 그 증여재산을 더한 가액을 상속재산으로 본다. 산정한 상속분 중에서 그 증여 가액을 공제한 나머지 액을 그 사람의 상속분으로 한다. 증여의 가액이 상속분 가액과 같거나 초과하는 경우 수증자는 그 상속분을 받아서는 아니된다. 다만, 초과한 부분의 반환을 요구할 수는 없다."라는 규정을 추가하여 특별수익자 상속분 산정 및 반환 등에 관한 규정을 신설하였다.[45]

3) 천웨이陈苇 개정안

서남정법대학의 천웨이 교수는 계자녀와 계부모 사이의 상속권을 삭제하여야 한다고 주장한다. 계자녀의 상속권을 인정한다면 부모가 재혼하게 되는 경우 친생자녀의 상속분이 줄게 되어 친생자녀에게 불리하게 되므로 계자녀에 대하여는 중국 상속법 제14조의 유산작급청구권을 통하여 불합리를 수정하면 된다고 주장한다.[46]

또한 배우자와 사별한 며느리 혹은 사위의 상속권 조항도 삭제하여야 한다고 주장하는데, 이는 도덕 문제를 법률문제의 범주로 끌어들인 것이며 중국 상속법 제14조의 유산작급청구권을 통하여

---

44. 梁慧星, 앞의 책, 157쪽.
45. 梁慧星, 앞의 책, 170쪽.
46. 陈苇, 冉启玉, 「完善我国法定继承人范围和顺序立法的思考」, 『继承法的现代化』, 2013, 142쪽.

배우자와 사별한 며느리 혹은 사위의 권리를 보호할 수 있다고 설명한다.[47]

또한 법정상속인의 순서에서 자녀가 부모에 앞서야 한다고 주장한다. 물론 인구의 노년화 현상이 두드러지고 있고 중국 사회보장 제도가 제대로 구비되어 있지 못한 상황에서 부모에 대한 부양 문제를 해결하기 위한 방편일 수 있지만 유산은 자녀를 통하여 그 직계비속으로 상속되어 후대 가정 내에 있어야 하며, 이러한 것이 중국의 전통 민간상속방식에 부합하고 세계 대다수 국가의 입법례도 그러하므로 자녀의 상속순위를 제1순위로, 부모의 상속순위는 제2순위로 하여야 하고, 부모의 노년의 생활은 특정재산(유산 중 수부양자의 일상생활에서 사용하는 물품과 주거)의 종신사용권의 방식으로 충분히 보장할 수 있다고 주장한다.[48]

그리하여 법정상속인 순위는 '제1순위 자녀 및 그 직계비속, 제2순위 부모, 제3순위 형제자매 및 그 자녀, 제4순위 부계 조부모, 모계 조부모'로 개정할 것으로 주장하고 있다.[49]

4) 양리신杨立新 개정안

가) 2012년 개정안의 내용[50]

양리신, 양쩐杨震 교수가 주도하여 작성한 중화인민공화국계승법수정초안건의고中华人民共和国继承法修正草案建议稿의 제57조에서는 '제1순위

---

47. 陈苇, 冉启玉, 위의 글, 142쪽.
48. 陈苇, 冉启玉, 앞의 글, 144쪽.
49. 陈苇, 冉启玉, 앞의 글, 151쪽.
50. 杨立新, 刘德权, 杨震 主编, 『继承法的现代化』, 2013, 13~15쪽 참조.

로 배우자, 자녀, 부모를, 제2순위로 손자녀, 외손자녀, 형제자매, 조부모, 외조부모, 제3순위로 증조부모, 외증조부모, 백부, 숙부, 고모, 외삼촌, 이모, 형제자매, 사촌형제자매, 조카, 생질 등 4대[51] 이내의 기타 직계 혹은 방계친족'까지를 법정상속인으로 열거하고 있다.

제57조의 상속인으로서 자녀, 부모, 형제자매의 범위에 대해서는 위 왕리밍 초안과 동일하다.

제60조에서 배우자와 사별한 며느리 혹은 사위가 시부모 혹은 장인장모에게 주요한 봉양의무를 다한 경우 제1순위 상속인이 된다고 규정하여 현행 상속법 제12조와 차이가 없다.

제63조에서 법정상속인의 상속분에 대하여는 '일반적으로 동일 상속순위의 상속인은 균등하되 상속인이 협의하여 동의한 경우 불균등하게 할 수 있다'고 하는 등 현행 상속법과 유사하게 규정하고 있다.

나) 2015년 개정안의 내용[52]

양리신, 양쩐 교수는 2012년 제안된 위 수정초안이 2013년 12차 전국인대에서 심의조차 되지 못하자 일부 수정하여 2015년 다시 '중화인민공화국민법 · 계승법편(초안)건의고中华人民共和国民法·继承法(草案)建议稿'라는 이름으로 수정안을 제안하였다.[53] 그 내용은 다음과 같다.

---

51 중국에서는 자기 본인도 1대로 치기 때문에 우리 기준에서는 3대 8촌으로 보면 된다.
52 杨立新 主编, 『繼承法修訂入典之重點問題』, 235~237쪽 참조.
53 杨立新 主编, 위의 책, 11~12쪽 참조.

第56조[상속순위] 유산은 아래 순서에 따라 상속된다.

제1순위 : 자녀와 손자녀, 외손자녀

제2순위 : 부모

제3순위 : 형제자매

제4순위 : 조부모, 외조부모

제5순위 : 조카, 생질

배우자의 순위는 불고정이며, 그는 제1, 2, 3순위 상속인과 함께 상속한다.

第59조[인척상속의 작분청구권姻亲继承的酌分请求权]

배우자와 사별한 며느리 혹은 사위가 시부모 혹은 장인장모에 주요한 봉양의무를 다한 경우, 계형제자매 사이 및 구사회에서 형성된 일부다처 가정 중의 자녀와 생모 이외의 부친의 기타 배우자 사이 부양관계가 형성된 경우 부양행위에 기하여 피부양자의 유산에 대하여 유산작분청구권遗产酌分请求权을 가진다.

피부양자의 생활에 대하여 주요한 경제적 수입원을 제공하거나 노무 방면에서 주요한 도움을 준 경우 주요 부양의무를 다한 것으로 인정하여야 한다. 그 유산 분할 액수는 제1순위 상속인의 상속액에 준한다. 기타 피부양자에 대한 부양이 비교적 많은 경우에는 부양자에게 나눠주는 유산은 구체적 부양 정황에 따라 상속인보다 많을 수도 적을 수도 있다.

다) 인척관계의 상속인 범위 포함에 대한 비판 및 대안

세계 각국은 역사적으로 상속인의 범위에 대하여 혼인, 혈연과 가정관계를 기본요소로 하면서 동시에 각국의 구체적 상황을 고려하여 상속법을 제정하고 있다. 세계 각국의 친족관계 규정이 각기 다르지만 상속권은 특정 신분에 기초하여 생성되는 재산적 권리이고 배우자를 제외하고 상속권은 반드시 피상속인과 일정한 혈친관계, 비교환적 성질의 관계를 전제한다. 인척은 자연히 이에 해당하지 않는다.

일부 학자들은 현행 중국 상속법 제12조가 사회주의 도덕을 반영하고 노인에 대한 봉양과 서로 부조하는 사회의 풍토를 만드는 작용을 한다고 주장하지만 며느리나 사위 모두 배우자를 잃었는지 여부에 상관없이 시부모나 장인장모에 대하여 법률상 부양의무를 지지 않는다. 이는 상속법이 사실상 도덕규범의 문제를 법률규범의 문제로 가져와 버린 것으로 입법상 잘못이라고 할 수 있고 중국의 전통과도 부합하지 않는다.[54]

배우자와 사별한 며느리 혹은 사위가 시부모 혹은 장인장모에 대하여 봉양의무를 다한 경우 자녀, 부모 등과 같이 제1순위 상속인이 되는데 만약 그 이외에 제1순위 상속인이 없다면 며느리 혹은 사위가 기타 순위의 상속인이 상속할 수 있는 기회를 배제하고 자기 혼자 상속하게 된다. 이는 씨족사회에서 현재까지 발전해온 전통 관습, 즉 재산은 그 가족 내에서 남아있어야 한다는 원칙에 위배되는 것이며, 인척의 상속권을 인정하지 않는 세계 각국의 입법례와도 맞지 않다.[55]

며느리 혹은 사위의 시부모 혹은 장인장모에 대한 부양행위의 특별한 의미를 강조하기 위해서라면 제1순위 상속인의 상속분과

54· 杨立新 主编, 앞의 책, 64쪽.
55· 杨立新 主编, 앞의 책, 64쪽.

비교하여 적절한 유산을 나눠주기만 하면 되는 것이며 그럼으로써 권리의무 일치의 원칙을 지켜나갈 수 있다. 배우자와 사별한 며느리 혹은 사위가 시부모 혹은 장인장모에게 봉양의무를 다한 경우나 계형제자매 사이 및 구사회에서 형성된 일부다처 가정의 자녀와 친어머니 이외의 아버지의 다른 배우자 사이에 형성된 사실상 부양관계에 대하여 상속의 방식이 아닌 다른 방식으로 유산을 나눠주면 되는 것이다.

배우자와 사별한 며느리 혹은 사위가 시부모 혹은 장인장모에게 봉양의무를 다한 경우 이에 대한 일정한 보상을 하지 않으면 당연히 불공평한 결과를 초래하게 된다. 만약 배우자와 사별한 며느리 혹은 사위가 자녀가 있는 경우 피상속인이 사망하더라도 자녀가 피상속인보다 먼저 사망한 부 또는 모를 대위하여 대위상속의 방법으로 상속하게 되므로 불공평하지 않을 수 있지만 자녀가 없는 경우에는 불공평하게 된다.[56]

중국 상속법 제14조는 "상속인 이외의 피상속인의 부양에 의지한 노동능력이 결핍되고 생활수입원이 없는 자 혹은 상속인 이외 피상속인에 대하여 부양을 비교적 많이 한 사람에게 적당한 유산을 나누어 준다."라고 규정하고 있는데, 배우자와 사별한 며느리 혹은 사위가 시부모 혹은 장인장모에게 봉양의무를 다한 경우 위 조문의 '상속인 이외 피상속인에 대하여 부양을 비교적 많이 한 사람'에 해당하므로 이에 따라 유산을 분배할 수 있다. 다만, 분배하는 유산의 양이 문제될 수 있는데, 이는 부양행위의 정도에 따라 구분하면 된다. 피상속인의 생활에 주요한 경제 수입원을 제공한

---

[56] 杨立新 主编, 앞의 책, 67쪽.

경우 또는 노무 등 측면에서 주요한 도움을 준 경우 제1순위 상속인의 상속분에 준하여 유산을 분배하면 될 것이고, 피상속인에 대하여 부양, 부조의 정도가 비교적 많은 정도라면 부양, 부조의 상황에 따라 상속인보다 좀 적게 할 수 있을 것이다.[57]

제2절
배우자의 상속순위 및 상속분

1. 우리나라 상속법의 배우자의 상속순위 및 상속분

민법 제1003조 제1항 피상속인의 배우자는 제1000조 제1호와 제2호의 규정에 의한 상속인 있는 경우에는 그 상속인과 동순위로 공동상속인이 되고 그 상속인이 없는 때에는 단독상속인이 된다.

제2항 제1001조의 경우에 상속개시 전에 사망 또는 결격된 자의 배우자는 동조의 규정에 의한 상속인과 동순위로 공동상속인이 되고 그 상속인이 없는 때에는 단독상속인이 된다.

이때의 배우자는 유효한 혼인관계상의 배우자를 말하므로 혼인이 무효이면 배우자에게 상속권이 없다. 취소할 수 있는 혼인이라도 취소판결이 있기 전에 배우자가 사망하면 생존한 배우자는 상속인이 된다. 중혼관계가 발생한 경우에 중혼자가 사망하면 후혼이 취소되지 않는 한 중혼 배우자 모두 중혼자의 상속인이

57· 杨立新 主编, 앞의 책, 70~71쪽.

된다.[58·59·]

사실혼 배우자에 대하여는 상속권을 인정하지 않고 있으며, 헌법재판소는 사실혼 배우자에게 상속권을 인정하지 않는 것이 위헌이 아니라고 결정하였다.[60·]

1990년 민법 개정 전에는 처가 사망한 경우와 부夫가 사망한 경우 상속에 있어 차이가 있었다. 즉, 처가 사망한 경우 부는 그 직계비속과 동순위로 공동상속인이 되고 그 직계비속이 없는 때에는 단독상속인이 되었지만, 부가 사망한 경우 처는 그 직계비속과 동순위로 공동상속인이 되고 직계비속이 없는 경우 피상속인의 직계존속과 동순위로 공동상속인이 되었고 직계비속도 없고 피상속인의 직계존속도 없는 경우에서야 단독상속인이 되었다(구 민법 제1003조). 이러한 규정은 남녀평등의 원칙에 반한다는 비판이 강해 1990년 민법 개정시 부夫이냐 처이냐에 관계없이 "배우자의 상속순위"로 개정하였다.

한국 민법은 다른 입법례와는 달리 피대습자의 직계비속뿐만

58· 윤진수, 앞의 책, 286~287쪽.

59· 대법원 1996. 12. 23. 선고 95다48308 판결은 "결혼이 중혼으로 취소되었다고 하더라도 민법 제824조는 '혼인의 취소의 효력은 기왕에 소급하지 아니한다.'고 규정하고 있을 뿐 재산상속 등에 관해 소급효를 인정할 별도의 규정이 없는바, 혼인 중에 부부 일방이 사망하여 상대방이 배우자로서 망인의 재산을 상속받은 후에 그 혼인이 취소되었다는 사정만으로 그 전에 이루어진 상속관계가 소급하여 무효라거나 또는 그 상속재산이 법률상 원인 없이 취득한 것이라고는 볼 수 없다."고 판시하였다.

60· 헌법재판소 2014. 8. 28. 선고 2013헌바119 결정은, "1. 이 사건 법률조항이 사실혼 배우자에게 상속권을 인정하지 아니하는 것은 상속인에 해당하는지 여부를 객관적인 기준에 의하여 파악할 수 있도록 함으로써 상속을 둘러싼 분쟁을 방지하고, 상속으로 인한 법률관계를 조속히 확정시키며, 거래의 안전을 도모하기 위한 것이다. 사실혼 배우자는 혼인신고를 함으로써 상속권을 가질 수 있고, 증여나 유증을 받는 방법으로 상속에 준하는 효과를 얻을 수 있으며, 근로기준법, 국민연금법 등에 근거한 급여를 받을 권리 등이 인정된다. 따라서 이 사건 법률조항이 사실혼 배우자의 상속권을 침해한다고 할 수 없다. 2. 법률혼주의를 채택한 취지에 비추어 볼 때 제3자에게 영향을 미쳐 명확성과 획일성이 요청되는 상속과 같은 법률관계에서는 사실혼을 법률혼과 동일하게 취급할 수 없으므로, 이 사건 법률조항이 사실혼 배우자의 평등권을 침해한다고 보기 어렵다."고 판시하였다.

아니라 배우자에게도 대습상속권을 인정하고 있는데 다른 나라에서는 이러한 입법례를 찾아보기 어렵다. 조선 시대에는 피대습인의 직계비속이 대습상속을 할 수 있었고, 피대습인의 배우자의 대습상속은 인정되지 아니하였지만, 피상속인보다 먼저 사망한 자에게 자녀가 없는 경우에 한하여 수신守信(개가하지 않는 것)을 조건으로 하여 그 유처의 대습권이 인정되었고, 다만 종국적인 소유권의 귀속이 인정되는 것은 아니며 개가하거나 종신할 때까지의 용익권이 부여될 뿐이었다.[61] 그러나 이를 대습상속으로 이해하는 견해도 있다.[62]

민법 제정 당시 피대습자의 처에게만 대습상속권을 인정하여 사위에게는 대습상속권이 없었으나, 1990년의 민법 개정 시에 남녀평등의 관점에서 처뿐만 아니라 피대습자의 부夫에게까지 대습상속권이 인정되게 되었다. 따라서 며느리뿐만 아니라 사위도 자신의 배우자인 처가 피상속인인 장인이나 장모(경우에 따라서는 처의 형제자매도 포함된다)보다 먼저 사망하거나 상속결격이 된 경우에는 이들의 재산을 처를 대신하여 대습상속 받을 수 있게 되었고, 이 규정은 현재까지 이어지고 있다. 이 규정에 대한 입법론적 비판이 있는데, 대법원[63]은 이 규정이 입법형성의 재량의 범위를 일탈하여 행복추

61. 신영호, 「피대습자의 배우자의 대습상속」, 『가족법의 변동요인과 현상』(창간호), 세창출판사, 1998, 111~112쪽.

62. 김은아, 「배우자의 재산상속상 지위와 그 강화」, 『민사법학』 30호(2005.12), 한국사법행정학회, 2005, 155쪽. 대법원 2001. 3. 9. 선고 99다13157 판결은, 우리나라에서는 전통적으로 오랫동안 며느리의 대습상속이 인정되어 왔다고 하였다.

63. 대법원 2001. 3. 9. 선고 99다13157 판결에서 "① 우리나라에서는 전통적으로 오랫동안 며느리의 대습상속이 인정되어 왔고, 1958. 2. 22. 제정된 민법에서도 며느리의 대습상속을 인정하였으며, 1990. 1. 13. 개정된 민법에서 며느리에게만 대습상속을 인정하는 것은 남녀평등·부부평등에 반한다는 것을 근거로 하여 사위에게도 대습상속을 인정하는 것으로 개정한 점, ② 헌법 제11조 제1항이 누구든지 성별에 의하여 정치적·경제적·사회적·문화적 생활의 모든 영역에 있어서 차별을 받지 아니한다고 규정하고 있고, 헌법 제36조 제1항이 혼인과 가족생활은 양성의 평등을 기초로 성립되고 유지되어야 하며 국가는 이를 보장한다고 규정하고 있는 점, ③ 현대 사회에서 딸이나 사위가 친정 부모 내지 장인장모를 봉양,

구권이나 재산권보장 등에 관한 헌법규정에 위배되는 것이라고 할 수 없다고 판시하였다.

2. 중국 상속법의 배우자 상속순위와 상속분

중국 상속법 제10조
유산은 아래 순서에 따라 상속한다.
제1순위 : 배우자, 자녀, 부모
제13조
동일 순서의 상속인의 상속분은 일반적으로 균등하다.

중국 상속법에서의 배우자의 상속순위는 제1순위로 피상속인의 자녀, 부모와 같은 순위이며, 중국 상속법 제13조의 규정에 따라 피상속인의 자녀, 부모와 상속분이 균등하다.

부부 쌍방은 혼인관계에 기초하여 가정을 이루고, 상호간에 가장 밀접한 신분관계와 재산관계가 존재한다. 중국 혼인법 제24조

간호하거나 경제적으로 지원하는 경우가 드물지 아니한 점, ④ 배우자의 대습상속은 혈족상속과 배우자상속이 충돌하는 부분인데 이와 관련한 상속순위와 상속분은 입법자가 입법정책적으로 결정할 사항으로서 원칙적으로 입법자의 입법형성의 재량에 속한다고 할 것인 점, ⑤ 상속순위와 상속분은 그 나라 고유의 전통과 문화에 따라 결정될 사항이지 다른 나라의 입법례에 크게 좌우될 것은 아닌 점, ⑥ 피상속인의 방계혈족에 불과한 피상속인의 형제자매가 피상속인의 재산을 상속받을 것을 기대하는 지위는 피상속인의 직계혈족의 그러한 지위만큼 입법적으로 보호하여야 할 당위성이 강하지 않은 점 등을 종합하여 볼 때, 외국에서 사위의 대습상속권을 인정한 입법례를 찾기 어렵고, 피상속인의 사위가 피상속인의 형제자매보다 우선하여 단독으로 대습상속하는 것이 반드시 공평한 것인지 의문을 가져볼 수는 있다 하더라도, 이를 이유로 곧바로 피상속인의 사위가 피상속인의 형제자매보다 우선하여 단독으로 대습상속할 수 있음이 규정된 민법 제1003조 제2항이 입법형성의 재량의 범위를 일탈하여 행복추구권이나 재산권보장 등에 관한 헌법규정에 위배되는 것이라고 할 수 없다."고 판시하였다.

는 "부부는 서로 유산을 상속할 권리가 있다."고 규정하고 있다.

법정상속인으로서의 배우자는 오로지 피상속인 사망 시에 아직 생존하고 있고 피상속인 사망 전 혼인관계가 여전히 존속한 남편 혹은 부인을 가리킨다. 따라서 피상속인 사망 이전에 이미 사망하거나 결별한 배우자는 혼인관계가 이미 중지되었기 때문에 더 이상 법정상속인의 범위에 속하지 않는다. 중국은 결혼등기제도를 시행하고 있기 때문에 남녀 쌍방이 결혼등기를 하여 결혼증을 취득한 때로부터 이혼등기를 하여 이혼증을 취득한 때까지 혹은 이혼소송의 조정서나 판결서가 효력을 발생하기 전까지 법률상 유효한 혼인관계가 존속하게 된다.[64] 결혼등기를 하지 않은 남녀 쌍방은 부부로서 장기간 동거생활을 하였다고 하더라도 '최고인민법원의 혼인법 적용에 관한 몇몇 문제의 해석(1)最高人民法院关于适用《中华人民共和国婚姻法》若干问题的解释(一)(이하 '혼인법 사법해석(1)'이라고 한다)'에 의하여 비법非法동거로 인정되고 배우자 상속권은 인정되지 아니한다.[65]

일체의 혼외 동거관계, 즉 중혼, 비혼동거, 첩 등은 유효한 혼인이 아니며, 배우자 신분을 가질 수 없고 법정상속인이 될 수도 없다. 다만, 1950년 혼인법 반포 이전에 이미 형성된 일부다처 혹은 일처다부의 혼인관계는 중혼으로 논하지 않고 그 혼인관계는 유효하며 상호 법정상속인 자격을 가진다.[66]

64· 중국 혼인법 제8조는 "결혼을 요구하는 남녀 쌍방은 반드시 직접 혼인등기기관에 찾아가 결혼등기를 해야 한다. 본법의 규정에 부합될 경우 등기해주어야 하며 결혼증을 발급한다. 결혼증을 취득하면 곧 부부관계가 확립된다."라고 규정하고 있다. 위 법 제31조는 "남녀 쌍방이 스스로의 의사에 의하여 이혼할 경우 이혼을 허가한다. 쌍방은 반드시 혼인등기기관에 찾아가 이혼을 신청해야 한다. 혼인등기기관은 쌍방이 확실히 스스로의 의사에 의한 것이고 아울러 자녀와 재산문제를 이미 적당히 처리했을 경우 이혼증을 발급한다."라고 규정하고 있다.

65· 吴汉东 总主编, 앞의 책, 281쪽.

66· 王歌雅 主编, 앞의 책, 197쪽.

3. 중국의 부부재산제

중국 상속법에서 배우자의 법정 상속순위와 상속분을 논하기 전에 부부재산제도에 관하여 살펴보아야 한다. 어떠한 부부재산제도를 채택하느냐에 따라 부부 재산 중 어느 부분까지 상속재산이 되는지 정해지기 때문이다. 중국은 부부별산제를 부부법정재산제로 채택하고 있는 우리와 달리 부부공동재산제를 부부법정재산제로 채택하고 있다. 아래에서 그 내용을 간단히 살펴보도록 한다.

중국 혼인법 제17, 18, 19조에서 부부재산제를 규정하고 있으며, '혼인법 사법해석(1)' 제17, 18, 19조 및 '최고인민법원의 혼인법 적용에 관한 몇몇 문제의 해석(2)最高人民法院关于适用《中华人民共和国婚姻法》若干问题的解释(二)(이하 '혼인법 사법해석(2)'라고 한다)' 제11, 12, 13, 14, 19, 22조에서 더 상세하게 규정하고 있다. 중국 혼인법 제17조는 부부법정재산제, 제18조는 부부개인특유재산제도, 제19조는 부부약정재산에 관하여 각각 규정하고 있다.

가. 부부재산제의 연혁

중국 고대사회의 예와 법은 대가족을 유지하는 것이 큰 목표 중 하나이었다. 주요한 방식은 가족재산 전체를 보존하는 것이다. 당률호혼唐律戶婚편은 조부모, 부모가 있는데 자손이 가적을 달리하여 재산을 나누는 것을 금지諸祖父母 · 父母在而子孫別籍異財者, 徒三年하였다. 이로 인하여 일반적으로 가족재산만이 존재하게 되고 독립된 부부재산은 없었으며 부부재산제의 규정도 없었다. 부부관계는 부위처강夫爲妻綱의 원칙을 따랐기 때문에 주종관계였으며 아내는 독립된 법률적 지위가 없었고 그 인격은 남편에게 흡수되었으며, 독립된 행위능력, 재산권도 없었다. 민국 시기에 중화민국 민법전 친족편은 서구 자본주의 규정을 모방하여 법정재산제와 약정재산제를 포괄하여 부부재산제 규정을 제정하였는데, 법정재산제는 연합재산제로 하였고 약정재산제는 공동재산제, 통일재산제, 분별재산제 3가지 중 당사자가 선택하는 것으로 하였다. 대만은 1985년 약정재산제 중 통일재산제를 제외하고 공동재산제와 분별재산제 두 가지만 두는 것으로 친족법을 개정하였다.[67]

중국 공산혁명 시기 혁명근거지 입법은 부부재산에 대하여 공동공유제를 원칙으로 하였고 1931년 중화소비에트공화국혼인조례中华苏维埃共和国婚姻条例 제17조는 "결혼 만 1년이 되면 남녀가 공동으로 경영하여 취득한 재산은 평균하여 나누고 자녀가 있는 경우 사람수에 따라 평균하여 나눈다."라고 규정하였는데 이는 부부재산을 가정재산의 공동공유로 혼입하는 것이다.[68]

중화인민공화국 성립 후인 1950년 혼인법 제10조는 "부부 쌍방은 가정재산에 대하여 평등한 처리권을 가진다."고 규정하였고, 입법해석에 근거하여 가정재산은 1) 남녀 혼전재산, 2) 부부공동생활 시 취득한 재산, 쌍방 혹은 일방의 노동으로 얻은 재산, 쌍방 혹은 일방이 그 기간 얻은 유산 혹은 증여 재산, 3) 미성년자의 재산을 포괄하였다. 또한 입법해석에 따라 부부는 진정으로 평등하게 1) 2)항 재산을 공동 소유하고 공동 처리하며 3)항 재산을 공동 관리하는 것으로 하였다.[69] 1950년 혼인법 제23조의 규정 및 관련 사

67· 吴汉东 总主编, 앞의 책, 128쪽.

68· 吴汉东 总主编, 앞의 책, 128쪽.

69· 1950年4月14日中央人民政府法制委员会 《关于中华人民共和国婚姻法起草经过和起草理由

법해석에 따라 부부공동재산은 남자의 혼전 재산과 혼후 부부 쌍방 혹은 일방이 취득한 재산을 포괄한다고 할 것이고 1950년 혼인입법이 채용한 부부재산은 일반공동제이다.[70]

1950년 혼인법과 비교할 때 1980년 혼인법에서 부부재산제는 약간의 수정이 있었다. 주로 다음과 같은 3가지 방향인데, 첫째는 가정재산을 부부공동소유의 재산으로 개정하였고, 둘째 부부 혼전 보유 재산은 부부공동재산에서 배제하여 부부공동재산의 범위를 축소하고 부부재산제를 결혼 후 소득 공동제로 개정하였으며, 셋째 부부가 법정재산제 이외 별도 약정을 할 수 있도록 약정재산제를 규정하였다.[71]

1980년 혼인법 반포 후 사회 경제적인 큰 변화를 반영하여 부부재산제를 변경하였는데, 구 혼인법 제13조는 "부부는 혼인관계 기간 취득한 재산은 부부공동소유로 하고 쌍방의 별도 약정은 제외한다. 부부는 공동소유의 재산에 대하여 평등한 처리권을 가진다."라고만 규정하고 있었는데 2001년 혼인법 개정 시 부부재산제를 현재와 같이 부부법정재산제, 부부개인특유재산제, 약정재산제로 나누고 그에 대하여 구체적으로 적용규정을 두도록 개정하였다.

나. 부부법정재산제

중국 혼인법 제17조

부부가 혼인관계 존속 기간에 취득한 이하의 재산은 부부공동

的报告》.

70· 吴汉东 总主编, 앞의 책, 128~129쪽.

71· 吴汉东 总主编, 앞의 책, 129쪽.

소유로 한다.

① 임금, 장려금 ② 생산, 경영의 수익 ③ 지적재산권의 수익 ④ 상속 또는 증여 소득의 재산, 단 동법 제18조 제3호에서 규정한 것 제외 ⑤ 기타 공동소유가 되어야 하는 재산.

공동소유의 재산에 대해 평등한 처분권이 있다.

1) 부부공동재산의 개념

부부공동재산이란 부부 쌍방이 혼인관계 존속 기간, 즉 남녀가 결혼 등기를 한 날부터 이혼 또는 배우자 일방의 사망 시까지의 특정 기간 내에 부부가 획득한 재산이다.

2) 부부공동재산의 범위[72]

혼인법 제17조 및 혼인법 사법해석(2) 제11, 22, 23조의 규정에 의하면 이하의 재산을 부부공동재산으로 본다. ① 임금, 장려금 및 임금, 장려금으로 사들인 각종 동산, 부동산. 부부 각각의 수입이 많고 적음과 수입의 유무를 떠나서, 모두 그들의 재산에 대한 공유권에 영향을 미치지 않으며, 그들은 혼인관계 존속 기간 중 재산에 대한 평등한 사용, 관리, 처분의 권리를 가지며, 혼인관계가 끝날 때 균등하게 부부공동재산을 분할할 권리를 가진다. ② 경영활동에 종사하는 수익. 일반적으로 혼인관계 존속 기간에 경영투자자가 일방이거나 쌍방인 것을 불문하고, 경영소득 수익은 모두 부부공동재산으로 본다. ③ 지적재산권의 수익. ④ 상속 또는 증여 소득으로 인한 재산. 상속인, 수증자가 일방 또는

72· 巫昌祯 主编, 앞의 책, 202~203쪽.

부부 쌍방을 불문하고 그 상속하고 수증한 재산은 모두 부부공동재산에 속하는데, 단 유언 또는 증여계약 중 소유자를 지명한 재산은 그 상속인 또는 수증자의 개인소유가 된다. 주의해야 될 점은, 당사자가 결혼 전, 부모가 쌍방의 주택마련을 위해 출자한 경우, 그 출자는 반드시 자녀에 대한 개인증여로 인정되어야 한다는 것이다. 단 부모가 쌍방에게 증여한 것으로 명백히 표시한 경우는 제외한다.[73] 당사자가 결혼 후, 부모가 쌍방의 주택마련을 위해 출자한 경우, 그 출자는 반드시 부부 쌍방에 대한 증여로 인정되어야 하며, 단 부모가 증여 일방을 명확히 나타낸 경우를 제외한다.[74] ⑤ 기타 공동소유 재산. 부부가 혼인관계 존속 기간에 취득한 이하의 재산은 모두 부부의 기타 공동재산의 범위에 속한다 : i) 일방이 개인재산으로 투자하여 취득한 수익 ii) 남녀 쌍방이 실제로 취득하거나 취득해야 될 주택 보조금, 주택 적립금 iii) 남녀 쌍방이 실제로 취득하거나 취득해야 될 양로보험금, 파산안치보상비破产安置补偿费[75].

3) 부부의 공동재산에 대한 평등한 소유권

혼인법 제17조 제2항에 의하면 부부는 공동소유한 재산에 대해 평등한 처분권이 있다. 부부가 혼인관계 존속기간에 쌍방 또는 일방의 수입에 속하는 것을 불문하고, 각자 수입의 많고 적음을 불문하고, 일방의 수입 유무를 불문하고, 쌍방은 모두 부부공동재산에 대해 평등한 소유권을 가진다. 소유권 중 처분권이 가장 중요

---

73. 혼인법 사법해석(2) 제22조.
74. 혼인법 사법해석(2) 제23조.
75. 혼인법 사법해석(2) 제11조.

한 권능인데, 평등한 처분권이란 부부가 공동재산에 대해 처분권을 행사할 때 평등하게 협상해야 하며 의견이 일치되어야 하고 어떠한 일방이 타방의 뜻에 반하여 마음대로 처리해서는 안 된다는 것이다. 특히 공동재산에 대해 비교적 큰 변동이 있을 때, 예를 들어 판매, 증여 등 경우 더더욱 타방의 동의를 얻어야 한다.

다만, 부부 쌍방이 모두 일상가사대리권을 가질 때, 즉 일상생활의 필요로 부부공동재산을 처분할 때 부부 어떤 일방도 모두 결정권을 가지며 공동 협상을 필요로 하지 않는다. 또한, 만약 일방이 일상생활의 필요로서가 아님에도 부부공동재산을 처분하고, 제3자가 그것이 부부 쌍방의 공동의사표시라고 믿을 만한 이유가 있을 때에는 다른 일방이 동의하지 않거나 몰랐다고 하더라도 그 제3자에 대해 대항할 수 없다.[76]

다. 부부개인특유재산제도

중국 혼인법 제18조

다음과 같은 경우 부부 일방의 재산이 된다.

① 일방의 결혼 전 재산 소유 ② 일방이 신체 상해로 인해 획득한 의료비, 장애인 생활 보조비 등의 비용 ③ 유언 또는 증여계약

76· 혼인법 사법해석(1) 제17조는 "혼인법 제17조의 '남편 또는 부인은 부부공동소유의 재산에 대해서 평등한 처분권을 가진다'는 규정과 관련하여 다음과 같이 이해되어야 한다: ① 남편 또는 부인의 부부공동재산을 처분하는 권리는 평등하다. 일상생활의 필요로 부부공동재산을 처분하는 경우, 어떠한 일방도 모두 결정할 권리가 있다. ② 남편 또는 부인이 일상생활의 요구가 아닌데 공동재산에 대해 중요한 처분을 결정하는 경우, 부부 쌍방은 평등히 협상하여 일치된 의견을 얻어야 한다. 타인이 그것이 부부 쌍방의 공동의사표시라고 믿을 만한 이유가 있을 때, 다른 일방은 동의하지 않거나 몰랐음을 이유로 선의의 제3자에 대해 대항할 수 없다."라고 규정하고 있다.

중 남편 또는 부인 일방에게만 속하게 확정된 재산 ④ 일방이 전용專用하는 생활용품 ⑤ 기타 일방에게 속해야 되는 재산.

부부재산관계에는 부부공동재산도 있고 부부개인재산도 있는데, 그 중 부부 일방 개인소유의 재산은 본인이 점유, 관리, 지배 및 처분해야 하고 타인은 간섭할 권리가 없다. 이혼 시에는 개인소유가 되며 타인이 분할할 권리가 없다. 재산소유권자가 사망 시 유산의 범위에 들어가야 되며 상속법에 따라 처리된다.

부부개인재산은 주로 두 부분으로 구성되는데, 하나는 혼인법 제18조에서 열거한 것이며, 다른 하나는 부부간의 약정에 의해 부부개인소유가 되는 재산이다. 부부개인재산의 범위에 관해서는 주로 이하의 내용을 포함한다.[77]

1) 일방 소유의 결혼 전 재산.
2) 일방의 신체가 손상을 입음으로써 획득한 의료비, 장애인 생활 보조비 등의 비용. 의료비, 장애인 생활 보조비는 피해를 가한 자가 그의 침해행위로 인해 피해자 개인에게 지불한 비용이며 피해자의 치료와 생활을 보장하는 데 쓰이고 일방 개인만이 사용하는 재산으로서 일방 개인 소유이어야 한다.
3) 유언 또는 증여계약 중 일방에게 속하도록 지시된 재산.
4) 일방이 전용하는 생활용품. 예를 들어 부부 일방이 신체, 생활, 업무, 직업 등 특수한 필요로 개인이 사용하는 물품(가치

---

77 巫昌祯 主编, 앞의 책, 207~209쪽 참조.

가 특히 귀중한 물품은 제외).

5) 기타 일방에게 속해야 되는 재산. 예를 들어 혼인 당사자의 재산약정에 의해 부부 일방의 소유가 되는 재산은 부부 일방의 개인재산이 된다. 결혼 전 재산에 대해서도 약정으로써 공동소유 또는 부분공동소유를 약정할 수 있고, 혼인관계 존속기간의 재산에 대해서도 각자소유 또는 부분적 각자소유를 약정할 수 있다. 각자소유로 약정한 재산은 부부 일방의 개인재산에 속하게 된다.

라. 부부약정재산제

중국 혼인법 제19조

부부는 혼인관계 존속기간에 얻은 재산 및 혼전재산을 각자의 소유, 공동소유 또는 부분적 각자의 소유, 부분적 공동소유로 한다고 약정할 수 있다. 약정은 서면형식을 채용해야 한다. 약정이 없거나 또는 약정이 명확하지 못할 경우 본법 제17조, 제18조의 규정을 적용한다.

혼인관계 존속기간에 얻은 재산 및 혼전재산에 관한 부부간의 약정은 쌍방에 대해 구속력을 가진다.

부부가 혼인관계 존속기간에 얻은 재산을 각자의 소유로 한다고 약정했을 경우 제3자가 이 약정을 알고 있다면 남편 또는 아내 일방이 대외에 진 채무에 대해 당연히 남편 또는 아내 일방이 소유하고 있는 재산으로 청산해야 한다.

1) 부부약정재산제의 개념과 연혁

부부약정재산제란 부부가 결혼 전 재산, 결혼 후 소득한 재산의 점유, 사용, 관리, 수익, 처분 협의에 대한 법률제도를 말한다. 중국 1950년 혼인법에는 이러한 규정이 없는데, 이는 중국의 관습상 부부가 재산에 대해 약정하는 경우가 많지 않기 때문이다. 또한, 당시 많은 성인 여성은 보편적으로 직업이 없었고 경제 지위도 남자보다 낮았으므로, 약정을 할 수 있다는 규정을 두는 것은 성인 여성의 합법적 권익을 보호하는데 오히려 불리했다. 1980년 혼인법은 1950년 혼인법에 비하여 중대한 발전이 있었는데, 약정재산제도를 신설하여 법정 공동재산제와 동시에 당사자가 별도로 약정할 수 있도록 허락하여 중국의 부부재산제의 형식을 다양하게 구성하였다. 그러나 1980년 혼인법은 "약정"에 대해 원칙적, 추상적으로만 규정하여 실무에서 시행하는 중 여러 어려움에 부딪쳤는데, 2001년 혼인법은 이러한 부분을 보충하여 부부재산제도를 규정하였다.[78]

약정재산제의 제정은 중국 사회와 가정에서 나타난, 많은 종류의 새로운 부부재산제 형식의 필요성에 따른 것인데, 당시 중국 사회주의시장경제의 발전에 따라 국민이 소유하는 개인재산은 점점 많아졌고, 부부간 여러 가지 형식으로 쌍방의 재산관계를 처분할 필요성이 발생하였으며 대외개방 정책의 실행에 따라 섭외 결혼, 홍콩, 마카오, 대만과 관련된 결혼이 점점 증가하고 있어 그들의 권리관계를 조정할 필요가 있었고, 재혼부부가 결혼 후 적절히 융통성 있게 재산문제를 처리하게 할 필요성도 있었다.[79]

---

78. 巫昌祯 主编, 앞의 책, 209~210쪽.

2) 부부간 재산약정의 조건

① 약정의 주체는 부부 쌍방이며, 부부관계를 가지지 않는 자는 동 규정을 적용받지 못한다. ② 약정은 스스로의 의사에 의하여야 하고, 합법적이어야 한다. ③ 약정 내용은 부부의 결혼 전 및 혼인관계 존속기간의 재산을 포함한다. 부부는 결혼 전의 재산만 또는 혼인관계 존속기간의 재산 소유만 약정할 수도 있고, 결혼 전의 재산 및 혼인관계 존속기간의 재산 모두에 대하여 약정할 수도 있다. 약정한 내용은 법률 및 사회 공공도덕에 부합해야 하며, 국가, 단체 및 제3자의 이익을 손상시켜선 안 된다. ④ 약정은 언제라도 체결할 수 있다.[80] 현행 혼인법이 체결 시기에 대하여 특별한 규정을 두고 있지 아니하므로 결혼 전, 결혼 중, 결혼 후 아무 때에도 관계없다. ⑤ 약정이 체결된 후 당사자들의 의사에 따라 약정을 폐지할 수 있다.[81] 약정이 효력을 발생한 후, 부부 일방 또는 쌍방의 상황에 변화가 있다면 원래 약정을 취소하고 법정재산제를 적용할 수 있고, 원래 약정한 내용에 부분적 또는 전면적인 변경을 할 수도 있다. ⑥ 약정은 서면형식으로 해야 한다. 다만, 쌍방이 구두약정을 인정한 경우 그 효력을 인정하며, 쌍방이 구두약정에 대하여 다툼이 있는 경우 그 효력을 승인하지 아니한다.[82]

---

79. 巫昌祯 主编, 앞의 책, 210쪽.
80. 吴汉东 总主编, 앞의 책, 136쪽.
81. 吴汉东 总主编, 앞의 책, 137쪽.
82. 1993년 11월 3일 최고인민법원의 '인민법원이 이혼소송을 심리하여 재산분할을 처리할 때 문제에 관한 약간의 의견(最高人民法院《关于人民法院审理离婚案件处理财产分割问题的若干意见》' 제1조 참조.

3) 부부재산약정의 효력

혼인법 제19조의 규정에 의하면, 약정재산제와 법정재산제는 동시에 병용될 수 있으며, 단 전자의 효력이 후자보다 우선하여 약정이 있으면 약정을 따르고, 약정이 없거나 약정이 무효라면 법정재산제를 따른다. 부부의 혼인관계 존속기간에 취득한 재산 및 결혼 전 재산에 대한 약정은 쌍방에게 구속력이 있다(동조 제2항). 약정이 효력을 발생하면, 부부 쌍방은 약정한 내용에 따라 권리를 누리고 의무를 부담한다. 혼인이 끝나 재산을 분할할 때, 약정이 있다면 약정에 따라 처분한다. 약정이 합법적인 조건에 부합하지 않거나 무효인 경우, 유효한 부분은 약정을 적용하고, 모두 무효인 경우 법정공동재산제를 적용한다.

거래안전과 제3자의 이익을 보호하기 위해, 부부의 혼인관계 존속기간에 취득한 재산에 대해 각자소유로 하기로 약정하였고, 제3자가 그 약정을 알았다면 남편 또는 부인 일방이 대외적으로 부담하는 채무는 남편 또는 부인 일방의 재산으로 변제한다(동조 제3항). 부부재산약정은 특정 주체간의 법률행위이며, 제3자가 명확히 안 상황에서만 제3자에 대해 대항할 수 있다. 다시 말해서, 분별재산제를 실행하는 부부가 대외적으로 채무가 있을 경우, 채권자가 그 약정을 몰랐을 때에는 부부개인명의로 채무를 부담하였다고 하더라도 그 채무에 대해 부부공동재산으로 변제한다. 그러나 제3자가 부부가 분별재산제를 적용하는 것을 알았고, 부부의 일방의 명의로 채무를 진 경우, 채권자는 채무를 진 일방에게만 그 일방의 재산으로 변제할 것을 요구할 수 있을 뿐이다. 그러나 제3자가 약정을 알았다고 주장하는 경우 거증책임은 부부 쌍방이 부담한다.[83]

4. 배우자의 상속순위와 상속분에 대한 입법례

가. 프랑스

1) 배우자가 자녀와 공동상속 시 상속분

자녀들이 모두 부부공동생활에서 태어난 자녀일 경우 상속권 있는 배우자는 현존하는 전부의 재산에 대한 용익권을 받을지 재산소유권의 1/4을 받을지 선택한다. 자녀 중 단지 1명의 자녀 혹은 수명의 자녀가 부부 쌍방에게서 태어난 자녀가 아닐 경우 상속권 있는 배우자는 1/4의 재산 소유권을 받는다(프랑스 민법 제757조). 생존 배우자의 선택권은 3개월 이내에 행사되어야 한다. 이 기간을 초과할 때까지 행사되지 않으면 용익권을 선택한 것으로 본다(위 법 제758-3조). 생존 배우자가 사망하기 전에 선택하지 않은 경우에도 용익권을 선택한 것으로 본다(위 법 제758-4조). 생존 배우자가 가지는 용익권은 명목 소유권자인 상속인[84] 혹은 배우자 본인이 청구하는 경우 종신정기금으로 변환될 수 있는 권리이다(위 법 제759조). 각 상속인이 피상속인의 상속권 있는 생존 배우자와 협의가 성립된 경우 생존 배우자의 용익권은 일시금으로 전환될 수 있다(위 법 제761조). 단, 법관은 생존 배우자의 의사에 반하여 그에게 주된 주거지 및 그 가구 등의 용익권을 정기금으로 전환할 것을 명할 수 없다(위 법 제760조).

---

83. 혼인법 사법해석(1) 제18조는 "혼인법 제19조에서 규정한 '제3자가 그 약정을 안 경우'의 거증책임은 부부 일방이 부담한다."라고 규정하고 있다.

84. nu-propriétaire(Naked Ownership)에 대한 적절한 번역어가 없어 명목 소유권이라고 하였다. 명목 소유권이란 용익권에 의하여 제한을 받는 재산소유권을 말한다. 명목 소유권은 용익권의 기한이 만료된 경우 또는 용익권자가 사망하는 경우 완전한 소유권으로 바뀐다.(http://www.houmaestateplanningattorney.com/usufruct-and-naked-ownership)

2) 배우자가 부모와 공동상속 시 상속분

피상속인이 자녀 또는 직계비속은 없지만 부모가 생존하고 있는 경우 상속권 있는 배우자는 그 재산의 절반을 받는다. 그 나머지 절반은 부모에게 귀속되고 1/4씩 받게 된다. 피상속인의 부 혹은 모가 먼저 사망한 경우 부 혹은 모가 상속하는 상속 부분은 사자의 상속권 있는 배우자가 상속한다(위 법 제757-1조). 피상속인이 자녀 혹은 직계비속도 없고 부모도 없는 경우 상속권 있는 배우자가 전부 상속한다(위 법 제757-2조).

나. 독일

배우자의 상속순위는 고정되어 있지 않다. 제1, 2, 3순위의 상속인과 함께 유산을 상속한다. 독일 민법 제1933조는 "피상속인의 사망 시 이미 이혼요건이 갖추어진 경우 또는 피상속인이 이미 이혼을 신청하였거나 이혼에 동의한 경우 생존 배우자의 상속권 및 선취분의 권리는 소멸한다. 피상속인이 혼인 무효를 신청한 경우에도 같다. 다만, 이러한 상황하에 배우자는 민법 제1569~1586b조에 따라 부양을 받을 권리를 가진다."라고 규정하고 있다.

배우자의 상속분은 만약 배우자가 제1순위 친족과 공동상속 시 그는 유산의 1/4을 상속한다. 배우자가 제2순위 친족 혹은 조부모, 외조부모와 공동상속 시 그는 유산의 1/2을 상속한다. 만약 제1순위와 제2순위 직계 친족이 없고 또한 조부모, 외조부모가 없으면 생존 배우자가 유산 전부를 상속한다(위 법 제1931조).

생존 배우자가 제2순위 직계친족과 혹은 조부모와 무유언상속

시 상속분 이외에 토지의 부속물이 아니라는 조건하에 혼인가정에 속한 물건들 및 결혼예물이 선취분으로서 그에게 귀속된다. 생존 배우자와 제1순위 직계친족이 함께 무유언상속인이 되는 경우 이러한 물건은 생존 배우자에게 귀속되며 다만 생존 배우자가 적절한 가정 유지에 필요한 정도로 한정된다(위 법 제1932조).

다. 스위스

배우자는 직계비속과 상속하는 경우 유산의 1/2을 상속하고, 부모계 상속인과 공동 상속하는 경우 유산의 3/4을 상속하며, 부모계 상속인이 없는 경우 유산 전부를 상속한다(스위스 민법 제462조).

배우자 쌍방이 거주했던 주거 혹은 그 가정내 물품이 유산인 경우 생존 배우자는 그러한 종류의 재산소유권을 자신에게 자신의 지분에 따라 할당될 것을 요구할 수 있고 적절한 상황인 경우 생존 배우자 또는 기타 상속인의 청구에 따라 소유권 대신에 용익권 혹은 거주권이 허가될 수 있다(위 법 612a조).

라. 일본

배우자가 자녀와 공동 상속하는 경우 상속분은 유산의 1/2이 되고, 직계존속과 공동 상속하는 경우 상속분은 유산의 2/3가 되며, 형제자매와 함께 상속인이 되는 경우 상속분은 유산의 3/4이 된다(일본 민법 제900조).

마. 영국

1) 자녀나 부모 등 없이 단독상속하는 경우 배우자 상속분[85]

만약 무유언 사망자가 직계비속, 부모, 전혈연형제자매 및 그 직계비속 없이 사망한 경우 잔여 유산은 신탁의 방식으로 생존배우자에게 보유된다.

2) 자녀와 공동상속 시 배우자 상속분[86]

만약 무유언 사망 시 배우자 및 자녀가 있는 경우 배우자는 일정한 법정 유산액 및 무유언자 사망일로부터 선취 유산의 법정 이자를 선취하며, 무유언 사망자의 동산personal chattels을 가진다. 잔여 유산의 절반에 대하여 종신적 권리life interest를 가지게 되고 나머지 절반은 자녀의 이익을 위하여 법정 신탁statutory trust된다.

3) 부모 혹은 전혈연형제자매 및 그 직계비속과 공동상속 시 배우자의 상속분[87]

배우자가 부모 혹은 전혈연형제자매 및 그 직계비속과 공동상속 시 배우자의 상속분은 법정 선취부분 및 그 선취유산의 법정이자이며 무유언 사망자의 동산을 가지고 잔여유산의 절반은 절대적 권리absolute interests를 가지고 잔여 유산의 나머지 절반은 부모의 이익을 위하여 신탁방식으로 보유한다. 만약 무유언 사망자가

85· Intestates' Estates Act, s46 (1) (i) (1).

86· Intestates' Estates Act, s46 (1) (i) (2).

87· Intestates' Estates Act, s46 (1) (i) (3).

사망 시 생존 부모가 없는 경우 배우자는 그 전혈연형제자매와 공동상속한다.

바. 미국[88]

미국의 무유언 상속과 관련하여 가장 주요한 참고자료는 통일유언검인법전Uniform Probate Code이다. UPC 하에서 최우선 상속인은 배우자이다. 배우자가 다른 상속인과 공동상속 시 상속분은 다음과 같다.[89]

1) 피상속인에게 자녀도 없고 부모도 없는 경우 또는 생존배우자가 피상속인과 사이에서 낳은 자녀는 있는데 그 밖의 다른 자녀(피상속인의 의붓자식)는 없는 경우 : 생존 배우자가 피상속인의 모든 재산을 상속한다.
2) 피상속인에게 부모가 있고 자녀는 없는 경우 : 생존 배우자가 상속재산으로부터 먼저 20만 불을 상속받은 후 잔여 유산의 3/4를 상속한다. 나머지 1/4는 피상속인의 부모가 상속한다.
3) 피상속인에게 생존 배우자와의 사이에서 낳은 자녀가 있고 생존 배우자가 피상속인의 자녀가 아닌 자녀(피상속인의 의붓자식)를 가진 경우 : 생존 배우자가 상속재산으로부터 먼저 15만 불을 상속받은 후 잔여 유산의 1/2을 상속한다. 나머지 1/2은

88· 김상훈, 『미국상속법』, 세창출판사, 2012 참조.
89· UPC 2-102조.

피상속인의 자녀가 상속한다.

4) 피상속인이 생존 배우자가 아닌 다른 사람과의 사이에서 자녀를 남긴 경우 : 생존 배우자가 상속재산으로부터 먼저 10만 불을 상속받은 후 잔여 유산의 1/2을 상속한다. 나머지 1/2은 피상속인의 자녀가 상속한다.

사. 대만[90]

배우자 상호간 상속권이 있으며 고정된 상속분이 아니므로 제1순위부터 제4순위까지의 상속인과 공동으로 유산을 상속한다.

배우자는 제1순위 상속인과 공동상속하는 경우 배우자의 상속분은 다른 공동상속인과 평균하며, 제2순위 또는 제3순위 상속인과 공동상속하는 경우 배우자의 상속분은 유산의 1/2이고, 제4순위 상속인과 공동상속하는 경우 배우자의 상속분은 유산의 2/3이다(대만 민법 제1144조). 즉, 배우자가 제1순위 상속인과 공동상속하는 경우에는 제1순위 상속인의 수에 따라 자신의 상속분이 영향을 받게 되지만, 제2순위 이후의 상속인과 공동상속하는 경우에는 상속인의 수에 관계없이 유산의 일정 부분을 상속받게 된다.

---

90. http://world.moleg.go.kr/World/EastAsia/TW/priority/38191; 陈苇, 宋豫 主编, 앞의 책, 269쪽 참조.

5. 중국의 개정 의견

가. 왕리밍 초안

배우자의 상속순위와 상속분에 대하여 현행 중국 상속법과 동일한 규정을 두고 있다. 다만, 민법 초안 제580조는 "피상속인의 배우자는 생존해 있고 자기의 집이 없는 경우 만약 상속인의 유산 중 집을 상속하지 못하였다면, 유산 중 집에 대하여 법정용익물권을 가진다. 생존 배우자는 이를 위하여 집 소유권을 취득하는 상속인에게 시가를 초과하지 않는 임료를 지급하여야 한다. 구체적인 임료 액수와 기간은 배우자와 집 소유권자가 협의한다. 협의가 성립되지 않으면 쌍방 모두 소송을 제기할 수 있다."고 규정하여 배우자의 법정용익물권 규정을 도입하였다.[91]

이러한 초안 작성 이유에 대하여 왕리밍 교수는, "유럽에서는 배우자의 상속권을 우대하는 것이 이미 법정상속의 발전방향이 되었다. 배우자는 상속인으로서 다른 친족 상속인과 본질적으로 구분되는데, 이러한 구분은 배우자 이익을 보호하는 근거가 된다. 상속은 크게 부부관계의 상속과 혈연 관계의 상속으로 나눌 수 있는데, 배우자는 다른 친족 상속인과 법정상속 순위를 경쟁하여서는 아니된다. 배우자 관계와 친족 관계는 같지 않고 배우자는 상호간 법정의 지속적인 부양의무를 지고 있다. 그러므로 생존 배우자에 대하여 유산을 상속할 때 특별한 배려를 하는 것이 합리적이라고 할 것이다. 실생활에서 생존 배우자(특히 계부모인 경우)가 쫓겨나

---

[91] 王利明, 앞의 책, 85쪽.

는 현상이 종종 발생하고 생존 배우자가 집도 없이 떠돌게 되는 것이 사회적으로 중요한 문제가 된다. 현행 상속법은 배우자와 자녀, 부모가 모두 1순위 상속인으로 유산을 균분하여 상속하도록 규정하여 배우자를 특별히 보호한 것이라고 할 수 없지만 현행 상속법 시행 이후 상속순위에 대하여 분쟁이 발생하는 경우가 많지 않고 사람들이 이미 이 규정을 받아들이고 있으므로 이 초안에서는 현행 상속법과 같이 규정한다. 그러나 현행 상속법이 사실상 배우자의 이익을 특별히 배려하고 있지 않는 점을 보완하기 위하여 배우자를 위한 주거에 대한 법정용익물권 제도를 도입한다. 부부공동생활 중 누가 주거를 이용하였는지를 불문하고 상대방도 사실상 합법적으로 주거의 사용거주권을 가지는 경우 배우자 일방이 사망한 후 생존 배우자가 주거에 대한 용익물권을 요구할 수 있다. 이는 생전에 존재했던 권리에 대하여 법률상 확인을 해주는 것일 뿐이다."라고 설명하고 있다.[92]

민법 초안 제581조는 "피상속인의 사망 시에 생존 배우자의 귀책사유를 원인으로 피상속인이 사망하기 전에 이혼소송을 제기한 경우에는 그 배우자는 상술한 권리를 가지지 못한다."고 규정하고 있는데, 조문의 제목으로 제580조와 동일하게 '배우자의 법정용익물권'을 쓰고 있는 것으로 보아 제581조의 생존 배우자의 권리 제한은 제580조의 법정용익물권에만 해당한다고 해석하여야 할 것으로 보인다.

---

[92] 王利明, 위의 책, 386~387쪽.

나. 량훼이싱 초안[93]

량훼이싱 초안은 왕리밍 초안이 제시한 배우자의 주거에 대한 용익물권 규정은 두지 않고 있으며, 현행 중국 상속법과 달리 규정한 것은 없다. 다만, 제1848조에서 "본법의 배우자는 피상속인 사망 시 피상속인과 합법적 혼인관계에 있고 생존한 사람을 말한다."라고 규정하여 배우자 획정 규정만 추가하였을 뿐이다.

사법 실무에 있어 피상속인이 별거하거나 이혼소송을 하거나 이혼판결이 아직 효력을 발생하지 않은 상태에서 사망하는 경우 법원이 이에 대하여 어떻게 인식하는지 편차가 있고 일반적으로 군중들도 이에 대하여 달리 이해하고 있다. 그러므로 법률 조문으로 형식적으로 명확히 구분하는 것이 필요하고, 민법 원리에 따라 외국 입법례를 참조하여 제정한다고 설명하고 있다.

다. 천웨이 개정안

제45조[무유언상속인의 범위와 순서] 배우자는 불고정不固定순서의 상속인이며, 그는 전 3개 순위[94]의 상속인과 공동으로 상속한다.

제47조[혈족 상속인과 배우자 상속인의 상속분]

배우자가 제1순위 상속인과 공동상속 시 사람수에 따라 균분한다.

---

93. 梁慧星, 앞의 책, 159쪽.

94. 제1순위 : 자녀와 그 직계비속, 제2순위 : 부모, 제3순위 : 형제자매와 그 자녀.

배우자가 제2순위 상속인과 공동상속 시 그 상속분은 유산의 1/2이며, 그 나머지 혈족 상속인의 상속분은 유산의 1/2이다.

배우자가 제3순위 상속인과 공동상속 시 그 상속분은 유산의 2/3이며, 그 나머지 혈족 상속인의 상속분은 유산의 1/3이다.

제3순위 상속인이 없을 시 배우자가 전부 상속한다.

천웨이 교수는 "배우자의 상속 순위에 관하여 고정상속순위와 불고정상속순위의 두 가지 관점이 있는데, 첫 번째 관점은 중국 상속법상 고정상속순위는 배우자의 가정 내 지위 및 배우자가 가정 성원과 사이에 밀접한 관계가 있다는 점을 실현한 것이라고 보며, 두 번째 관점은 중국 상속법의 배우자 상속순위 규정은 중국 민간의 상속 관습에 부합하지 않고 배우자의 상속분액에 제한이 있으며, 혈족 상속인의 상속권을 같이 보호하지 못한다고 보고 있다. 이러한 이유로 불고정 상속순위를 건의하게 되었다."고 설명한다.[95]

라. 양리신 개정안

1) 2012년 개정안[96]

현행 중국 상속법과 같이 배우자는 제1순위 상속인으로 순위가 고정되어 있으며, 제1순위 상속인 간 균분상속한다.

다만, 제59조에서 "생존배우자의 귀책사유로 인하여 피상속인이 이미 이혼소송을 제기하였거나 이혼에 동의하여 이혼의 실질요

---

95. 陈苇, 冉启玉, 앞의 글, 143~144쪽.
96. 杨立新 · 刘德全 · 杨震 主编, 앞의 책, 13~14쪽 참조.

건을 갖춘 경우 배우자는 상속인의 범위에 속하지 않는다."는 규정을 추가하였다.

2) 2015년 개정안[97]

제56조 [상속순위] 배우자의 순위는 불고정이며, 그는 제1, 2, 3순위 상속인[98]과 함께 상속한다.

제57조 [순위우선] 배우자가 제1순위 상속인 자녀와 같이 상속하는 경우 유산은 상속인간 균분한다. 배우자가 제2순위 상속인 부모와 같이 상속하는 경우 배우자의 상속분은 유산의 1/2이고, 부모는 유산의 1/2을 균분한다. 부 혹은 모가 생존하지 않을 시 생존하지 않는 부 혹은 모의 상속분은 배우자에게 귀속한다. 배우자가 제3순위 상속인 형제자매와 함께 상속하는 경우 배우자의 상속분은 유산의 2/3이고, 기타 제3순위 상속인은 유산의 1/3을 균분한다. 제1, 2, 3순위 상속인이 모두 존재하지 않는 경우 배우자는 혼자 유산 전부를 상속하고, 제4, 5순위 상속인이 상속할 수 없다. 배우자와 제1, 2, 3순위 상속인이 모두 존재하지 않는 경우 순서에 따라 제4, 5순위 법정상속인이 상속한다.

가) 제안 이유

양리신 교수는 2015년 초안에서 2012년 초안과는 달리 배우자의

---

97. 杨立新 主编, 『繼承法修訂入典之重點問題』, 235~236쪽.
98. 제1순위 : 자녀 및 손자녀, 외손자녀, 제2순위 : 부모, 제3순위 : 형제자매.

상속순위를 영순위로 개정하자는 주장을 하고 있다. 그 외 다른 부분은 2012년 초안과 거의 동일함에 반하여 배우자의 상속순위와 관련하여서는 큰 변화를 보이고 있는데, 그 이유는 다음과 같다.[99]

(1) 혼인관계와 부양관계 이익은 배우자 법정상속순위의 기초이다.

혼인관계는 배우자 법정상속 영순위의 기초가 된다. 혼인관계가 체결된 이후에서야 부부 상호간 비로소 혼인관계에 기초한 재산상의 공유관계, 생활상의 상호부양 · 부조관계가 발생한다. 비록 부부가 합의하에 약정부부재산제를 할 수 있어 각자 소유하기로 약정하였다고 하더라도 혼인관계를 기초로 하여 생성된 상호부양 · 부조의 법정의무를 없앨 수는 없다. 부부공동생활을 통하여 공동의 감정, 재산 등의 사회공동체가 성립하며 배우자 일방이 사망할 때 다른 일방은 가장 우선하고 유리한 순서로 유산을 상속하여야 한다.

부양관계 발생의 근거라는 측면에서 볼 때 배우자 간의 부양관계, 공동생활관계는 기타 피상속인에게 부양의무를 다함으로써 발생할 수 있는 상속 혹은 유산작분의 비혈연 · 비혼인 부양관계, 공동생활관계와 같지 않다. 기타 비혈연 · 비혼인 부양관계 혹은 공동생활관계는 당사자의 자발적 의사에 기하여 발생되고 이루어지며, 당사자가 부양 혹은 공동생활을 하는 것은 순전히 당사자의 의사에 달려있고 어떠한 강제적 의무를 부담하고 있지 않다. 그러나 혼인관계는 일단 형성되면 배우자 상호간 부양의무를 지게 되고 자발적 의사에 의하여 선택하는 문제는 아니다. 그러므로 이러한 비혈연 · 비혼인 부양관계 혹은 공동생활관계는 배우자 간의 부

99· 杨立新 主编, 『繼承法修訂入典之重點問題』, 34~41쪽 참조.

양관계 혹은 공동생활관계와 같이 논할 수 있는 것이 아니다.

⑵ 친등상속, 친계상속 등 혈족의 이익은 배우자 영순위 상속의 내재적 요구이다.

배우자는 혼인관계에 기초한 친족관계이며, 세계 각국에서 근친 간 혼인을 금지하고 있으므로 배우자 간 상속의 문제는 친계와 친등 문제와 관련되지는 않는다. 다만, 배우자는 혈연관계 생성의 근원이며, 직계비속, 직계존속과 상속순위를 어떻게 배열할지에 있어 친계, 친등 순서 문제와 관련시켜서는 안 된다. 세계 각국의 친계, 친등 상속은 혈연 간 관계의 원근이나 이익의 경중을 이용하여 그 상속순위를 결정한다. 배우자의 영순위 법정상속은 친계, 친등 상속 등 혈족 이익에 내재되어 있는 것이다.

친계, 친등 상속제의 상속순서 계산의 기점은 배우자이며 배우자는 위로부터 혈연을 승계하고 아래로 혈연을 이어주는 중심이며 중추이다. 세계 각국의 혈족 상속 순서가 모두 피상속인이 중심이 되어 그 원근에 의하여 구분하고 있지만 배우자가 비록 혈연관계는 없다고 하더라도 피상속인과 함께 공동생활을 하면서 혈연을 승계하고 혈연을 이어주는 역할을 하고 있으므로 배우자의 상속순위는 자연히 기타 일체의 혈연관계보다 우선하여야 한다. 만약 배우자가 독립하여 제1순위 상속인이 된다면 혈족이 상속 기회를 상실하게 되므로, 배우자를 어떠한 상속순위에도 넣지 않고 피상속인의 혈족을 그 친등의 원근에 따라 배열한 후 앞 순위의 몇 개 혈족의 상속순위에 따라 그 혈족과 같이 상속하게 하면 된다. 즉, 배우자의 상속분은 혈족 상속인의 상속순서가 멀어짐에 따라 증가하도록 하면 된다.

(3) 가정 구조의 변화와 부양관계 상속인의 배우자 영순위 법정상속 촉진에 대한 영향

사회경제의 발전에 따라 현대 사회의 가정 구조에 발생한 거대한 변화가 배우자 영순위 법정상속 도입을 요구하고 있다. 최근 중국인구조사 결과 매 가정의 인구수는 감소하고 있고 급격히 노령화가 진행되고 있으며 노인들만 사는 가구수도 증가하고 있다. 중국이 20여 년 실시해온 독생자녀 정책으로 인하여 이러한 현상이 심화되었고 이미 부모와 자녀만으로 구성되는 가정형태가 증가하고 부모 자녀가 공동생활을 함으로써 상호 부양하는 시대는 지나가고 혈연관계로 존속을 부양하는 전통의 생활보장방식이 어려워졌는데, 국가의 사회보장제도는 여전히 제대로 갖추어져 있지 않다. 이러한 상황하에서 배우자 상호 부양과 비혈연 관계인 간 부양도 이러한 문제를 해결할 수 있는 중요한 방법이 된다. 일부 사람은 유증부양협의의 방식으로 이러한 문제를 해결하지만 대부분 사람은 여전히 법정상속 방식으로 현실의 문제를 해결하고 있다. 혈연 관계 없이 피상속인과 친한 사람이 피상속인을 부양하는 것과 배우자 상호간 부양하는 혼인관계를 비교하면 후자가 훨씬 중요하다는 것은 분명하다. 그러므로 법정상속순위를 설정함에 있어 그들에게 법정상속권을 부여하든 유산작급청구권을 부여하든 배우자의 상속순위가 다른 사람들에 비하여 우선되어야 한다. 그런 점에서 현행 중국 상속법이 부양관계가 형성된 여러 종류의 사람에게 상속권을 부여하여 1, 2순위 상속인으로 규정하고 있는 것은 재검토가 필요하다.

⑷ 배우자 영순위 상속순위를 희망하는 중국 민중들의 상속 의식 반영[100]

다른 법률제도와 달리 상속제도는 훨씬 향토성을 갖고 있고 고유법적인 특징이 있으며 도덕윤리와 민접한 관련이 있다.

북경, 중경, 무한, 산동성 등 4개 지역의 민중의 상속에 관한 의식을 조사한 결과[101] 피조사자들은 여전히 혈연관계의 원근을 상당히 중시하고 있었고 혼인관계와 혈연관계가 법정상속인의 자격과 순서를 확정하는 가장 중요한 요소가 되어야 한다고 생각하고 있었다. 제1순위 상속인으로서 가장 많이 선택된 것은 배우자인데 피조사자 중 60~80% 이상을 차지하였고, 40~50%는 자녀가 제1순위 상속인이 되어야 한다고 생각했다. 60~70% 이상의 피조사자가 부모가 제1순위 상속인이 되어서는 안 된다고 생각했다. 제2순위 상속인은 부모, 형제자매, 손자녀 · 외손자녀, 조부모 · 외조부모 등이었는데, 대부분은 자녀, 부모, 형제자매 순으로 앞 순서로 놓았다.

나) 개정 의견 내용

어떠한 종류의 법정상속 순서를 택하든 배우자의 상속권이 가장 중요한 위치에 배치되어야 하며, 어떤 상속인도 배우자의 상속권 및 그 지위와 같이 논할 수 없고, 민중도 혼인관계로 인하여 관계가 형성된 배우자가 상속에서 가장 우위에 있어야 한다고 생각한다. 그 밖에도 민중은, 피상속인과 가장 가까운 혈족이 배우자 상속권을 중시함으로 인하여 경시되거나 배우자가 독점으로 상속

100· 杨立新 主编,『继承法修订入典之重点问题』, 39쪽.

101· 陈苇(项目负责人):『当代中国民众继承习惯调查实证研究』, 群众出版社, 2008, 44~54쪽.

함으로 인하여 허공에 떠버려서는 안 된다고 생각한다. 이러한 두 가지 점을 조화롭게 조정하기 위하여 가장 좋은 해결방법은 배우자에 대하여 법정상속순위를 1순위로 고정하고 있는 규정을 영순위 규정으로 개혁하는 것이다. 구체적인 방법은 배우자 상속권의 우위를 확보하고 법정상속인을 적당한 범위로 확대하여 그 순서를 증가시킨 후 가장 밀접한 혈족 중 일정한 범위를 정하여 혈연관계에 따른 생활 관련 정도의 차이를 반영하여 법정상속 시 상속기회를 달리하여야 한다. 즉, 배우자의 법정상속순위를 고정하지 않고 영순위로 하고 일정 순서의 친족이 있는 경우에는 배우자가 단독으로 상속하지 못하고 함께 상속하게 하되 일정 범위의 친족이 없는 경우에는 배우자가 단독으로 상속하게 하는 방향으로 개정하여야 한다.

05

유언자유의 제한*

제1절
한국 상속법에서의 유언 자유의 제한

1. 유류분 제도

민법 제1112조 [유류분의 권리자와 유류분] 상속인의 유류분은 다음 각호에 의한다.

① 피상속인의 직계비속은 그 법정상속분의 2분의 1

② 피상속인의 배우자는 그 법정상속분의 2분의 1

③ 피상속인의 직계존속은 그 법정상속분의 3분의 1

* 유언자유의 제한과 관련된 제도가 여러 가지 있을 수 있으나 유류분 제도를 위주로 살펴보기로 한다. 중국 현행 상속법은 유류분 제도를 두고 있지 않고 부양과 관련된 필유분, 유산작급청구권 등을 두고 있는데, 학자들 사이에서는 유류분 제도의 도입이 활발히 논의되고 있어 그 부분을 소개하기로 한다.

④ 피상속인의 형제자매는 그 법정상속분의 3분의 1

제1113조 [유류분의 산정]

제1항 유류분은 피상속인의 상속개시시에 있어서 가진 재산의 가액에 증여재산의 가액을 가산하고 채무의 전액을 공제하여 이를 산정한다.

제2항 조건부의 권리 또는 존속기간이 불확정한 권리는 가정법원이 선임한 감정인의 평가에 의하여 그 가격을 정한다.

제1114조 [산입될 증여] 증여는 상속개시 전의 1년간에 행한 것에 한하여 제1113조의 규정에 의하여 그 가액을 산정한다. 당사자 쌍방이 유류분권리자에 손해를 가할 것을 알고 증여를 한 때에는 1년 전에 한 것도 같다.

제1115조 [유류분의 보전]

제1항 유류분 권리자가 피상속인의 제1114조에 규정된 증여 및 유증으로 인하여 그 유류분에 부족이 생긴 때에는 부족한 한도에서 그 재산의 반환을 청구할 수 있다.

제2항 제1항의 경우에 증여 및 유증을 받은 자가 수인인 때에는 각자가 얻은 유증가액의 비례로 반환하여야 한다.

제1116조 [반환의 순서] 증여에 대하여는 유증을 반환받은 후가 아니면 이것을 청구할 수 없다.

제1117조 [소멸시효] 반환의 청구권은 유류분권리자가 상속의

개시와 반환하여야 할 증여 또는 유증을 한 사실을 안 때로부터 1년 내에 하지 아니하면 시효에 의하여 소멸한다. 상속이 개시한 때로부터 10년을 경과한 때도 같다.

가. 연혁

로마법에서는 원래 유류분과 같은 제도가 없었으나 공화정 후기에 이르러 유언의 자유를 제한함으로써 상속인의 보호가 강화되기 시작하였고, 유스티니아누스 황제의 서기 542년 칙령은, 법정상속인이 상속에서 제외되었으면 그 유언은 상속인 지정에 관해서는 무효로 되고 법정상속에 따르게 되며, 법정상속인이 상속인으로 지정은 되었으나 피상속인으로부터 받은 상속재산이 의무분에 미달하면 그 미달액의 보충만을 청구할 수 있다고 하는 의무분 보충소권義務分 補充訴權(actio ad supplendam legitinam)을 인정하였다. 반면 게르만법에서는 원래 유언의 자유가 인정되지 않았고, 피상속인이 상속재산을 임의로 처분할 수 없었으므로 유류분의 문제는 생기지 않았다. 그러나 교회의 영향으로 점차 교회와 가난한 사람들에게 증여를 하기 위한 자유분이 인정되게 되었다.[1]

우리나라에서는 예로부터 유류분에 해당할 만한 제도가 없었으나 기본적으로 유언의 자유가 제한적으로 인정되었고, 법정상속에 크게 어긋나는 유언은 난명亂命이라고 하여 무효로 하였다. 일제의 관습조사에서는 유류분 제도가 존재하지 않는다고 하였다. 우리 민법 제정시에도 유류분 제도를 도입하지 않았지만 1977년 개정

---

1. 윤진수, 『친족상속법 강의』, 박영사, 2016, 516쪽.

에서 유류분 제도가 처음 도입되기에 이르렀다. 우리 민법이 유언의 자유를 인정함에 따라 딸들에게는 재산을 물려주지 않고 장자 위주로 재산을 물려주려고 하는 남녀차별적, 봉건적 현상 때문인 것으로 보인다.[2]

나. 유류분권과 유류분반환청구권

유류분권은 상속이 개시되면 일정 범위의 상속인이 상속분 중 일정 비율에 상당하는 피상속인의 재산을 취득할 수 있는 지위를 말하고, 유류분반환청구권은 유류분을 침해하는 행위가 있을 때 그 반환을 청구할 수 있는 권리로서 유류분권에서 파생되어 나오는 권리이다.

상속개시 전 유류분권은 잠재적인 권리로서 유류분권리자가 자신의 권리를 처분, 양도하는 등 구체적 권리를 주장할 수 없고 포기할 수도 없지만 상속이 개시되면 잠재적인 유류분권이 구체적인 유류분권으로 바뀌고 유류분 침해사실이 확정되면 유류분반환청구권이 발생하게 되며, 유류분반환청구권은 양도도 가능하다.[3]

다. 유류분권리자 및 유류분의 비율

상속인 가운데 피상속인의 배우자, 직계비속, 직계존속, 형제자매는 유류분권리자이며 피상속인의 4촌 이내의 방계혈족에게는

---

2. 윤진수, 위의 책, 517쪽.
3. 윤진수, 앞의 책, 519쪽.

유류분이 인정되지 않는다. 독일이나 프랑스, 일본 등 세계 각국의 입법례에서 대부분 유류분권리자는 직계비속, 배우자, 직계존속 등만으로 범위를 줄이고 있는데, 우리나라는 부양 여부 등을 불문하고 형제자매의 유류분을 인정하고 있다. 유류분 제도의 취지가 피상속인의 자력으로 생계를 유지하여 오던 생계능력 없는 유족에 대한 사회정책적인 혜택에 있다고 한다면 형제자매까지 유류분권리자로 인정하는 것은 검토가 필요하다.[4]

직계비속과 배우자의 유류분은 그 법정상속분의 1/2이고, 직계존속과 형제자매의 유류분은 그 법정상속분의 1/3이다. 프랑스 민법과 일본 민법에서는 유류분을 전체 상속재산 중 일정 비율로 정하고 있으나 독일 민법은 법정상속분의 1/2로 정하고 있어 유류분 비율은 독일 민법을 따랐다고도 할 수 있다.

제2절
중국 상속법에서의 유언 자유의 제한

1. 필유분必留份 제도

중국 상속법 제19조

유언은 노동능력이 결핍되고 생활수입원이 없는 상속인에 대하여 필요한 유산액을 보류하여야 한다.[5]

---

4. 김민중, 「유류분제도의 개정에 관한 검토」, 『동북아법연구』 제4권 제2호, 2010, 151~152쪽.

5. 중국의 일부 학자(刘春茂 · 陈跃军, 「完善我国继承法的几点建议」, 『南开大学学报』 1993年 第4期)는 중국 상속법 제19조의 제도를 특유분 제도라고 설명하기도 하지만 대다수의 학자

상속법 사법해석 제37조

유언자가 노동능력이 결핍되고 생활수입원이 없는 상속인에 대하여 유산액을 보류해두지 않은 경우 유산 처리 시 그 상속인을 위하여 필요한 유산을 남겨둬야 하고 그 잉여부분이 남게 될 경우 비로소 유언으로 확정한 분배원칙을 참고하여 처리한다. 상속인이 노동능력이 결핍되고 생활수입원이 없는지 여부는 유언이 효력을 발생할 때 그 상속인의 구체적 상황에 따라 확정한다.

가. 연혁

1) 소련에서의 필유분 제도의 변천[6]

세계에서 최초로 노동능력이 없는 것을 유산상속조건으로 하여 법률에 규정한 나라는 소련이다. 1918년 4월 27일 반포된 "상속제도의 폐지에 관하여"라는 법령 제2조는 "보편사회가 보증하는 법령반포 전까지 사망자의 빈곤하고(즉 필요한 생활자료가 부족한) 노동능력이 없는 직계비속과 직계존속, 전혈연全血缘과 비전혈연非全血缘의 형제자매 및 배우자는 사자가 남긴 재산으로부터 부양비를 얻을 수 있다."고 규정하였다. 이로써 소련은 세계 통례인 혈족(직계비속과 직계존속, 전혈연과 비전혈연의 형제자매)과 배우자를 법정상속인으로 설정하는 것 이외에 혈족과 배우자가 빈곤으로 인하여 노동능력이 없어 사자의 유산으로부터 부양비를 획득하여야 한다는 것을 법정상속권을 취득하는 조건으

들은 제19조의 제도는 필유분(必留份) 제도를 규정한 것이며, 특유분과 필유분은 권리 주체, 권리액, 유언자유의 제한 정도 등에서 명백한 차이가 있다고 설명한다.(刘耀东, 『继承法修改中的疑难问题研究』, 法律出版社, 2014, 228쪽)

6. 杨立新 主编, 『繼承法修訂入典之重點問題』, 81~83쪽을 번역하여 인용함.

로 추가하였다. 필유분 제도는 여기서 시작하였다.

1945년 3월 14일 소비에트는 상속법에 대하여 중대한 수정을 하고 "법정상속인과 유언상속인에 관하여"라는 법령을 반포하였다. '피상속인 사망 전 최후 1년 내 피상속인 측으로부터 주요 생활자원을 취득한 일체의 노동능력 없는 사람'을 명확히 상속인으로 규정하였다. 소련최고법원 민사사건심판정의 규정은 "만약 어떤 사람이 주요 생활자원을 피상속인의 물질적 도움에 의지한다면, 게다가 항상 피상속인의 도움에 의지한다면 그 사람은 피상속인의 생활에 의지하는 사람으로 보게 된다. 만약 사자 생전에 사자에 의지하여 생활한 사람이 본인의 재산이 있다면 보충 생활수입원(예를 들면 부양부조금 수령)을 가지고 있는 것이고 사자에 의지하여 생활하는 사람의 자격으로서 법정상속인에 참가하는 권리를 취소한다."고 규정하였다. 이와 같이 피상속인으로부터 유산을 취득하는 사람의 범위를 배우자 및 친족 이외로 확대하였으나 그 사람이 재산이나 생활수입원이 있다면 상속에 참가할 자격이 없다. 배우자 및 혈족이 노동능력이 없는 것을 원인으로 유산을 상속하는 상황은 여전하였다.

1964년 6월 11일 소비에트러시아 민법 제535조는 "피상속인의 미성년자 혹은 노동능력이 없는 자녀(양자녀 포함) 및 노동능력이 없는 배우자, 부모(양부모)와 사망인에 의지하여 생활하는 사람은 유언의 내용에 관계 없이 상속 시 그들 상속분의 2/3보다 적지 않게 상속한다. 필유분의 수액을 확정할 때 유산을 구성하는 부분으로서의 보통의 가구와 일용품의 가치도 포함하여 계산한다."라고 규정하여 필유분이 노동능력이 없는 상속인이 가지는 박탈될 수 없는 유산액으로 발전되었다.

그 후 2002년 3월 1일 시행된 러시아연방민법 제3부분 제1149조는 "피상속인의 미성년자녀 혹은 노동능력이 없는 자녀, 노동능력 없는 배우자와 부모 및 노동능력 없는 부양을 받는 사람은 본법 제1148조 제1항과 제2항에 근거하여 상속에 참가하는 경우 유언의 내용 여하에 불문하고 모두 최소한 매 법정상속인이 상속분의 1/2을 상속하여야 한다."고 규정하였다. 또한 특별한 상황이 있는 경우 법원은 필유분 상속인의 재산상황을 고려한 후 필유분액을 줄이거나 필유분을 주지 않는 판결을 할 수 있다.

2) 중국의 필유분 제도의 도입 및 비판

중국은 중화민국민법의 상속편과 달리 1985년 상속법을 반포하면서 유언자유의 제한에 있어 대륙법계의 유류분 제도를 채택하지 아니하였다. 당시 입법자는 사회주의 조건하에서 무릇 노동능력이 있는 상속인은 모두 자기의 노동을 통하여 자기의 기본생활수요를 보장하여야 한다고 생각하였기 때문이다.[7] 그러나 유언자유의 제한이 없는 것은 아니었다. 상속법 제19조(필유분)와 제28조(태아의 상속분)가 유언자유 제한의 주요 내용을 담고 있다. 중국의 필유분 제도는 1980년대 계획경제시기에 제정된 것으로 경제체제 개혁이 심화되고 시장경제가 계속적인 발전을 함에 따라 국민의 경제생활에 거대한 변화가 발생하면서 필유분 제도 자체의 한계가 차츰 드러나기 시작하였다.

필유분 제도에 대한 비판은 다음과 같다.[8] ① 필유분 권리자인

---

7. 王利明 主编, 앞의 책, 387쪽.

8. 张燕玲, 「比较法视域下我国特留份制度的建构－兼评《继承法》中必留份条文的取舍」, 『继承法的现代化』, 人民法院出版社, 2016, 262~263쪽.

노동능력이 결핍되고 생활수입원이 없는 자의 범위가 실제에 있어 굉장히 좁다. ② 필유분 권리자에게 보류되어야 하는 유산 분배액이 불명확하여 유언자가 자기의 유언자유를 행사하기 어려우며 법관의 자유재량도 너무 크고 재판의 불통일을 초래하게 된다. ③ 필유분 제도는 중국 전통 윤리를 보호하고 유지하기에 불리하다. 항주 유증 사건[9] 등에서 이러한 문제점을 볼 수 있다. ④ 필유분 제도는 가정 내 약자의 상속권만을 보호하며, 다른 법정상속인의 권리를 경시하고 있다.

종합하여 볼 때, 중국 필유분 제도의 주요 기능은 부양이 필요한 상속인의 생활을 보장하기 위한 것이어서 그 상속인이 배우자, 자녀, 부모인지에 관계 없이 부양을 받을 필요가 없으면 필유분권을 가질 수 없게 된다. 중국 필유분 제도의 목적은 사후의 부양이라고 할 수 있는데, 이러한 점에서는 영미법계의 유류분 제도와 일정 정도 비슷한 점이 있다. 그러나 영미법계와 비교할 때 중국 필유분 제도는 주체의 범위가 불명확하다. 영미법계는 명확하게 유류분의 주체가 반드시 배우자, 자녀이어야 한다고 규정하고 있지만 중국은 이러한 제한이 없고 어떤 법정상속인이라도 가능하다. 그 외 중국 필유분 제도는 적용상 제한도 굉장히 엄격하여 노동능력이 없고 생활수입원만 있는 법정상속인, 노동능력은 있는데 생활수입원이 없는 법정상속인, 노동능력이 있으나 생활이 어려운

---

9. 항조우(杭州)의 노화가(老畵家) 甲이 乙을 보모로 쓰게 되었는데, 乙은 8개월 후에 화가의 집에서 거주하면서 보모 일을 하였다. 乙은 甲을 위하여 요리나 가사를 하였고 甲으로부터 그림 기술도 배웠다. 甲은 사망하기 전에 공증기관에 가서 자신의 재산 전부를 乙에게 주는 유언을 하였다. 甲이 사망한 후 甲의 두 딸이 甲이 가지고 있던 그림 일부를 가져가버렸는데, 乙은 두 딸에게 그 반환 소송을 제기하였고, 이 소송에서 승소하였다. 이 사건에서 甲의 두 딸이 필유분의 요건을 갖추지 못하는 한 乙에 대하여 대항할 수 있는 방법이 없다. 이에 대하여 일부 학자들은 필유분 제도의 보완이 필요하다고 주장하고 있다.

법정상속인에게 이 제도를 적용할 수 없다. 필유분 제도가 비록 영미법의 유류분과 기본적으로 기능이 같다고 하지만 그 조잡한 구조가 영미법상의 유류분 제도의 기능을 발휘하기 어렵게 한다. 대륙법계의 유류분 제도와 비교할 때 중국 필유분 제도는 비교적 큰 임의성과 불명확성이 존재하고 기능에 있어서도 차이가 있어 비록 적용범위가 중첩되는 부분이 있다고 하더라도 각자 독립된 제도라고 할 수 있다.[10]

나. 특징

필유분의 특징을 간단히 서술하면 다음과 같은 4가지로 설명할 수 있다.[11]

첫째, 필유분의 주체는 반드시 법정상속인이어야 하지만 그 법정상속순위는 중요하지 않다. 노동능력이 결핍되고 생활수입원이 없다는 조건이 충족되면 후순위 상속인이 선순위 상속인을 앞서 필유분 권리를 향유하게 된다.[12] 둘째, 유언이 효력을 발생한 이후에서야 법정상속인이 노동능력이 결핍되고 생활수입원이 없다는 두 가지 조건이 모두 충족되면 보통의 법정상속인이 필유분 권리자로 비로소 전환된다. 셋째, 현행 상속법 규정에 따르면 필유분 권리자가 향유하는 유산 분배액은 고정되어 있지 않다. 피상속인의 유산액수 및 필유분 권리자의 구체적 상황을 모두 고려하여 결정하여야 한다. 넷째, 필유분 권리자의 피상속인의 유산에 대한

10· 张燕玲, 앞의 글, 263쪽.

11· 杨立新, 앞의 책, 111쪽.

12· 杨立新, 앞의 책, 85쪽.

수요란 그의 기본생활 보장을 의미하는 것이므로 상속인 중 만약 필유분 권리자가 존재하는 경우 설령 유산이 피상속인의 채무 청산에 부족하다고 하더라도 적당한 유산액을 보류해야 하고 그런 후에야 규정에 따라 채무를 청산한다.

다. 개정 논의

1) 왕리밍 초안 및 량훼이싱 초안

왕리밍 초안과 량훼이싱 초안은 모두 현행 중국 상속법의 필유분 제도를 폐지하고 대신에 특유분(유류분) 제도 신설을 주장하고 있다.[13]

량훼이싱 초안에서는 필유분 제도는 유언자의 유언자유를 제한하고 노동능력이 결핍되고 생활수입원이 없는 상속인에 대하여 합법적 권익을 보호하기 위한 것으로 중대한 의의가 있다고 하면서도 필유분 제도는 명백한 한정성이 있는데, 먼저 필유분은 주체범위에 대한 규정이 너무 협소하고 다음으로 필유분은 필요한 유산액에 대한 규정이 명확하지 아니하여 실무상 이용하기 쉽지 않다고 비판하고 있다.

2) 양리신 개정안

가) 필유분 규정의 보완 필요성

량훼이싱 초안의 필유분 제도에 대한 비판에 대하여 양리신 교수는 좀 더 구체적으로 다음과 같이 서술하고 있다.[14]

---

13. 王利明 主编, 앞의 책, 388쪽; 梁慧星(课题组负责人), 앞의 책, 180쪽.

필유분에 대한 규정이 상속법과 사법해석 모두 각 1개 조문에 불과하고 자세하게 규정되어 있지 아니하여 필유분의 권리주체의 범위가 넓을 수도 좁을 수도 있다. 특별한 제한 없이 법정상속인이라고만 규정하고 있어 법정상속인 모두가 권리주체가 될 수 있을 뿐만 아니라 노동능력이 결핍되고 생활수입원이 없다는 두 개의 조건이 붙는다는 측면에서는 권리주체의 범위가 굉장히 협소할 수도 있다. 스스로 노동을 하여 생활할 것을 격려하는 현재 사회에서는 이러한 조건에 맞는 사람은 미성년자와 장애인만 해당될 수 있다. 사회보장제도가 완전해 진다면 이 범위는 더욱 협소해질 것이다. 또한 현행 중국 상속법은 필유분 권리의 실현 방법, 필유분액 표준의 확정 및 필유분 권리의 상실 및 회복에 대하여 아무런 규정을 두고 있지 않으며 피상속인이 생전 증여의 방식으로 유산을 처분한 경우 필유분 권리자의 권리를 어떻게 보호할 것인지에 대한 규정도 존재하지 않는다. 또한 필유분과 유언, 법정상속이 충돌될 때 어떻게 처리하여야 하는지, 필유분과 특유분 사이의 관계는 어떻게 처리하여야 하는지에 대한 규정도 없다. 이로 인하여 실제 필유분 규정을 적용함에 있어 많은 문제를 겪게 되고 그 해결도 쉽지 않다.

그 외에도 일부 학자는 필유분 제도가 중국의 전통 친족윤리를 보호하는데 불리하다거나 가정성원 중 약자의 상속권 보호만을 고려하여 다른 법정상속인의 합법 권익을 홀대하고 있다고 주장하고 있다.[15] 즉, 필유분 제도가 노동능력이 결핍되고 생활수입원이 없는 상속인만을 보호함으로써 상속인 중 그러한 사람이 없는 경우

14· 杨立新 主编, 앞의 책, 75~78쪽.

15· 张燕玲, 앞의 글, 263쪽.

피상속인이 상속인 이외의 다른 사람에게 재산을 유증해 버리는 것을 막을 수 없는데 이는 기본윤리를 위배하고 가정관계의 안정과 가정의 기능을 해칠 수 있다는 것이다.

나) 필유분 제도의 필요성

(1) 필유분 제도의 가치

필유분 제도는 본질적으로 긴급한 수요가 있는 재산에 대한 법정상속인의 이익을 보장하기 위한 것이며, 이를 위해 피상속인의 유언을 배제하고 강제적으로 피상속인 유산 중 일부분을 부담이 부가되지 않은 상태로 법정상속인의 권리로 귀속시키는 권리보장 제도이다. 현실 생활에서 피상속인의 재산에 대하여 긴급한 수요가 있는 법정상속인은 보통 피상속인과 부양관계를 맺고 있는 경우가 많다. 사회보장제도가 제대로 갖추어져 있지 않은 상황하에서는 이러한 종류의 법정상속인이 노동능력이 결핍되고 생활수입원이 없는 상황에서 유산을 상속할 기회를 잃게 된다면 그는 생활에 큰 어려움을 겪게 된다. 피상속인이 생전에 노동능력이 결핍되고 생활수입원이 없는 상속인에 대하여 부양의무를 지고 있는 경우에 피상속인이 사망하면 더 이상 그러한 법률상 의무를 지는 사람이 없게 되므로 피상속인 사망으로 남겨진 유산이 있다면 노동능력이 결핍되고 생활수입원이 없는 상속인이 있는 경우 피상속인이 유언의 방식으로 필요한 유산을 상속받을 그들의 권리를 배제하면 안 된다.[16] 그리하여 어떤 학자들은 필유분 제도

16· 杨立新 主编, 『繼承法修訂入典之重點問題』, 78~79쪽.

는, ① 노동능력이 결핍되고 생활수입원이 없는 사람은 반드시 보호와 도움을 받아야 하고 ② 유언자는 그가 부담하는 법정부양의무를 반드시 져야 하며 마음대로 자유롭게 자신의 사후 재산을 처분하면 안 되며 ③ 자유의 절대화가 초래하는 극단적인 불공평을 막고 개인 가정의 책임과 사회의 책임을 강조하고 사회도덕윤리를 지켜야 한다는 측면에서 반드시 필요하다고 주장하고 있다.[17]

(2) 필유분 제도의 대체불가능성

법정상속인의 특별한 이익을 보호하기 위한 제도로 특유분 제도와 필유분 제도가 있다. 특유분 제도는 일반적으로 피상속인의 최근친 및 배우자의 상속이익을 보호하기 위한 제도로 법정상속인 중 특유분 권리자에는 속하지 않지만 유산에 대한 객관적 수요를 가진 사람, 즉 피상속인에게 법정부양의무가 있고 특정한 상황에 처해 있는 법정상속인의 이익을 보호할 수 없다. 이와 같이 특유분 권리자와 필유분 권리자 모두 특정의 법정상속인이고 유산상속에 있어 특별한 보호를 받지만 특유분과 필유분을 동시에 가질 수는 없다.[18]

특유분과 필유분이 유사한 측면도 있지만, ① 필유분 권리자가 비록 법정상속인이긴 하지만 피상속인의 최근친일 필요는 없다는 점, ② 특유분은 유언상속에서만 문제가 되지만 필유분은 유언상속과 법정상속 모두 적용될 수 있다는 점 등에서 차이가 있다. 이와 같이 필유분은 특유분과 비교할 때 유언의 자유와 양로육아 사이의 균형을 꾀하는 데에도 훨씬 유리한 점이 있다.[19]

---

17. 张玉梅(课题负责人), 『中国继承法立法建议稿及立法理由』, 人民法院出版社, 2006, 110~111쪽; 杨立新 主编, 『繼承法修訂入典之重點問題』, 79쪽에서 재인용.

18. 杨立新 主编, 『繼承法修訂入典之重點問題』, 79~80쪽.

필유분의 이러한 장점 때문에 왕리밍 초안과 량훼이싱 초안에서는 특유분 제도를 신설함으로써 필유분 제도가 더 이상 필요없다는 이유로 폐지하고 있으나 또 다른 민법 초안인 쉬궈동徐国栋 초안[20·21·]에서는 필유분 제도를 계속 유지하고 있다. 또한 필유분 제도가 가진 빈곤한 자를 부양하고 약자를 구제하는 기능을 특유분 제도가 완전히 대체할 수 없으므로 필유분 제도를 유지하여야 한다는 학자도 있다.[22·]

그 밖에 어떤 학자들은 위와 같은 점 이외에 사회주의하에서는 노동능력이 있는 상속인은 모두 자기의 노력으로 자기의 기본적 생활수요를 보장하여야 하므로 특유분 제도를 도입할 필요가 없다고 주장하기도 한다.[23·]

다) 개정안

양리신 교수는 위와 같이 현행 중국 상속법의 필유분 제도에 필유분 권리주체, 필유분액의 확정, 필유분 권리의 실현방법, 필유분 권리의 상실과 회복 규정이 미비되어 있어 보완이 필요하다고 주장하면서 다음과 같은 개정안을 제안한다.[24·]

19· 杨立新 主编, 『繼承法修訂入典之重點問題』, 80쪽.

20· 중국 하문대학(厦门大学)의 쉬궈동 교수가 주축이 되어 같은 대학의 짱웨(张伟) 교수, 중남재정정법대학(中南财经政法大学)의 쉬디위(徐涤宇) 교수, 쉬에쥔(薛军) 교수 등이 참가한 민법전 초안으로 인류의 생활을 중심으로 시민사회의 조직(人法), 희소한 자원의 이용(物法)의 측면에서 보완을 한 초안이다.(https://baike.baidu.com/item/%E7%BB%BF%E8%89%B2%E6%B0%91%E6%B3%95%E5%85%B8%E8%8D%89%E6%A1%88/641455 2018년 1월 8일 방문)

21· 徐国栋 主编, 『绿色民法典草案』, 社会科学文献出版社, 2004, 262쪽; 제2제 유언상속 제7장 강제성분배 제3절 특유분 중 제287조에서 중국 현행 상속법 제19조의 내용을 그대로 인용하고 있다.

22· 张燕玲, 앞의 글, 270쪽.

23· 房绍坤 · 郭明瑞 · 唐广良, 『民商法原理(三)』, 中国人民大学出版社, 1999, 673~674쪽; 杨立新 主编, 『繼承法修訂入典之重點問題』, 81쪽에서 재인용.

제1조 : 유언은 노동능력이 결핍되고 생활수입원이 없는 상속인의 보호를 위하여 필요한 유산액을 보류하여야 한다. 그 수액은 상속개시 시 도시주민의 평균 소비성 지출, 농촌주민의 평균 생활소비지출을 결합하여 최고액이 법정상속분의 1/2이 되도록 해야 한다. 분쟁이 발생하는 경우 법원이 피상속인의 유산액 및 필유분 권리자의 구체적 상황에 근거하여 상술한 한도 내에서 확정한다. 필유분은 유산상속분이다. 분할에 적절치 않은 유산은 생산 및 생활 수요에 유리하고 유산 사용효과와 이익을 발휘하고 각 상속인의 이익을 함께 고려하여 경매, 적당한 보상 혹은 공유 등 방식으로 처리한다. 필유분과 유언상속이 충돌하는 경우 유언상속인은 금전 등 대체방식으로 지급할 수 있다.

제2조 : 상속인이 상속권을 상실하면 동시에 필유분도 상실한다. 상속인의 상속권 포기는 동시에 필유분의 포기로 본다. 상속인이 필유분만 포기하면 상속권을 상실하지 않는다.

필유분은 포기 후 다시 주장할 수 없다. 법이 정한 상황으로 인하여 상실된 필유분은 피상속인의 용서로 회복될 수 있다.

필유분, 유언상속분, 법정상속분, 특유분을 동시에 가지는 경우 법정상속인은 단지 하나의 권리만을 행사할 수 있고 필유분은 특유분 등 다른 상속분에 우선한다.

---

24 · 양리신, 양쩐 교수의 2015년 '중화인민공화국민법 · 상속법편(초안)건의고'에서는 제47조로 규정하고 있다.(杨立新 主编, 『繼承法修訂入典之重點問題』, 232쪽)

제3조 : 유언이 노동능력이 결핍되고 생활수입원이 없는 상속인에게 필요한 유산액을 보류하지 않은 경우 유산 처리 시 그 상속인을 위하여 필요한 유산을 남겨둬야 한다. 잉여 부분은 유언으로 확정된 분배원칙을 참조하여 처리한다.

상속인 중 노동능력이 결핍되고 생활수입원이 없는 자는 유산이 채무 변제에 부족하더라도 그를 위하여 적당한 유산을 보류하여야 하고 잉여유산이 채무변제에 사용된다.

상속인이 노동능력이 결핍되고 생활수입원이 없는지 여부는 유언 발효 시 상속인의 구체적 상황에 따라 확정한다.

3) 천웨이 개정안

천웨이 교수도 특유분 제도와 필유분 제도를 병행할 것으로 주장하면서 다음과 같이 개정 의견을 제안하였다.

제33조 유언자는 유언으로 재산을 처분할 때 피상속인의 부양에 의존하는 자에게 필요한 상속액을 남겨야 한다.

피상속인의 부양에 의존하는 자의 필요한 유산액은 법정상속인의 법정상속분보다 적을 수도 같을 수도 많을 수도 있다.

필유분 권리자의 청구에 대하여 필요한 유산액의 합리적이고 구체적인 수액을 확정할 때 아래 요소를 고려하여야 한다.: 유산의 수량과 성질, 신청인의 수입과 생활상황, 신청인과 피상속인의 관계 및 신청인의 연령, 성별 및 건강상황, 신청인의 피상속인에 대하여 이미 제공한 도움, 유언자의 신청인에 대한 약속, 신청인의 이에 따른 행동, 신청인이 피상속인으로부터 획득한 이익 등.

2. 유산작급청구권遺产酌给请求权[25]

중국 상속법 제14조

상속인 이외 피상속인의 부양에 의지하는 노동능력이 결핍되고 생활수입원이 없는 자 혹은 상속인 이외 피상속인에 대하여 비교적 많은 부양을 한 자에게 적당한 유산을 분배할 수 있다.[26]

가. 개념 및 작용원리

중국 상속법 제14조의 유산작급청구권은 상속인 이외의 자연인이 피상속인과 생전 형성된 부양 혹은 피부양관계로 인하여 그 객관적 수요에 기초하여 피상속인으로부터 적당한 유산을 분할받을 수 있는 권리를 말한다. 이 제도는 일찍이 피상속인과 상당한

25· 학자들에 따라서 '유산을 분할 받을 수 있는 자(可分得遗产的人)' 또는 '정황 참작 유산분할권(酌情分得遗产权)'이라고 칭한다.

26· 중국 국가법관학원에서는 매년 각급 법원의 판결들을 분야별로 유형화하여 편찬하고 있는데, 그 중 유산작급청구권과 관련된 판결을 소개한다.(国家法官学院案例开发研究中心编, 『中国法院2014年度案例1』(婚姻家庭与继承纠纷), 中国法制出版社, 2014, 52~55쪽)
피상속인 甲은 1977년 12월 17일 乙과 결혼을 하였고, 그 사이에 딸 丙을 두었다. 2009년 3월 17일 甲은 乙과 소송이혼을 하였고, 재혼하지 않았다. 甲은 2009년 8월부터 9월까지 다발성 뇌경색으로 22일간 병원에 입원하였는데, 치료기간 내내 여동생인 丁이 甲을 돌봐주었다. 甲이 퇴원한 이후에도 丁이 여전히 甲에게 음식을 보내고 씻기고 부축해서 산책을 하는 등 돌봐주었다. 이 기간 중 丙은 甲을 찾아보지도 아니하였다. 2012년 1월 5일 甲이 사망하였고, 아파트 1채를 유산으로 남겼다. 丙이 원고가 되어 乙에 대하여 자신이 위 아파트를 상속하였음을 주장하면서 이 사건 소송을 제기하였다. 그 아파트의 가치는 20만 위안이라고 당사자들이 합의하였다. 이 사건에서 하얼빈시 핑팡구(平房区) 인민법원은 丙은 부친인 甲을 부양할 요건과 능력이 있음에도 불구하고 부양의무를 다하지 아니하여 자녀의 부모에 대한 법정부양의무를 위배하였으므로 중국 상속법 제13조 제4항에 따라 적게 분배하기로 하여 유산액의 60%를 분배하고, 丁은 비록 제1순위 상속인이 아니지만 甲의 치료기간 동안 마음으로 돌보았으므로 그러한 점을 참작하여 중국 상속법 제14조에 따라 유산액의 40%를 보상으로 분배하되 아파트는 丙의 소유로 하기로 하여 丁은 丙에게 명의변경절차에 협조하고 丙은 丁에게 아파트 가액의 40%인 8만 위안을 지급하라고 판시하였다. 丙이 상소하였으나 하얼빈시 중급인민법원은 상소를 기각하였다.(黑龙江省哈尔滨市中级人民法院(2012) 哈民一民终字第744号民事判决书)

부양관계가 존재하는 법정상속인이 아닌 사람이 기본적 생활의 보장으로서 또는 피상속인에 대하여 비교적 많이 부양한 것에 대한 보상으로서 피상속인으로부터 일정한 유산을 획득할 수 있도록 보증하는 것을 목적으로 한다. 이 제도는 피상속인의 유언자유에 제한을 가하는 것이기도 하다. 세계 각국 중에 이러한 제도를 규정한 국가는 아주 적다. 중국 및 이 제도의 기원인 소련을 제외하고 일본[27]과 한국[28] 및 대만[29]에서도 이와 유사한 규정이 있지만 큰 차이가 있다.[30]

특유분과 필유분으로써 상속인 중 배우자, 근친 및 유산에 대하여 급박한 수요가 있고 유산으로 생활을 유지하여야 하는 상속인에 대하여 특별한 보호를 한 후에도 현실생활 속에는 여전히 또 다른 부분이 존재한다. 그들은 피상속인과 혼인 및 근친 관계가 없고 단지 노동능력이 결핍되고 생활수입원이 없음으로 인하여 피상속인의 부양을 받았거나 피상속인에 대하여 비교적 많은 부양을 한 자로서 피상속인 사후에도 계속하여 피상속인 유산의 도움을 받아야 하거나 보상을 받아야 하는 자와 관련된 문제이다. 과연 이들에게 피상속인 사후에 피상속인이 그들에 대하여 했던 부양부조가 계속되어야 할지 여부 및 그들이 피상속인에게 한 부양부조

---

27. 일본 민법 제958조의3 [특별연고자에 대한 상속재산의 분여] 전조의 경우에 있어서 상당하다고 인정할 때 가정법원은 사망자와 생계를 같이 하고 있던 자, 사망자의 요양 간호를 위해 노력한 자 기타 사망자와 특정 연고가 있던 자의 청구에 따라 이들에게 청산 후 남은 유산의 전부 또는 일부를 제공할 수 있다.
위 조문은 상속인이 부존재하는 경우에 적용되는 것이어서 유산작급청구권과 비교하기에 적절치 않다.

28. 한국 민법 제1057조의2.

29. 대만 민법 제1149조 [유산작급청구권] 피상속인이 생전에 계속하여 부양한 자는 친족회의를 거쳐 부양받은 정도 및 기타 관계에 따라 유산을 참작하여 준다.

30. 杨立新 主编, 『繼承法修訂入典之重點問題』, 124쪽 참조.

가 보답을 받아야 할지 여부의 문제가 발생한다. 만약 피상속인이 생전에 유언으로 이러한 사람들에게 재산 일부를 할당해놓은 경우 그들은 유언을 통하여 피상속인으로부터 일정한 유산을 받게 되지만, 피상속인이 생전에 유언으로 재산을 할당해 두지 않은 경우 그들이 피상속인과의 생전의 부양부조 관계에 기초하여 획득한 부양이나 도움, 보답은 법률로써 혹은 제도로써 보장해주어야 하지만 일반적인 상속의 방식으로 할 수는 없다.[31]

이와 같은 필요에서 중국 상속법에서 유산작급청구권을 규정하게 되었으며 필유분 제도와 함께 유언자유의 원칙에 대한 한계로서 작용하며 이로써 피상속인의 생전 의사 존중의 필요성과 피상속인과 부양 관계를 맺었던 사람과의 이익이 조화를 이룰 수 있게 된다.

나. 유산작급청구권의 기초

상속은 혈연이나 혼인을 기초로 하고 있으며 유언 자유의 원칙이 존중되어야 한다. 그런데, 소련에서부터 시작하여 세계 극소수 국가에서 서로 다른 이익과 수요에 기초하여 피상속인과 일정한 부양관계가 있는 비혼인, 비혈연관계인을 상속인의 범위에 추가하였다. 이로써 사회보장제도를 대체하고 사회적 긴장을 완화하려고 하였다. 이와 같이 상속인의 범위를 넓힌 대다수의 국가는 피상속인의 유산 중 일부분을 선취하여 그런 사람들의 이익을 우선적으로 보호하였는데 이러한 권리가 유산작급청구권이며 유언자유의

---

31 杨立新 主编, 『繼承法修訂入典之重點問題』, 125쪽 참조.

원칙을 제한하고 특정한 상속인이 아닌 사람의 이익을 우선적으로 보호하였다.[32]

부양은 일반적으로 일정한 친족간 경제적 능력이 있는 자가 신분관계에 기초하여 능력이 없는 자에 대하여 부조하는 것이라고 할 수 있는데, 이는 단지 가까운 친족간에만 존재하는 경제상, 생활상 도움을 주는 법정의무이다. 이러한 친족간의 생전 부양행위가 사후에도 지속되어야 한다는 사상이 상속의 근거와 이유라고도 할 수 있다.[33]

부양청구권은 일정한 신분(친족, 가장, 가족 지위)과 결합되는 일신전속권이며 혼인, 혈연관계에 기초하여 발생하며 원래 신분관계를 근원으로 하는 것이다. 비혼인, 비혈연관계인 사이의 부양은 당사자가 도덕과 윤리에 따라 자원하여 결정하는 것일 뿐이며 법률적 규제를 받지도 않는다. 이러한 도덕과 윤리에 의하여 생성된 책임과 의무라고 하더라도 일정 정도의 안정성에 이르면 법률은 이를 권리의무의 범주에 넣게 되고 이러한 부양부조 관계의 임의적 중지로 인하여 생활의 근거를 상실하게 되는 것을 방지한다. 그리하여 법률이 가정, 사회, 인륜의 유지를 위하여 특정인 간의 부양 관계를 권리의무의 형식으로서 고정되게 하여 일방의 사망 후에도 연속될 수 있도록 한다. 그런데, 여기서 어떠한 비혼인, 비혈연관계의 부양부조행위를 법률적으로 보호해줄 지를 선택하여야 하는 문제가 발생한다.[34]

32· 杨立新 主编, 『繼承法修訂入典之重點問題』, 126~127쪽.

33· 杨立新 主编, 『繼承法修訂入典之重點問題』, 127쪽.

34· 杨立新 主编, 『繼承法修訂入典之重點問題』, 128쪽.

다. 유산작급청구권의 적용범위

앞서 본 바와 같이 최근 중국인구조사 결과 매 가정의 인구수는 감소하고 있고 급격히 노령화가 진행되고 있으며 노인들만 사는 가구수도 증가하고 있다. 중국이 20여 년 실시해온 독생자녀 정책으로 인하여 이러한 현상이 심화되었다. 부모와 자녀만으로 구성되는 가정형태는 증가하고, 부모 자녀가 공동생활을 함으로써 상호 부양하는 시대가 지나감에 따라 혈연관계로 존속을 부양하는 전통의 생활보장방식이 어려워졌는데, 국가의 사회보장제도는 여전히 제대로 갖추어져 있지 않다. 이러한 상황하에서 비혈연 관계인 간 부양도 이러한 문제를 해결할 수 있는 중요한 방법이 될 수 있다. 이처럼 현대 사회에 존재하고 있거나 존재하여야 할 비혈연관계의 부양부조행위에 대하여 법률로써 승인하여 주어야 할 뿐 아니라 당연히 지지하고 격려하여야 하며 그러한 전통을 보호하여야 하는데, 이러한 점에서 유산작급청구권의 존재 의의가 있다.[35]

이 밖에 혼인등기를 하지 못하고 동거하고 있는 사실혼 당사자는 법적으로 상속권을 인정받지는 못하지만 사실상 형성되어 있는 부양관계를 이유로 유산작급청구권을 행사할 수 있으므로 동거자 사후의 사실혼 당사자를 보호할 수 있게 된다. 또한 앞서 본 바와 같이 배우자와 사별한 며느리 혹은 사위가 시부모 혹은 장인장모에게 봉양의무를 다한 경우 제1순위 법정상속인으로 하고 있는데, 이는 혈족상속의 통례에 반하여 인척들 간 특별한 보호를 하고 있는 것으로서 제1순위 상속인으로 하는 것보다는 그 대신에 그들

---

35. 杨立新 主编, 『繼承法修訂入典之重點問題』, 131~132쪽.

에게 유산작급청구권을 인정해 줌으로써 불공평한 결과를 피할 수 있다. 이러한 점에서도 유산작급청구권의 존재 의의가 있다.

라. 개정안

1) 왕리밍 초안

왕리밍 초안도 유산작급청구권의 필요성을 인정하고 있는데, 다만 유산작급청구권의 표준액 규정의 흠결 문제를 지적하였다. 초안 제570조는 "그 수액은 법정상속인의 상속분을 초과하여서는 안 되며, 구체적 수액은 친족회가 결정한다."고 규정하고 있다. 상속법 사법해석 제31조는 "상속법 제14조에 의하여 적당한 유산의 분배를 받을 수 있는 자에게 유산을 분배할 때 구체적 상황에 따라 상속인보다 많게 할 수도 적게 할 수도 있다."고 규정하고 있으나, 이 규정은 명확한 유산작급 수액 혹은 계산표준을 제시하지 않고 있으며 상속분보다 클 수도 작을 수도 있다는 것은 그 범위가 너무 크다고 할 것이다. 중국은 친족회의 혹은 유사한 기구가 유산작급청구권을 집행한다는 규정이 없어 유산작급청구권의 집행 위험이 증가하고 있다. 이러한 결함을 극복하기 위하여 대만 상속법을 참고하여 상속분을 초과하지 않도록 규정하였다고 위 초안에서 설명하고 있다.[36]

제570조 [유산작급청구권자][37]

법정상속인 이외 피상속인의 부양에 의지하는 노동능력이 결핍

[36] 王利明 主编, 앞의 책, 386쪽.
[37] 王利明 主编, 앞의 책, 84쪽.

되고 생활수입원이 없는 자 혹은 법정상속인 이외 피상속인에 대하여 비교적 많은 부양을 한 자가 적당한 유증을 받지 못한 경우 법정상속분을 초과하지 않는 것을 한도로 그에게 유산을 나눠줄 수 있다.

상술한 규정에 따라 유산의 획득을 청구할 때 의무를 부여하여서는 안 된다.

전항 규정의 법정상속인 이외의 유산취득인은 직접 유산관리인에게 혹은 상속인에게 그 상응한 유산액 분배를 청구할 수 있다.

2) 량훼이싱 초안

량훼이싱 초안도 유산작급청구권의 필요성을 인정하고 있다. 어떤 사람이 여기에 해당하느냐와 관련하여 3가지 관점을 제시한다. ① 피상속인 생전 부양인의 수요, ② 피상속인에 대한 부양 상황, ③ 피상속인과 형성된 사실상의 부양관계의 3가지 사항을 고려하여 아래 규정을 설정하였다고 설명하고 있다.[38]

제1858조 [상속인 이외 적당유산분배인[39]]

아래 상속인 이외의 사람은 적당한 유산을 분배받을 수 있다.

(1) 피상속인 생전 계속적 부양에 의지하고 노동능력이 결핍되고 생활수입원이 없는 경우

---

38 梁慧星(课题组负责人), 앞의 책, 173쪽.

39 可适当分得遗产的人라고 쓰고 있는데 "적당히 유산을 분배할 수 있는 사람"이라고 번역할 수 있다.

(2) 피상속인에 대하여 부양이 비교적 많은 경우

(3) 기타 피상속인과의 특별한 관계가 있는 경우

3) 천웨이 개정안

천웨이 교수는 정황참작유산분배청구권酌情分配遗产的请求权이라는 용어를 사용하였고, 계부모 · 계자녀 관계 및 배우자를 사별하고 봉양의무를 다한 며느리 · 사위를, 상속관계가 아니라 이 조문에 의하여 유산분할 청구를 할 수 있는 것으로 개정안을 제시하였다.

第50조 정황참작유산분배청구권酌情分配遗产的请求权

피상속인의 부양을 받은 상속인, 피상속인에 대한 부양이 비교적 많은 사람 혹은 피상속인의 부양을 받은 상속인 이외의 노동능력이 결핍되고 생활수입원이 없는 사람은 정황을 참작하여 적당한 유산을 분배하여 줄 것을 청구할 수 있다.

부양관계를 형성한 계부모와 계자녀는 정황을 참작하여 적당한 유산을 분배하여 줄 것을 청구할 수 있다.

배우자를 사별한 며느리가 시부모에 대하여 배우자를 사별한 사위가 장인장모에 대하여 주요 공양의무를 다한 경우 정황을 참작하여 적당한 유산을 분배하여 줄 것을 청구할 수 있다.

상기 사람이 청구하는 작분유산의 수액은 그 부양을 받거나 부양의무를 다한 정황에 의하여 무유언상속인의 상속분액보다 적을 수도 같을 수도 많을 수도 있다.

4) 양리신 개정안

양리신 교수는 현재 1개 조문에 불과한 유산작급청구권에 대하여 유산분할 방법, 청구액, 절차 등에 관하여 구체적으로 규정하여 다음과 같은 개정안[40]을 제시하고 있다.[41]

피상속인의 부양에 의지하는 노동능력이 결핍되고 생활수입원이 없는 비상속인 혹은 피상속인에 대하여 비교적 많은 부양을 한 비상속인은, 적당한 유증을 받지 못한 경우 유산처리 전 상속인 혹은 유산관리인에 대하여 적당한 유산을 분할하여 줄 것을 청구할 수 있다.

그 유산액의 지급은 유산 실물로 할 필요는 없다.

상속인 혹은 유산관리인은 청구인이 피상속인의 부양을 받은 정도 혹은 그가 피상속인에게 한 부양의 상황 등 부양부조요소에 근거하여 유산채무를 청산 후 분급유산의 액수를 확정하며, 그 액수는 상속인의 상속분의 1/2보다 높을 수는 없다.

상속인 혹은 유산관리인이 유산분급을 거절하거나 청구인이 그 권리를 침범당한 것을 알게 된 경우 법원에 소송을 제기할 수 있으며, 법원은 청구인의 조건 및 피상속인 생전의 부양 정도 및 상황에 근거하여 상술한 제한액 내에서 유산분할액을 확정한다. 유산처리 전 명백히 알았으나 청구를 제출하지 않은 경우 법원은 수리할 수 없다. 알지 못하여 청구를 제출하지 못하였으며 2년 이내 제소하는 경우 법원은 수리한다.

---

40. 2015년도 개정안 제60조.

41. 杨立新 主编, 『繼承法修訂入典之重點問題』, 146~147쪽.

3. 특유분特留份 제도 신설 논의

특유분 제도에 대하여는 대체로 중국 학자들은 도입을 찬성하고 있는 것 같다. 왕리밍 초안과 량훼이싱 초안 모두 필유분 제도를 대체하여 특유분 제도 신설을 주장하고 있으며, 필유분 제도의 존치를 주장하는 학자들도 특유분 제도의 도입을 찬성하는 의견이 많다. 그러나 특유분 제도가 원래 로마법을 그 근원으로 하고 있지만 자본주의 사회에서 주로 제정되어 운영되어 왔음에 비하여 사회주의 사회에서는 특유분 제도를 인정하지 않고 부양 관계를 중심으로 하여 사회보장제도의 대안으로 기능할 수 있는 상속 제도[42]를 만들어 왔다는 점에서 특유분 제도의 도입에 소극적인 견

42· 앞서 본 바와 같이 사회주의 상속법은 부양관계가 상속관계의 중심에 있다. 중국 상속법도 그와 같은 특징이 상속법의 여러 조문에 발견되는데 다음과 같다.

1. 부양관계와 인척관계가 결합하여 상속권을 취득하는 근거가 된다.
   ① 주요한 부양의무를 다한 배우자를 사별한 며느리 또는 사위는 제1순위 상속인이 된다.(중국 상속법 제12조)
   ② 부양관계를 형성한 계자녀, 계부모, 계형제자매 사이 상속권을 취득한다.(위 법 제10조) 강조할 점은, 부양관계는 반드시 인척관계와 결합하여야만 상속권 취득의 근거가 된다는 점이다. 그렇지 않고 인척관계 없이 부양관계만 있는 경우 유산작급청구권을 취득할 뿐이다.
2. 부양의무의 이행이 유산분할의 중요한 근거가 된다.
   동일 순서의 상속인의 유산상속액은 일반적으로 균등하지만 피상속인에 대하여 주요 부양의무를 다한 자와 피상속인과 공동생활을 한 상속인은 유산 분배 시 좀 더 많게 분배할 수 있고, 부양능력과 부양조건이 있는 상속인이 부양의무를 다하지 않은 경우 유산 분배 시 분배하지 않거나 적게 분배할 수 있다.(위 법 제13조)
3. 유증부양협의 승인의 우선적 효력
   유증부양협의란 피부양인(또는 유증자)과 부양인 사이에 체결하는, 부양인이 피부양인의 생양사장(生養死葬, 살았을 때 편안하게 하고 돌아가신 다음 장례로서 모심)의 의무를 부담하고, 피부양인이 자신의 재산을 그의 사후에 부양인 소유로 귀속시키는 협의(위 법 제31조)를 말하며 중국 상속법에서 창조한 중국적 특색이라고 할 수 있다. 위 법 제5조는 "상속개시 후 법정상속에 따라 처리한다. 유언이 있는 경우 유언상속 혹은 유증에 따라 처리한다. 유증부양협의가 있는 경우, 협의에 따라 처리한다."고 규정하고 있는데, 이에 따라 유증부양협의에 우선적 효력을 부여하여 협의와 모순되는 유언은 무효로 본다.
4. 상속인 이외의 피상속인의 부양에 의존하는 노동능력이 결핍되고 생활수입원이 없는 자에게 적당한 유산을 분배할 수 있다.(위 법 제14조)

해도 있어 보인다. 아래에서 중국 근대법에서의 특유분 제도, 필유분과 특유분의 구별, 유류분 제도에 대한 세계 각국의 입법례를 살펴본 후 중국 학자들의 특유분 제도 도입에 관한 상속법 개정의견을 살펴보도록 한다.

가. 중국 근대법에서의 특유분 제도[43]

고대에는 가산제도家産制度를 시행하였기 때문에 중국 법률상 특유분 제도는 존재하지 아니하였다. 1911년의 대청민율초안 계승편大清民律草案 继承编에서 비로소 일본 민법 상속편을 참고하여 특유분 제도를 도입하였다. 1925년의 민율 제2차 초안은 이를 답습하였다. 대리원大理院[44] 판례는 특유분을 인정하여 "유산을 친딸에게 준다면 적자의 상속분을 초과할 수 없고 적자의 생계를 해칠 수 없다."(1916年上字第661號)고 판시하였고, "피상속인 혹은 과부로 수절한 여자가 그 재산 혹은 유산 전부를 타인에게 유증으로 기부할 수 없다."(1919年上字第737號), 1921년에 다시 "피상속인은 상속유류분을 침해하지 않는 한도 내에서 처분행위를 할 수 있을 뿐이다."(1919年上字第737호)라고 판시하였다. 이러한 상속유류분이 곧 특유분이다. 1930년 반포하여 현재 대만에서 여전히 시행되고 있는 중화민국민법은 상속편에서 특유분 제도를 규정하였다. 이 법은 법정상속주의를 채택하고 일체의 법정상속인에 대하여 모두 특유분을 인정한다. 법정상속인은 상속인의 자격으로 특유분을 가지며, 특유분권은 상

---

43. 杨立新 · 刘德权 · 杨震 主编, 앞의 책, 261쪽 부분 번역하여 인용함.

44. 청나라 광서(光緒) 32년(1906)에 기존의 대리사(大理寺)를 대리원으로 바꾸고 그 아래 민사법정과 형사법정을 두었다. 현재 최고인민법원과 같은 역할을 하였다.

속권의 성질을 가지고 있다. 대만에서 시행 중인 특유분 제도를 종합하여 볼 때 어떤 학자들은 현재 대만의 가산상속 관념이 갈수록 열어 지고 있기 때문에 특유분 제도의 기능은 과거 가산家產의 유지에서 친족의 생활 보장으로 바뀌고 있다고 보고 있다.

나. 필유분과 특유분의 구별

중국의 실무나 이론에서 중국 상속법 제19조에서 규정한 필유분을 특유분으로 오해하는 경우가 있다. 심지어 중국 상속법은 이미 필유분 규정이 있으므로 특유분 규정을 둘 필요가 없다고 주장하는 사람도 있다. 이런 점에서 필유분과 특유분을 구별할 필요가 있다.

특유분과 비교하여 볼 때 필유분의 특징은 다음과 같다.[45]

1) 권리 주체

특유분 권리자는 모두 고정되어 있는데, 피상속인의 배우자, 자녀이며 최대한으로 부모까지 포괄한다. 즉, 법정상속인의 상속순위에서 가장 앞서는, 피상속인과 가장 친밀한 상속인이다. 그러나 필유분의 주체는 법정상속인이기만 하면 그 법정순위는 중요하지 않다. 다만, 노동능력이 결핍되고 생활수입원이 없으면 된다.

2) 권리의 성질

유언이 효력을 발생할 때 법정상속인이 노동능력이 결핍되고

45· 杨立新 主编, 『繼承法修訂入典之重點問題』, 110~112쪽 참조.

생활수입원이 없다는 조건을 만족하면 비로소 보통의 법정상속인이 필유분 권리자로 변화하게 되어 법정상속과 유언상속을 배제하고 우선적으로 필유분 권리를 향유하게 된다. 구체적으로 상속을 하게 될 때 유산분할규칙과 방법에 따라 경매, 적당액의 보상, 공유 등의 방법으로 처리하지만 필유분도 유산 상속권이다. 특유분권은 유산상속권 혹은 채권적 성질을 가진 청구권 혹은 양자 결합의 형태를 가지게 되는데 이는 각국이 이 제도를 계수할 때 선택하는 가치에 달려있다.

3) 유산 분배액

필유분 권리자가 보유하는 유산액은 고정되어 있지 않고 사법실무에서 통상 피상속인의 유산액과 필유분 권리자의 구체적 상황에 따라 결정된다. 이에 비해 특유분은 피상속인의 유산총액과는 관계 없이 특유분 권리자의 상속분을 참조하여 정하는데 세계 각국에서 확정된 비율로 정하고 있으며 영미법계에서도 구체적 액수를 정해두고 있다.

4) 권리의 우선

필유분 권리자가 피상속인의 유산에 대하여 권리를 가져야 하는 이유는 기본생활 보장에 있기 때문에 상속인 중에 필유분 권리자가 있다면 설사 유산이 채무 청산에 부족하다고 하더라도 적당한 유산을 보류한 이후에서야 채무를 청산하게 된다. 즉, 필유분은 채권 실현보다 우선한다. 그러나 특유분은 채권보다 우선할 수 없고 채무 청산 후 실현된다.

다. 유류분 제도에 대한 세계 각국의 입법례

1) 프랑스

프랑스의 유류분 제도는 게르만법을 계수한 것이다. 가족공동체가 지배하고 있었던 게르만의 상속법은 본래 혈족만에 의한 상속이었으며, 유언은 존재하지 않는 것이 원칙이었다. 유언이 형성된 것은 자유분이 성립되면서부터인데, 로마법과 교회법이 영향을 주었다. 교회는 교회에 대한 기부를 장려하였고 특히 아우구스티누스는 1명의 자녀분을 교회를 위하여 유보하여야 한다고 가르쳤고 이 가르침이 게르만의 가족공동체를 해체하는데 큰 영향을 미쳤다. 그 후 교회는 자유분을 의무분으로서 요구하였고, 그 범위가 확대되어 나갔다. 이 자유분을 제외한 것이 상속분이었으며, 이것이 바로 유류분이었고, 유류분자가 되기 위하여는 상속인 자격이 있어야 했다.[46]

유류분은 유류분권리자로 불리는 특정상속인이 상속을 받아들일 때 어떤 부담도 없이 법률의 규정에 의하여 그에게 속하는 재산 및 권리의 부분이다(프랑스 민법 제912조).

프랑스 민법은 피상속인의 유산을 두 부분으로 나눈다. 하나는 유류분인데, 그것은 강제적으로 피상속인의 유산 중 특정상속인에게 귀속되는 어떠한 부담도 없는 재산 및 권리를 말하며 그것은 유산의 일부분으로 법정상속인에 한하여 권리를 가지며, 피상속인은 유류분상속인을 선택할 권리가 없고 유류분을 처분할 권리도 없다. 유류분 제도의 실질은 유언자유의 제한이라고 할 수 있다.

[46] 곽윤직, 앞의 책, 279쪽.

또 하나는 자유처분할 수 있는 유산인데, 유류분을 공제한 후 사자가 자유롭게 무상으로 처분할 수 있는 부분을 일컫는다. 성질상 프랑스 유류분은 상속권이며 상속인이 아닌 사람이 가질 수 없고 상속권을 포기하거나 상실하는 경우 유류분 권리도 상실한다.[47]

유언자는 그 재산을 처분할 때 반드시 피상속인의 직계비속 및 배우자를 위하여 유류분을 남겨두어야 한다.

재산처분자가 사망 시 자녀가 1명인 경우 생전 증여 혹은 유증으로 처분할 수 있는 재산은 개인 소유 재산의 1/2을 초과할 수 없다.; 처분자가 사망 시 자녀가 2명인 경우 그가 처분할 수 있는 재산은 1/3을 초과할 수 없다.; 자녀가 3명 혹은 3명 이상인 경우 그가 처분할 수 있는 재산은 1/4을 초과할 수 없다(프랑스 민법 제913조).

만약 재산처분자가 직계비속이 없고 이혼하지 않은 배우자가 생존하는 경우 생전증여 혹은 유증으로 대가 없이 처분할 수 있는 재산부분은 3/4을 초과할 수 없다(위 법 제914-1조). 재산처분인이 직계비속이 없고 이혼하지 않은 배우자도 없는 경우 생전증여 혹은 유언으로 대가 없이 그의 재산 전부를 처분할 수 있다(위 법 제916조).

프랑스 모델의 유류분 제도는 피상속인의 재산이 가족에 속한다는 관념을 기초로 하고 있으며, 법정상속주의가 그 출발점이다. 2006년 개정된 프랑스 민법은 직계존속의 유류분 권리를 폐지하였기 때문에 프랑스의 유류분권리자는 단지 배우자와 직계비속만 될 수 있으며, 배우자와 자녀를 비교할 때는 자녀가 훨씬 큰 유류분 권리를 가진다.[48]

---

47. 杨立新 主编, 『繼承法修訂入典之重點問題』, 100~101쪽 참조.
48. 杨立新 主编, 위의 책, 102쪽.

2006년 6월 23일 공포되어 2007년 1월 1일 시행된 개정 상속법은 피상속인의 처분의 자유를 증대하여 유류분 반환방법을 원물반환 원칙에서 가액반환 원칙으로 개정하였고, 유류분을 사전에 포기할 수 있는 감쇄소권 사전포기 제도를 신설하였다.[49]

2) 독일

독일의 유류분 제도는 로마법의 의무분 규정을 계수하였다. 로마공화제 말기 가정제도가 붕괴되고 가장권의 기초가 해이해졌으며 유언자유가 남용되어 사자의 근친이 유산을 상속할 수 없게 되자 사자의 근친에 대한 부양의무를 확보하기 위하여 의무분제도가 발생하였다. 의무분자는 유류분권리자이고 상속인의 자격으로서가 아니라 피상속인의 근친의 자격으로서 유류분을 가지는 것이다.[50]

독일은 1개 장 총 36개 조문으로 유류분을 상세히 규정하고 있다.

피상속인의 직계비속이 사인처분으로 상속에서 배제되는 경우 그 직계비속은 상속인을 상대로 유류분 청구를 할 수 있다. 유류분은 법정상속분의 가액의 1/2이다. 피상속인의 부모 혹은 배우자가 사인처분으로 상속에서 배제되는 경우 그들도 같은 권리가 있다(독일 민법 제2303조). 독일 모델에서는 유류분 권리 주체는 사인처분으로 인하여 유언상속인에서 배제되는 피상속인의 부모, 배우자, 직계비속이고, 그들은 모두 본래 법정상속인이다. 유류분권의 의무주체는 다른 유언상속인이며 유류분권리자가 사인처분으로 유언상속인에서 배제되는 경우 다른 유언상속인에 대하여 유류분청구권

49· 이봉민, 「프랑스법상 유류분의 반환방법」, 『가족법연구』 제23권 제3호, 한국가족법학회, 2009.

50· 杨立新 主编, 앞의 책, 102쪽.

을 행사할 수 있다. 유류분 가액이 부족한 경우 유류분권리자는 다른 유언상속인에 대하여 유류분 부족액을 청구할 수 있다. 유류분청구권은 상속 개시 시에 발생하고 상속될 수도 있고 양도될 수도 있다(위 법 제2317조). 피상속인 및 다른 법정상속인을 해치는 등 특정 상황이 발생한 경우 피상속인이 직계비속의 유류분을 박탈할 수 있다(위 법 제2333조). 이러한 유류분 박탈 사유는 유언 시 존재하여야 하고 유언 중 설명되어야 하며 박탈 원인에 대한 입증책임을 부담한다(위 법 제2336조). 유류분 권리의 박탈은 피상속인이 용서함으로써 소멸된다(위 법 제2337조).

독일 모델의 유류분 제도는 유산의 자유처분을 기초로 하고 있으며, 유언상속주의가 출발점이다. 그 성질 측면에서 볼 때 유류분은 유류분권리자가 다른 상속인에 대하여 가지는 채권적 청구권이다. 유류분이 침해된 경우 유류분권리자는 채권적 청구의 방식으로 구제받을 수 있으며, 그 청구권이 의무분을 초과한 피상속인의 유언처분행위를 무효화할 수는 없다. 다른 유언상속인은 원물을 대체하여 금전 등으로 침해된 유류분을 보상할 수 있다.[51]

3) 스위스

피상속인은 유류분 범위 이외의 재산에 대하여만 유언으로 처분할 수 있는 권리가 있다. 유류분권자는 피상속인의 직계비속, 배우자, 직계존속인데, 직계비속의 유류분액은 그의 법정상속분의 3/4이고, 배우자 및 직계존속의 유류분액은 각각 법정상속분 1/2이다(스위스 민법 제471조).

---

[51] 杨立新 主编, 앞의 책, 103쪽.

4) 일본

유언자는 재산처분 시 형제자매 이외의 법정상속인에게 유류분을 남겨놓아야 한다. 즉 유류분권리자는 피상속인의 자녀, 직계존속 및 배우자이다. 직계존속만 있는 경우 그 유류분은 피상속인 재산의 1/3이고, 다른 경우에는 1/2이다(일본 민법 제1028조 참조). 유류분권리자와 그 승계인은 유류분을 보전하는데 필요한 한도 내에서 유증 및 상속개시 전 1년 내의 증여의 감쇄를 청구할 수 있다(위 법 제1031조). 유류분권리자는 상속 개시 전 그 유류분을 포기할 수 있고, 그러한 행위는 가정법원의 허가 후에야 효력을 발생한다(위 법 제1043조).

5) 영국[52]

1540년 유언법은 절대적 유언 자유의 원칙을 시행하여 유언자가 자기의 의사에 의하여 그 개인 소유 재산을 유언으로 처분할 수 있었다. 그러나 1938년 상속법(가정 조항)Inheritance (Family Provision) Act 1938의 반포에 따라 상속인의 배우자 및 자녀에게 부양비를 제공할 것을 보장하는 조치를 시행하여 유언자유 원칙을 제한하였다.

영국 1975년 상속법(가정과 피부양자 조항)Inheritance (Provision for Family and Dependents) Act 1975에 따라 만약 상속인이 유언을 남기고 사망하거나 부분적으로 유언을 남기거나 전부 유언을 남기지 않은 경우 유언상속이 피상속인의 부양에 의존하는 가족 구성원 혹은 피부양자를 위하여 합리적인 재정적 부양비를 제공하지 않는다면 그 사람들은 법원에 피상속인의 유산 중 합리적인 재정적 부양비를 제공할 것을 신청할 수 있다.[53] 이러한 권리를 가지는 사람은 피

52· 陈苇 主编, 앞의 책, 307쪽 참조.

상속인의 배우자[별거한 배우자, 무효혼인 중인 선의의 일방(피상속인 생존 기간 혼인이 무효로 선언되었거나 이미 이혼한 사람, 혹은 이미 재혼한 사람은 제외), 혹은 피상속인의 전 배우자(이미 재혼한 사람 제외) 포함], 자녀(비혼생자녀, 양자녀, 태아 포함), 피상속인의 자녀가 아닌 사람으로 피상속인이 자기의 혼인 소생 자녀로 삼기로 하여 취급한 사람(즉 계자녀, 함께 동거하는 손자녀 등), 피상속인이 전부 혹은 부분적으로 부양하는 기타 다른 사람 및 피상속인과 한 집에서 동거하는 동거인이다.[54]

6) 미국[55]

많은 주에서 가족의 생계유지라는 특정 목적을 위한 비용(수당)을 생존 가족이 우선 지급받을 수 있도록 이에 관한 법령을 마련하고 있다. 이러한 법정수당은 가족구성원들에게 생계수단을 제공하는 것으로서, 피상속인의 유언이나 무유언상속법보다 우선시될 뿐만 아니라 상속재산에 대한 채권자들의 권리보다도 우선시된다. 유언자가 생존 가족에게 법정수당을 지급하지 않는다고 유언을 하더라도 그것은 효력이 없다.[56]

가) 주거면제Homestead Exemption와 주거수당Homestead Allowance

법역에 따라서 주거와 관련하여 생존 가족에게 주거면제를 인정하는 경우와 주거수당을 인정하는 경우가 있다. 주거면제법령은 가장이 지고 있는 채무의 액수와 상관없이 채권자로부터 주거를 면제시켜준다. 주거수당은 현금을 생존 가족에게 허여하는 제도인

---

53. Inheritance(Provision for Family and Dependents) Act, s1 (1) (a)~(e).
54. 영국 1995년 상속법 개혁법[Law Reform(succession) Act]은 이러한 신청을 할 수 있는 사람의 범위를 확대하였다.
55. 김상훈, 앞의 책, 71~84쪽 참조.
56. 김상훈, 앞의 책, 71쪽.

데 주거면제와 마찬가지로 주거수당도 채권자들의 청구로부터 면제된다. UPC에 따르면 피상속인의 생존 배우자는 22,500불의 주거수당을 지급받게 된다. 생존 배우자가 없을 경우에는 피상속인의 미성년 자녀와 부양을 요하는 자녀가 각각 주거수당을 지급받는데 22,500불을 각 요부양자녀의 수대로 나누어 지급한다. 생존 배우자와 요부양자녀를 위한 법정 주거수당은 상속재산에 대한 모든 청구들에 앞설 뿐만 아니라 유언에 의한 상속이나 무유언상속 나아가 배우자 유류분보다도 우선시 된다.[57]

나) 면제재산Exempt Property

많은 주에서 생존 가족을 위해 피상속인의 재산 중에서 동산 일부를 일정 액수까지 면제시켜 주는 법령을 시행하고 있는데, 통상적으로 그 동산은 가구, 주방가구, 자동차 등으로 제한된다.[58]

다) 가족수당Family Allowance

대부분의 주에서 상속재산의 관리기간 동안 생존 배우자나 요부양자녀에게 생계유지를 위한 현금을 매달 교부할 수 있는 권한을 유언검인법원에게 부여하고 있는데 이를 가족수당 또는 생계유지비Maintenance라고 부른다. 허용되는 현금의 액수는 상속재산의 규모와 상속재산이 부담하고 있는 책임, 가족의 곤궁한 정도 등에 기초하여 유언검인법원이 결정한다.[59]

---

57. UPC 제2-402조.
58. 김상훈, 앞의 책, 72쪽.
59. 김상훈, 앞의 책, 73쪽.

라) 배우자 유류분Elective Share

미국은 부부재산제에 있어 개별재산법제 또는 공동재산법제를 취하고 있는데, 개별재산법제를 취하는 법역에서는 생존 배우자에게 피상속인의 재산에 대한 유류분Forced Share을 인정하고 있다. 배우자 유류분에 대한 전통적인 법률은 유언이 있는 경우 생존 배우자에게 피상속인의 유언에 따라 유증을 받는 것과 유증을 포기하고 법령에 따라 상속재산에 대한 일정 지분을 받는 것을 선택하도록 하고 있다. 보통 배우자 유류분은 자녀가 있을 경우 검인대상재산의 1/3이고, 자녀가 없을 경우 검인대상재산의 1/2인데, UPC는 비검인대상재산에 대하여까지 이 권리를 확장시켰다[이를 확장된 상속재산(Augmented Estate)이라고 한다]. 그 밖에 전통적인 배우자 유류분은 혼인기간의 길이에 상관없이 무조건 일정 지분을 인정하고 있는데, UPC에서는 혼인기간에 따라 지분을 다양화시켰다.[60]

7) 대만[61]

유언자는 특유분 규정을 위반하지 않는 범위 내에서 자유롭게 유산을 처분할 수 있다(대만 민법 제1187조).

특유분액은 직계비속의 경우 그 상속분의 1/2이 되고, 부모의 경우 그 상속분의 1/2, 배우자의 경우 그 상속분의 1/2, 형제자매의 경우 그 상속분의 1/3, 조부모의 경우 그 상속분의 1/3이다(위 법 제1223조).

특유분은 상속재산 중 채무액을 제거하고 산정하며(위 법 제1224조),

---

60. UPC 2-202(a).

61. http://world.moleg.go.kr/World/EastAsia/TW/priority/38191; 陈苇, 宋豫 主编, 앞의 책, 345쪽 참조.

피상속인이 한 유증으로 인하여 특유분액의 부족이 초래된 경우 그 부족액에 따라 유증재산을 감쇄할 수 있다. 수유증인이 수인인 경우 그 유증가액에 비례하여 감쇄한다(위 법 제1225조).

라. 중국의 개정 의견

1) 왕리밍 초안

중국 가족제도에 영향을 받은 고유법은 가산을 가장과 가족의 공동공유로 보고 있으며, 가족성원은 가산에 의지하여 생활한다. 전통적으로는 특유분 제도를 별도로 규정하고 있지는 않지만 많은 제도들이 특유분적 성격을 가지고 있다. 청률에서 특유분 규정을 두고 있었고 특유분을 인정하는 취지의 청말 대리원 판례가 있었으며, 국민당정부의 민법전 상속편에 특유분의 규정이 있었고 현재 대만 민법전에 그대로 존재한다. 중국 상속법은 특유분 규정을 제정하지 않고 노등능력이 결핍되고 생활수입원이 없는 사람에게 일정한 유산액을 분배해주는 필유분 제도를 시행하였는데, 당시 입법자는 사회주의 조건하에서 무릇 노동능력이 있는 상속인은 모두 자기의 노동을 통하여 자기의 기본생활수요를 보장하여야 한다고 생각하였기 때문이다.[62]

특유분 제도의 기능은 다음과 같다.[63] ① 도덕윤리의 유지이다. 즉, 최근친자에게 유산의 일부를 남겨놓는 것은 혈육 간의 인지상정이며, 기본윤리이다. 특유분 제도는 피상속인의 유언자유 남용

62· 王利明 主编, 앞의 책, 387쪽.

63· 王利明 主编, 앞의 책, 387~388쪽.

을 제한하여 선량한 풍속을 고양하는 것이다. ② 사회이익의 보호이다. 법정상속인은 모두 피상속인과 사이에 경제적 부양관계가 있는 사람들로 피상속인이 사망하면 이러한 관계가 단절되므로 법정상속인이 생계에 어려움을 겪게 된다. 이러한 문제는 상속인 자신만의 문제가 아니라 사회와 제3자에게 부양의 부담을 지우게 된다. ③ 가산의 유지를 통한 가족제도의 유지이다.

왕리밍 초안 제3장 유언의 제1절 일반 규정에 특유분 권리자, 상실, 포기, 특유분 산정의 기초재산, 특유분 감쇄권扣减权 등을 규정하고 있다.[64]

특유분 권리자는 제1순위와 제2순위 법정상속인[65]이며, 민법 초안 제585조는 제1순위 법정상속인의 특유분은 상속분의 1/2, 제2순위 법정상속인의 특유분은 상속분의 1/3이라고 규정하고 있고 제589조는 "특유분 권리자는 특유분을 보전하기 위하여 필요한 한도 내에서 유언처분의 감쇄를 청구할 수 있다."고 규정하고 있고, 제590조는 "감쇄권 행사 후 특유권 권리자는 상대방에 대하여 물권 청구권 또는 부당이득청구권을 선택하여 청구할 수 있다."고 규정하고 있다.

2) 량훼이싱 초안

량훼이싱 초안은 왕리밍 초안보다는 간단하게 3개의 조항만을 두고 있다.[66]

---

64. 王利明 主编, 앞의 책, 85~86쪽.
65. 왕리밍 초안 및 량훼이싱 초안의 법정상속인 순서는 현행 상속법과 제1순위와 제2순위가 동일하다.
제1순위 법정상속인 : 배우자, 자녀, 부모, 제2순위 법정상속인 : 형제자매, 조부모, 외조부모.
66. 梁慧星(课题组负责人), 앞의 책, 179~183쪽.

피상속인 사망 전 특유분 상속인이 특유분을 포기한다는 표시는 무효이며, 제1순위와 제2순위 법정상속인을 특유분 권리자로 규정하고 있고(민법 초안 1862조), 제1순위 법정상속인의 특유분은 상속분의 1/2, 제2순위 법정상속인의 특유분은 상속분의 1/3이라고 규정하고 있다(위 초안 1863조). 특유분 규정에 위반한 유언은 무효이다.

3) 천웨이 개정안

천웨이 개정안에서는 제32조에서 특유분을 규정하고 있는데, 특유분 권리자는 배우자와 직계비속, 부모로 한정하고 특유분액은 각자의 법정상속분의 1/2로 하였고, 감쇄 청구권과 특유분 권리의 상실 규정을 두고 있다.

4) 양리신 개정안

가) 특유분의 기능

양리신 교수의 개정 의견에서 특유분의 기능을 다음 네 가지로 서술하고 있다.[67]

① 유언자유제한 기능 : 유언자유 원칙은 당연히 존중받아야 하지만 유증인의 부양가족의 이익을 해쳐서는 안 된다. 유언자유의 원칙과 부양이 필요한 가족의 이익의 균형을 도모하여 유언의 자유를 남용하는 것을 제한한다. ② 상속전달 기능 : 특유분 권리자는 법정상속인 중에서도 피상속인과 가장 가까운 친족이다. 피상속인의 유산이 최근친의 범위 밖으로 나가지 않는 것을 보장한다. ③

---

[67] 杨立新 主编, 『繼承法修訂入典之重點問題』, 105~110쪽 참조.

분배조절 기능 : 특유분 권리자는 피상속인과 밀접한 관계가 있었던 사람으로서 그들의 부양받을 권리 또는 그 기대권을 침해하는 것은 전통적 도의관념에 위배된다. 특유분 권리자가 독립적 생활을 할 수 있도록 하여 다른 사람에게 부양을 요구하거나 사회에 부담을 주지 않도록 하여야 한다. ④ 가치유지 기능 : 특유분 권리인은 법정상속분 전부가 아니라 일부분을 보전받게 되는데, 이 때 유산이 분할되어 그 가치를 상실하지 않도록 하면서 반환되어야 한다.

특유분 제도가 신설된다면 현재 중국 사법실무에서 '루저우 첩 유증 사건'[68] 과 같이 공서양속 원칙을 적용하여 부당한 결과를 시정할 필요 없이 상속법 규정을 적용하면 된다.

나) 특유분의 실현방식

특유분권을 실현하는 것은 특별상속권을 구체화시키는 것과 같다. 그러므로 특유분권을 실현할 때 상속권을 행사하는 방식으로

68· 쓰촨성 루저우(四川省 泸州)에 사는 甲과 乙은 1963년 결혼하였는데, 아이가 없어 양자를 한 명 들였다. 甲은 1994년 丙을 알게 되어 다음 해부터 동거를 시작하였고 1996년에는 甲과 丙이 주거를 임차하여 부부로 행세하면서 동거생활을 하였으며, 甲의 임금, 퇴직금 등으로 생활하였다. 2001년 甲이 말기 간암 진단을 받자 주거보조비, 적립금, 국가 위로금, 집 매도금의 1/2 등을 丙에게 유증하는 유언을 하고 공증을 받았다. 甲이 사망 후 丙이 원고가 되어 乙에게 이와 같이 유증받은 재산을 청구하는 소송을 나시구(纳溪区) 인민법원에 제기하였다. 나시구 인민법원은 상속법에 명확한 규정이 없고 유언이 甲의 진실한 의사에 의하였다고 하더라도 甲이 유산을 제3자에게 주는 것은 민법통칙 제7조 "민사활동은 사회공덕을 존중하여야 하고 사회공공이익을 해쳐서는 아니되며, 국가경제계획을 파괴하거나 사회경제질서를 혼란하게 하여서는 아니된다."는 규정에 위반한다는 이유로 원고의 청구를 기각하였다. 원고가 상소하였으나 루저우시 중급인민법원은 원고의 상소를 기각하였다. 이 사건의 재판관은, "민법통칙 제7조 및 제58조(민사행위는 법률과 사회공공이익을 위반하는 경우 무효이다) 공서양속 원칙을 고려할 때 甲과 乙은 수년간 부부로서 생활을 하여 왔으므로 사회도덕 관점에서나 혼인법의 관점에서나 상호 부조, 충실, 존중 의무가 있다. 甲이 丙과 불법동거를 한 것은 도덕표준과 혼인법을 위반한 위법행위이다."라고 설명하였다. 이에 대하여 일부 학자들은 "이 사건은 상속 분쟁이며, 비록 甲의 행위가 비난받아 마땅하다고 하더라도 丙도 다른 사람과 마찬가지로 상속받을 권리가 있다. 공서양속을 이유로 개인의 합법적 권리를 박탈하는 것은 매우 위험한 것이다."라고 비판하고 있다.(https://m.v4.cc/News-3246974.html, http://www.sh148.org/law02/B/D/38998.htm 2017년 12월 3일 방문)

써 실현하는 것이 특유분이 유산법정상속권이라는 본질에 훨씬 더 부합한다. 그러므로 프랑스 모델과 같이 특유분을 유산상속규칙에 따라 실현하고, 채권 방식으로 실현하지 아니한다. 다만, 이러한 방식에 따른 특유분 실현은 특유분액이 미치는 유물遺物과 유언처분이 미치는 유물의 충돌이 발생하지 않을 때 비로소 가능하고 충돌하는 경우에는 객관적 정황에 의거하여 변통할 수 있다.[69]

피상속인이 유언을 할 때 종종 유산의 성질, 가치, 상속인의 필요 등에 근거하여 유산의 귀속을 결정하는데, 법률은 유언자의 자유로운 유산 분배를 충분히 존중해주어야 한다. 피상속인과 상속인에게 금전이 아닌 유물은 재산적 성질을 갖고 있다는 점 이외에 종종 특별한 가치와 성질이 부가되어 있다. 살던 곳에 대한 감정이나 생각 등을 예로 들 수 있다. 특유분 권리자의 보호를 위하여 특유분의 집행으로 수유자에게 이미 합리적으로 분배된 유물에 대하여 법률에 의거하여 소유자를 변경하게 되는 경우 직접적으로 특정 유물의 효용 발휘에 영향을 미칠 수 있다. 그러므로 특유분 실현 시 프랑스 모델을 존중하여 모든 경우에 있어 유산상속규칙을 이용하여 분할해서는 아니된다. 유언과 특유분이 충돌하는지를 살펴보아야 하고 충돌이 없는 경우에는 유언 및 특유분 모두 상응한 규칙에 따라 처리하면 되고 양자가 충돌하는 경우에는 유언이 미치는 부분은 원칙적으로 유언상속규칙에 따라 처리하고 특유분이 미치는 부분은 유물의 효능 발휘에 영향을 미치지 않는다는 전제하에 유언상속규칙에 따라 처리한다. 특유분의 실현이 유물 효능발휘에 영향을 미치는 경우에는 특유분의 입법목적이 특유분

69· 杨立新 主编,『繼承法修訂入典之重點問題』, 116쪽.

권리자의 상속이익을 보호하는데 있다는 점을 고려하여 피상속인의 유물 자체에 대하여 집행하지는 않는다. 유언자의 유산 분배에 따라 유물이 최적의 기능과 효용을 발휘할 수 있도록 하기 위하여 유언상속인은 유언상속규칙에 따라 유물을 실물 분할할지 혹은 유언상속인이 금전 등을 이용하여 특유분액에 관하여 실물 대신으로 보상을 해줄지를 선택할 수 있다. 이것이 중국 상속법 및 사법해석의 유산분할규칙과 방법에도 부합한다[70] 고 할 것이다.[71]

다) 2012년도 개정안의 특유분 규정

양리신, 양쩐 교수의 2012년도 중화인민공화국계승법 수정초안 건의고 제49조에서 제51조까지 규정하고 있는데, 그 내용은 다음과 같다.

> 제49조[특유분] 피상속인의 배우자, 직계비속, 부모는 특유분 상속권을 가진다. 특유분액은 그 법정상속분액의 1/2이다.
>
> 특유분액은 상속개시 시 유산의 가액을 기초로 하여 상속 개시 전 2년 내 유언자가 재산을 증여한 가액을 더하고 채무액을 공제한 후 법정상속분에 의거하여 계산한다.
>
> 특유분에도 부합하고 필유분에도 부합하는 경우 필유분 규정을 우선 적용한다.

---

70. 중국 상속법 제29조는 "유산분할은 마땅히 생산과 생활요구에 유리해야하고 유산의 효용을 해쳐서는 아니된다. 분할하지 말아야 할 유산은 금전환산할 수도 있고 적당히 보상하거나 공유하는 방법으로 처리할 수 있다."고 규정하고 있으며, 상속법 사법해석 제58조는 "인민법원은 유산 중 주거, 생산자료와 특정 직업에서 필요한 재산을 분할할 때 그 사용효익과 상속인의 실제 수요에 유리하도록 각 상속인의 이익을 함께 고려하여 처리한다."라고 규정하고 있다.

71. 杨立新 主编, 『繼承法修訂入典之重點問題』, 116~117쪽.

제50조[특유분 부적용] 아래 상황 중 하나인 경우 특유분 제한을 받지 않는다.

(1) 특유분 상속인이 상속권을 상실하는 경우

(2) 피상속인과 부양인이 유증부양협의를 체결하여 그로 인해 특유분 상속인이 부양의무를 담당할 필요가 없는 경우

(3) 부양능력이 있고 부양요건에 부합하는 특유분 상속인이 부양의무를 다하지 않는 경우

(4) 특유분 상속인이 피상속인 혹은 그 근친에 대하여 엄중한 윤리 위배가 있거나 범죄행위가 있는 경우

(5) 특유분 상속인이 유언상속에 의하여 특유분에 상당한 유산을 취득한 경우

제51조[감쇄[72]] 유언상속 혹은 유증이 처분할 수 있는 유산액을 초과하여 필유분액, 특유분액이 부족하게 되는 경우 유언상속 혹은 유증의 상응한 액수의 감쇄를 청구할 수 있다.

라) 2015년 개정안의 특유분 규정

제48조[특유분] 특유분은 유언자가 법에 의거 유언으로 취소할 수 없는 것으로 특정한 법정상속인이 상속한 유산액을 말한다.

72· 원문에서는 扣減이라고 쓰고 있다. 양리신 교수는 프랑스 유류분 제도 설명에서 유류분 권리를 침해한 사람에게 '扣減' 방식으로 유산을 회수할 수 있다고 하고, 독일 유류분 제도 설명에서는 '채권청구권' 방식으로 그 권리침해에 대하여 구제받을 수 있다고 하고 있다.(杨立新 主编, 『繼承法修訂入典之重點問題』, 102~103쪽) 천웨이 교수는 프랑스 유류분 제도 설명에서 '缩减'이라고 용어를, 독일 유류분 제도 설명에서는 '부족액의 청구'라는 표현을 쓰고 있다.(陈苇 主编, 앞의 책, 271 · 276쪽) 이런 점들을 고려할 때 扣減을 감쇄라고 번역하는 것이 가장 적절해 보인다.

피상속인의 배우자, 자녀, 부모가 특유분 상속권을 가진다. 배우자와 자녀의 특유분은 그의 상속분의 1/2이고 부모의 특유분은 그의 상속분의 1/3이다.

특유분액은 상속개시 시 유산의 가액을 기초로 하여 상속개시 전 2년 내 유언자가 재산을 증여한 가액을 더하고 채무액을 공제한 후 법정상속분에 의거하여 계산한다.

상속개시 후 특유분 권리자가 보전청구권에 기하여 그의 특유권을 보전할 수 있다. 만약 유언자가 유언 중 특유분에 대하여 배려하지 않으면 특유분 권리자는 유산관리인 혹은 관련자에게 유산 중 특유분액의 감쇄를 청구할 수 있다.

법정 사유로 인하여 상실한 특유분은 피상속인의 용서로 인하여 회복될 수 있다.

특유분에도 부합하고 필유분에도 부합하는 경우 필유분 규정을 우선 적용한다.

第49조[특유분 부적용] 제2호로 "특유분 상속인이 명시적으로 포기하거나 특유분 권리를 포기하는 성질이 있는 행위를 한 경우"가 추가된 것 이외 2012년 개정안 제50조와 동일하다.

第50조[감쇄] 2012년 개정안 제51조와 동일하다.

양리신 교수의 개정안 중 특유분 부분은 이전의 왕리밍과 량훼이싱의 민법 초안과는 달리 부양의 요소가 반영되어 있다. 즉, 2012년 개정안 제50조에 의하면 제2호에서 '피상속인과 부양인이 유증부양협의를 체결하여 그로 인해 특유분 상속인이 부양의무를 담당할 필요가 없는 경우'라고 규정하여 특유분 상속인이 부양의무를 부담하지 않고 유증부양협의를 체결한 사람이 부양의무를 부담하는 경우 특유분 권리를 가지지 않는 것으로 하였고, 제3호에서도 특유분 권리자가 자신의 부양의무를 다하지 않는 경우 특유분 권리를 행사할 수 없도록 하였는데, 이 조항은 특유분 권리라고 하더라도 부양의무를 이행하지 않는 경우 권리가 제한될 수 있음을 나타내고 있다.

또한 부양 필요성을 조건으로 하고 있는 필유분을 특유분보다 우선함으로써 상속에 있어 부양 필요성이 가장 중요한 요소임을 나타내고 있다.

06

맺음말

앞에서 한국과 중국의 상속법 중 법정상속에서는 법정상속인의 순위 및 상속분, 배우자의 법정상속순위 및 상속분 논의를, 유언상속에서는 유언 자유의 제한 측면에서 한국의 유류분 제도와 중국의 필유분, 유산작급청구권, 특유분 신설 논의 등을 살펴보았다.

한국과 중국의 상속법의 연원이나 기본원칙에서 살펴보았듯이 양국의 상속법제는 상당한 차이를 보이고 있다. 가장 큰 차이는 부양관계의 상속법에의 반영일 것이다. 사회주의 상속법의 효시인 소련 상속법에서 당시 경제적으로 상당히 낙후되어 있는 러시아 사회의 부양 문제를 해결하기 위하여 동지 관계로 부양하는 경우에 있어서까지 상속관계로 인정해 줌으로써 사회 안정을 도모하였다. 이러한 소비에트 상속법이 중국과 동구 공산주의 국가 및 북한에까지 계수되었다.

그러나 상속법에는 다른 법률과는 달리 상속법을 시행하는 그 나라의 문화적 배경이 상당 부분 반영된다. 그리하여 소련에서는 단지 부양관계 또는 공동생활관계만을 상속권 발생의 근거로서 요구하고 있지만 중국은 거기에다 더해 친족 관계까지 요구하고 있다. 하지만 그 친족관계는 기존 일반적인 상속관계와는 달리 혈족에만 한정하지 않고 혼인에 의하여 연결된 인척 관계까지 확대하였다.

소비에트 상속법이 북한에 이르러서는 더 많은 변용을 보이는데, 북한 상속법은 기본적으로 부양관계를 상속관계로 끌어들이긴 하였으나 기존 한국에 있었던 관습 또는 일제 의용민법의 영향이 남아 있는 것으로 보인다. 즉, 북한과 중국 상속법상 법정상속인의 범위 및 상속순위에 대한 규정이 유사하고 자녀나 부모, 형제자매의 범위에 있어 계자녀, 계부모, 계형제자매를 포함하고 있는 점이나 북한 상속법 제19조 단서가 "피상속인의 생존기간 그에 대한 부양의무를 직접 이행하였거나 노동능력이 부족하여 수입이 적은 자의 상속 몫은 늘일 수 있으며 부양능력이 있으면서 부양의무를 제대로 이행하지 않은 자의 상속 몫은 줄일 수 있다."고 규정하고 있는 점은 중국 상속법과 비슷하다. 그러나 유류분과 관련하여서는 현행 중국 상속분은 인정하고 있지 아니하지만, 북한 상속법 제36조는 "유언자는 법이 정한데 따라 상속받는 자가 아닌 자에게 재산의 전부 또는 일부를 증여할 수 있다. 이 경우 상속할 재산을 부양하던 배우자, 자녀, 부모에게는 2분의 1 이상, 손자녀, 조부모, 형제자매에게는 3분의 1이상 남겨놓아야 한다." 규정하고 있어 유류분 제도를 인정하고 있는 것으로 보인다. 상속의 승인과 관련하여서도 중국 상속법 제33조는 "유산상속은 피상속인이 법에 따라 납부해야 하는 세금과 채무를 상환해야 하며, 세금납부와 채무상환은 그의 유산 실제 가치를 한도로 한다. 유산 실제 가치를 초과하는 부분을 상속인이 자원하여 상환하는 것은 이 한도에서 제외된다."고 규정하여 한정승인을 원칙으로 하고 있지만, 종래 북한 가족법 제51조가 "상속받은 자는 상속받은 재산의 범위 안에서 사망자가 진 빚에 대하여 책임진다."고 하여 중국 상속법과 마찬가지로 한정승인의 원칙을 취하고 있었다가, 북한 상속법 제20조는 상속 개시를 안 날로부터 6개월 내에 상속 승인이나 포기를 신청할 수 있고, 승인 또는 포기신청을 하지 않으면 상속을 승인한 것으로 보고 있어 우리 민법처럼 단순승인을 원칙으로 하고 있다.[1·2·]

장래 통일이 되는 경우 남북 가족법 통합 논의가 있을 수 있는데, 그 때 사회주의 가족법에 대한 이해가 통합 가족법 제정에 도움이 될 수 있다. 가족법은 다른 법제도와는 달리 그 사회의 가족문화를 반영하고 있으므로 일방적으로 어떤 법제도를 도입하여 시행하기 어렵다. 이미 익숙해져 있는 혼인, 부부재산관계, 부부자녀관계, 상속 제도가 있는데 어떤 제도를 갑자기 도입하면 상당한 사회적 혼란이 야기될 수 있다. 앞서 본 바와 같이 중국과 북한이 소비에트 상속법을 계수할 때 상당한 변용 과정을 겪었던 것도 그러한 이유일 것이다. 북한의 경우 소송이 그다지 많지는 않지만 그나마 민사소송은 거의 없고, 가사소송이 주를 이루고 있다.[3·] 가

1· 오용규, 「북한과 중국의 법제비교」, 『통일사법정책연구』 3, 사법정책연구원, 2016, 288~290쪽.

2· 북한에서는 동일한 기관이 제정한 법령에 대하여는 신법우선의 원칙에 따라 시간적으로 나중에 제정된 성문법의 효력이 우선하고 이에 배치되는 범위 내에서 구법의 효력은 상실되었다고 할 수 있으며, 제정기관이 다를 때에는 기관 상호간의 위계질서에 의해 해결되는 것으로 이해된다. 따라서 북한 가족법과 북한 상속법의 상호간의 관계 및 해석에 대해서는 양 법률이 모두 제정기관이 동일하다는 점에서 신법우선의 원칙에 따라 나중에 제정된 북한 상속법(2002. 3. 13. 최고인민회의 상임위원회 정령 제2882호)의 효력이 우선하고 이에 배치되는 범위 내에서 북한 가족법(1990. 10. 24. 최고인민회의 상설회의 결정 제5호로 채택된 후 4차례 수정보충 됨)의 효력은 상실되었다고 할 수 있을 것이다.(법원행정처, 『북한의 민사법』, 법원행정처, 2007, 416~417쪽)

족법 부분은 오랜 기간 동안 일상생활에서 주민들에게 익숙해져 있는데, 북한 가족법에 대한 이해 없이 하는 일방적 가족법 통합 작업은 북한 주민들의 혼란과 반발을 야기할 수 있다.

또한 중국 가족법에 대한 이해가 우리 가족법에 대한 이해를 높이고 향후 개정작업을 진행하는 데에도 도움이 될 수 있다. 최근 중국은 상속법 개정 논의를 통하여 해외 입법례에 대한 많은 연구를 진행하였고, 기존 중국 상속법 적용에 있어서의 문제점 및 개선 방안, 중국의 최근 경제발전과 사회변화의 가족법에의 투영방법 등에 대한 연구가 심도 깊게 이루어지고 있는데, 이러한 연구 결과물에 대한 관찰은 우리 가족법에 대한 이해를 높이고 개정 방향을 찾아가는 데 있어 도움이 될 수 있다.

중국 상속법은 앞서 본 바와 같이 상속법 전반에 걸쳐 부양관계가 깊숙이 상속관계에 들어와 있다. 부양관계에 있는 인척인 며느리나 사위의 상속권 인정, 부양관계를 형성한 계부모, 계자녀 간의 상속권 인정, 부양의무의 이행을 유산분할에 있어 적극적으로 반영하고 있는 점, 유증부양협의에 우선적 효력을 두고 있는 점, 유산작급청구권을 인정하고 있는 점 등이 그와 같은 특징을 나타내주고 있다. 이러한 중국 상속법의 특징은 양리신 교수의 특유분 개정안에도 반영되어 있다. 즉, ① 특유분과 필유분이 충돌하는 경우에는 부양 필요성을 근거로 하는 필유분을 우선하고, ② 피상속인이 유증부양협의를 체결하여 특유분 상속인이 부양의무를 지게 되지 않을 경우나 특유분 상속인이 부양의무를 다하지 않는 경우

---

3. 형사소송과 가사소송이 많다고 하는데 형사소송은 우리와 같은 대심적 구조가 아니라 이미 수사기관에서 결정되어 있는 것을 통과시키는 의미가 강하고 국가의 공권력을 실현하는 수단으로서의 역할이 중요시되므로 실제 가사소송이 주라고 하는 것이 맞겠다.

특유분 규정을 적용하지 않고 있다.

이처럼 부양관계를 중시하는 중국 상속법의 특징은 우리의 향후 상속법 개정 논의에서도 참작할 만하다. 국가가 사회보장제도를 잘 구축하는 것도 중요하겠지만 사적인 영역에서 이러한 점이 실현될 수 있도록 제도를 구축하는 것도 큰 의미가 있다. 상속이 단지 가산의 전달의 의미만 가지는 것은 현대 사회에 맞지 않다. 상속이 가지는 사회적 의미에 대하여 좀 더 고민할 필요가 있다. 피상속인의 입장에서는 피상속인의 재산, 즉 상속재산은 자신의 노후를 보장할 수 있는 수단이면서 상속인에게는 피상속인 사후 자신의 생계를 유지할 수 있는 수단이기도 하다. 상속에는 이와 같이 부양, 즉 생계유지의 측면이 존재한다. 향후 우리 상속법 개정 시에도 상속의 이러한 측면을 고려할 필요가 있다고 생각한다.

이러한 점들을 고려할 때 우리 유류분 제도도 상속인의 재력이 충분하고 객관적으로 피상속인으로부터 상속개시 전부터 누려 왔던 생활수준을 유지하기에 충분한 유산을 유증 또는 법정상속의 방식으로 상속하게 되었을 경우에는 유류분 청구를 제한하는 방식으로 개정 논의를 해보는 것도 가능할 것으로 보이며, 이 밖에 중국 상속법의 필유분 제도나 미국의 주거면제나 주거수당 등의 제도와 같이 노동능력이 없고 다른 수입원도 없어 생계 유지가 곤란한 상속인이 있는 경우 피상속인의 채권자에게 우선하여 그 상속인에게 일정액의 유산을 유보해 주는 방식의 개정도 충분히 생각해 볼 수 있다.

이러한 장래 연구들에 이 글이 도움이 될 수 있기를 희망하며 마무리 하고자 한다.

| **부록** |

주요 상속법 개정안

1 中国民法典学者建议稿
2 中国民法典：继承编条文建议稿
3《中华人民共和国继承法》修正案建议稿
4《中华人民共和国继承法》修正草案建议稿(2012)
5 中华人民共和国民法继承法编(草案)建议稿(2015)

1

中国民法典学者建议稿*

课题总负责人：王利明**

第四编 继承

第一章 通则

第五百三十条【继承的定义】

本法所称的继承，指按照法律规定或者遗嘱指定将自然人死亡时遗留的个人合法财产转移给其近亲属承受的法律制度。

死亡的自然人为被继承人，取得遗产的近亲属为继承人，死者遗留的个人合法财产为遗产。

第五百三十一条【继承能力】

继承人须在继承开始时具有民事权利能力，才能取得遗产。

被继承人死亡前已受孕的胎儿，就继承视为已出生。胎儿的母亲或其及亲属代理行使相关权利。

胎儿出生时是死体的，保留的份额按照法定继承处理。

第五百三十二条【继承权的丧失】

继承人有下列行为之一的，丧失继承权：

(一)故意杀害被继承人；

---

* 본 개정안은 왕리밍(王利明) 교수의 『中国民法典学者建议稿及立法理由』(法律出版社, 2005)에 있는 것인데, 『中国民法典草案建议稿及说明』(中国法制出版社, 2004)과 내용은 동일하다.

** 이 건의고의 총편찬인은 왕리밍(王利明), 양리신(杨立新), 구오밍뤠이(郭明瑞), 왕이(王轶) 인페이(尹飞) 교수이며, 이 건의고 중 상속편의 원고 작성자는 룽이페이(龙翼飞), 짱핑화(张平华) 교수이다.

(二)为争夺遗产而杀害其他继承人；

(三)遗弃被继承人或者虐待被继承人情节严重的；

(四)伪造·篡改或者销毁·隐匿遗嘱的；

(五)以欺诈或者胁迫的手段，迫使或者妨碍被继承人设立·变更或者撤销遗嘱，情节严重的。

继承人因前款第(三)·(四)·(五)种情形丧失继承权，如经被继承人宽恕的，可不确认其丧失继承权。

被继承人指导继承人除前款(一)(二)项外的丧失继承资格的事由，然在遗嘱中指定其为继承人或对其为遗赠，视为宽恕。

继承权丧失的事由准用于受遗赠权的丧失。

第五百三十三条【有故意杀害行为的继承人的继承权不可回复】

继承人故意杀害被继承人或者为争夺遗产而杀害其他继承人，无论既遂或未遂，均丧失继承权。

按欠款规定丧失继承权者，即使被继承人宽恕其行为，也不得回复继承权。

第五百三十四条【继承人丧失继承权的效力】

继承人丧失继承权的，其效力溯及继承开始之时。

第五百三十五条【继承回复请求权】

继承人可以请求确认自己的继承人资格，以对抗任何一个以继承人名义或者无任何名义地对遗产占有·管理·处分的人，从而达到获得遗产返回的目的。

第五百三十六条【遗产占有】

本法占有部分中有关返还占有物孳息·偿还费用·改善占有条件以及附加的规定准用于对遗产的占有。

第三人能够证明基于虚假继承人订立的有偿协议而善意取得的权利不受上款限制。

第五百三十七条【时效】

继承回复请求权，自知悉被侵害之时起，二年间不行使而消灭；自继承开始时起逾二十年者，亦同。

前款规定不适用于仅请求确认继承人资格的请求权。

在继承回复请求权未因时效而消灭期间，非继承人的遗产占有人对继承人不得主张适用取得时效制度。

第二节 遗产

第五百三十八条【遗产的范围】

遗产是被继承人死亡时遗留的个人合法财产，包括：

(一)被继承人享有的财产所有权；

(二)被继承人享有的用益物权和占有；

(三)被继承人享有的债权·担保物权和债务；

(四)被继承人享有的知识产权中的财产收益；

(五)被继承人享有的股权和合伙权益中的财产权益；

(六)因自然人死亡而获得的保险赔偿金·补偿金·赔偿金等，法律另有规定的除外。

(七)被继承人的其他合法财产。

专属于被继承人的权利·义务不属于遗产。

第五百三十九条【对被继承人尸体·骨灰的处分】

继承人不得采取违反善良风俗的方式或违背死者生前合法愿望处分被继承人的尸体·骨灰。

第五百四十条【对须登记才能发生权利变动的遗产的继承】

继承开始后，继承人立即取得依法须登记才能让与的遗产的权利，但是除非继承人在合理的时间内补办登记，继承人不得处分其权利。

第五百四十一条【对股权与合伙权益的继承】

继承人可以按照下列方式继承被继承人在企业中的权益：

(一)继承人因继承取得无记名股票或合伙权利凭证所表征的股权或合伙人权利；

(二)合伙协议或公司章程有约定的，按照约定继承；

(三)经全体企业成员同意，继承人溯及继承开始取得有限责任公司的股权或合伙人权利；继承人也可以不成为股东或合伙人而继承财产权益。

第五百四十二条【归扣】

继承开始前，因结婚·分居·营业·超过通常标准的焦鱼·职业培训，已接受被继承人赠与财产的继承人，应将该赠与价额加入继承开始时被继承人所有财产中，为应继遗产。但被继承人于赠予时有反对意思表示者，不在此限。

前项赠与价额，应于遗产分割时，由该机承认应继份中扣除。

缠裹应继份的赠与，除法律另有规定外，继承人不必返还超过部分价额。

赠与价额，依赠与时之价值计算。

第三节 继承的开始

第五百四十三条【继承开始的时间】

继承从被继承人死亡时开始。

第五百四十四条【继承人死亡的推定】

相互有继承权的人在同一事件中死亡，如不能确定死亡先后时间的，推定没有生存继承人的人先死亡。死者各自都有生存继承人的，如果死者辈份相同的，推定同时死亡；如死者辈份不同的，则推定成年晚辈后于长辈死亡，未成年晚辈先于长辈死亡。

第五百四十五条【继承开始的地点】

继承在被继承人最后住所地开始。

被继承人最后住所地不明或者主要遗产不在最后住所地的，应在被继承人主要遗产所在地开始继承。

第五百四十六条【法定继承·遗嘱继承·遗赠·遗赠扶养协议间的效力】

继承开始后，按照法定继承办理；有遗嘱的，按照遗嘱继承或者遗赠办理；有遗赠扶养协议的，按照遗赠扶养协议办理。

第五百四十七条【继承开始后的通知】

继承开始后，知道被继承人死亡的继承人应当采用适当的方式及时通知其他继承人。继承人中无人知道被继承人死亡或者指导被继承人死亡而不能通知的，由被继承人生前所在单位或者住所地的居民委员会·村民委员会负责通知。负有通知义务的继承人或单位，如果故意隐瞒继承开始的事实，造成其他继承人或受遗赠人损失的，应当承担损害赔偿责任。

继承人有无不明的，按照本编第五章第三节执行。

第五百四十八条【继承的效果】

继承人自继承开始时，承受一切遗产，本法另有规定除外。

继承人与被继承人之间的财产权利义务关系，视为继续存在。

继承人有数人时，遗产在分割以前归全体继承人共同共有。

第五百四十九条【遗产管理人的选任】

继承开始后，被继承人留有有效遗嘱者，遗嘱执行人为遗产管理人。没有遗嘱或遗嘱无效者，继承人应当及时举行会议推选遗产管理人。共同继承人未推选遗产管理人的，由全体继承人共同行使遗产管理人的职责，但继承人放弃继承权者不在此限。没有继承人·全部继承人放弃继承权或继承人不明时，被继承人生前住所地的村民委员会或居民委员会为遗产管理人。

第五百五十条【遗产的使用·收益和处分】

未经遗产管理人同意，任何人不得进行有损于遗产价值的使用·收益和处分。

遗产占有人在紧急情况下，为保存遗产价值而进行处分的，事后应当及时通知遗产管理人，并将所得价款移交遗产管理人。

第五百五十一条【编制遗产清册】

遗产管理人应当及时清理被继承人的生前财产，编制遗产清册，并向公证机关进行公证。

遗产价值低于一千元者，遗产管理人编制遗产清册时邀请两个以上无利害关系的见证人见证，并由遗产管理人·见证人在遗产清册上签名。

遗产管理人须忠实·谨慎地履行上述职责，因遗产管理人不当履行上述义务给遗产债权人造成损害的，遗产债权人有权要求遗产管理人承担民事责任。遗产管理人是继承人的，继承人须对遗产债务承担无限责任。

第五百五十二条【遗产管理人的辞职和更换】

法定继承人·村委会·居委会为遗产管理人时不得辞任，但继承人放弃继承权者不在此限。

遗产管理人的行为已经或将要损害其利益的，计策好难个人·遗产债权人可以申请人民法院更换遗产管理人。

热敏法院在指定遗产管理人之前，经利害关系人的申请，可以对遗产进行必要的处分。

第五百五十三条【遗产管理人与遗嘱执行人的关系】

遗产管理人除本节另有规定外，准用本编关于遗嘱执行人的规定。

第四节 继承的接受与放弃

第五百五十四条【继承的接受和放弃】

继承人放弃继承的，应当在知道或应当知道自己可以行使继承权开始两个月内，向遗产管理人·遗嘱执行人或人民法院作出书面放弃继承的表示。到期没有表示的，视为接受继承。

受遗赠人接受遗赠的，应当在知道或应当知道受遗赠后两个月内，作出接受或者放弃受遗赠的意思表示；到期没有表示的，视为放弃受遗赠。

第五百五十五条【继承人死亡的特殊规定】

继承人未表示接受或者放弃而死亡时，遗产管理人应该及时通知继承人的法定继承人，在知道自己可以行使继承权起二个月内，继承人的法定继承人可以行使前条规定的权利。

受遗赠人未表示承认或放弃遗赠而死亡时，其继承人可以准用前款规定，但是遗嘱人于其遗嘱中表示了另外意思时，从其意思。

第五百五十六条【继承人的调查权】

继承人于表示承认或放弃继承前向遗产管理人调查遗产的，遗产管理人不得拒绝调查。

第五百五十七条【继承放弃和接受的代理】

除接受继承对于无民事行为能力人或者限制民事行为能力人不利的以外，法定代理人不得代无民事行为能力人·限制民事行为能力人作出放弃继承的表示。

继承人为无民事行为能力或限制民事行为能力人时，前条规定的放弃继承的期间从他们的法定代理人知道自己可以行使继承权时开始计算。

第五百五十八条【继承的接受和放弃的撤销】

继承人不得单方面撤销承认或放弃继承的意思表示。

前款规定额度不妨碍继承人可以按照本法第一编的规定撤销承认或放弃继承的意思表示。

第五百五十九条【部分放弃或接受之禁止】

继承人不得部分接受或放弃继承。

第五百六十条【附条件及附期限之禁止】

接受或者放弃继承不得附有期限或条件。

第五百六十一条【放弃继承的溯及力】

放弃继承的效力，溯及于继承开始之时。

第五百六十二条【债权人对放弃继承的撤销权】

继承人放弃继承损害其债权人利益的，债权人可以在知道或者应当知道继承人放弃继承之日起六个月内申请人民法院撤销继承人的放弃行为。

第五百六十三条【放弃继承权的人的管理义务】

放弃继承权者，就其所管理之遗产，于其他继承人呢或遗产管理人开始管理前，负有以处理自己事务的同样的注意继续管理的义务。

第二章 法定继承

第一节 法定继承人和继承顺序

第五百六十四条【法定继承人】

遗产按照下列顺序继承：

第一顺序：配偶·子女·父母。

第二顺序 ： 兄弟姐妹 · 祖父母 · 外祖父母。

第三顺序 ： 其他四亲等以内的亲属。

第五百六十五条【子女的界定及继承】

本法所称子女, 包括婚生子女 · 非婚生子女 · 养子女和有扶养关系的继子女。

经夫妻双方协议实施人工生育的, 其父母子女间的关系等同婚生父母子女关系。

有扶养关系的继子女继承了继父母遗产的, 不影响其继承生父母的遗产。

养祖父母与养孙子女的关系, 视为养父母与养子女关系的, 可互为第一顺序继承人。

第五百六十六条【父母的界定及继承】

本法所称父母, 包括生父母 · 养父母和有扶养关系的继父母。

有扶养关系的继父母继承了继子女遗产的, 不影响其继承生子女的遗产。

第五百六十七条【兄弟姐妹的界定及继承】

本法所称兄弟姐妹, 包括同父母的兄弟姐妹 · 同父异母或者同母异父的兄弟姐妹 · 养兄弟姐妹 · 有扶养关系的继兄弟姐妹。

有扶养关系的继兄弟姐妹之间相互继承了遗产的, 不影响其继承亲兄弟姐妹的遗产。

第五百六十八条【法定继承的顺序】

继承开始后, 由第一顺序法定继承人继承, 第二顺序法定继承人不得继承。没有第一顺序法定继承人的, 或者第一顺序法定继承人放弃继承或丧失继承权的由第二顺序法定继承人继承。

第五百六十九条【丧偶儿媳和丧偶女婿的特殊规定】

丧偶儿媳对公 · 婆, 丧偶女婿对岳父 · 岳母, 尽了主要赡养义务的, 没有代位继承人时, 作为第一顺序法定继承人参加继承 ； 有代位继承人时, 可以按照本编第四十一条的规定请求分得部分遗产。

本法所称的对公 · 婆或者岳父 · 岳母尽了主要赡养义务的丧偶儿媳或

者丧偶女婿作为第一顺序法定继承人的，不论其是否再婚都享有权利。

第五百七十条【遗产酌情请求权人】

对法定继承人以外的依靠被继承人抚养的缺乏劳动能力又没有生活来源的人，或者法定继承人以外的对被继承人扶养较多的人，而又未获得适当的遗赠的，可以分给他们以不超过法定应继份为限的遗产。

按照上述规定请求获得的遗产，不得附有义务。

前款规定的法定继承人以外的遗产取得人，得直接向遗产管理人或继承人请求给其相应的遗产份额。

第五百七十一条【被收养人对生父母的遗产权利】

被收养人对养父母尽了赡养义务，同时又对生父母扶养较多的，而又未获得适当的遗赠的，除了可以作为第一顺序法定继承人继承养父母的遗产外，还可以按照本编第五百七十条的规定请求分得生父母的适当的遗产。

第五百七十二条【代位继承的规定】

被继承人的子女在继承开始前先于或同时与被继承人死亡或者丧失继承权的，由被继承人子女的直系血亲卑亲属代位继承。

代位继承不受辈份的限制，但以亲等为序。

第五百七十三条【代位继承人的继承客体】

代位继承人只能继承被代位人的应继份。

如果代位继承人缺乏劳动能力又没有生活来源，或者对被继承人尽过主要赡养义务的，分配遗产时，可以适当多分。

第五百七十四条【转继承】

继承开始后，继承人接受继承，在遗产分割前死亡，他所应取得的遗产份额，转由其法定继承人继承或按照继承人的遗嘱处理。

第二节 应继份

第五百七十五条【应继份】

同一继承顺序的法定继承人继承遗产的份额，应当按照法定继承人的人数均等分配。本编另有规定的除外。

第五百七十六条【平均分配的例外之一】

对生活有特殊困难的缺乏劳动能力的法定继承人，在同一顺序的法定继承人分配遗产时，应当适当多分。

第五百七十七条【平均分配的例外之二】

对被继承人尽了主要赡养义务，或者与被继承人共同生活又尽了主要赡养义务的法定继承人，在不违反前条规定的情况下，可以多分给遗产。

第五百七十八条【平均分配的例外之三】

有扶养能力的继承人，对被继承人不尽扶养义务的，分配遗产时，应当不分或者少分。

如果被继承人明确表示不需要继承人扶养的，不适用本条第一款规定。

第五百七十九条【协商分配】

同一继承顺序的法定继承人，可以协商确定法定继承人的遗产继承份额，但不得违反本编第五百七十六条规定的规定。

第五百八十条【配偶的法定用益物权】

被继承人的配偶尚生存而没有自己的住房的，如果没有继承继承人遗产中的房屋，则对于遗产中的房屋享有法定用益物权。生存配偶为此需要支付取得房屋所有权的继承人不超过市价的租金。具体租金数额及期限由配偶与房屋所有权人协商・协商不成的，双方均可以提起诉讼。

第五百八十一条【配偶的法定用益物权的排除】

如果被继承人死亡时，因为尚生存的配偶一方的过错致使被继承人生前已经提出离婚请求的，则被继承人的配偶不享有上述权利。

第三章 遗嘱

第一节 一般规定

第五百八十二条【遗嘱能力】

无行为能力人，除本法另有规定外不得订立遗嘱。

宣告为无民事行为能力或者限制民事行为讷讷公里的精神病人，不得订立遗嘱。

已满十六岁的未成年人，可以订立遗嘱。

第五百八十三条【确定遗嘱能力的时间】

遗嘱人的遗嘱能力以其设立遗嘱时为准。

遗嘱人立遗嘱时有遗嘱能力，其后丧失了遗嘱能力，不影响遗嘱的效力。

第五百八十四条【遗嘱处分自由】

遗嘱人可以在遗嘱中指定由法定继承人的一人或者数人继承遗产，也可以通过遗嘱将遗产赠给国家·社会组织或者法定继承人以外的人。

第五百八十五条【特留份权力人】

遗嘱人设立遗嘱时，必须为下列法定继承人预留本法规定的份额。

第一顺序法定继承人的特留份为其应继份的二分之一；

第二顺序法定继承人的特留份为其应继份的三分之一；

除本法有特别规定外，特留份权适用本法关于法定继承的规定。

第五百八十六条【特留份的丧失】

继承人按照本法的规定丧失继承权的，其特留份权利同时消灭。

第五百八十七条【特留份抛弃权】

继承人可以在继承开始后，向相对人以明示的方式抛弃特留份权。

继承人向受遗赠人履行支付标的物义务者，视为抛弃特留份权。

继承人不得抛弃继承权，而仅保留特留份权。

第五百八十八条【特留份算定的基础财产】

(一)特留份，依被继承人在继承开始时所有一切财产的价额，加特种赠与的财产的价额，从其中扣除遗产债务的全额算定。

(二)附解除条件的权利·存续期间不确定的权利·遗产中附停止条件的权利由利害关系人协商确定其价格。协商不能者，可以向人民法院提起诉讼。

第五百八十九条【特留份扣减权】

特留份权利人，为保全特留份，在必要的限度内，得请求扣减遗嘱处分。

第五百九十条【扣减权行使后不当得利及物权请求权的准用】

扣减权行使后，特留份权人对相对人可以选择行使物权请求权或不当得利请求权。

第五百九十一条【遗赠·赠与依标的物价额的比例扣减】

扣减应该按照遗赠标的物价额比例扣减，但遗嘱人在其遗嘱中已表示特别意思时，从其意思。

第五百九十二条【因受赠人无资力损失的负担】

因应受扣减的受赠人无资力所生的损失，归特留份权利人负担。

第五百九十三条【附负担赠与的扣减】

附负担遗嘱，得就其标的的价额中扣除负担的价额，请求其扣减。

第五百九十四条【扣减权的除斥期间】

扣减权，自特留份权利人知道或应当知道有行使扣减权的事由起，一年间不行使时消灭。

第五百九十五条【扣减标的的范围】

关于特留份扣减权的规定适用于遗嘱继承·死因赠与·遗嘱信托。

第二节 遗嘱的方式

第五百九十六条【遗嘱方式】

遗嘱人非依下列方式不得订立遗嘱：

(一)公证遗嘱；

(二)自书遗嘱；

(三)代书遗嘱；

(四)录音录像遗嘱；

(五)口头遗嘱。

第五百九十七条【共同遗嘱之禁止】

两人以上者不得订立同一遗嘱。

第五百九十八条【公证遗嘱】

公证遗嘱，应当由遗嘱人亲自向公证机构申请办理。遗嘱人在公证员面前亲笔书写遗嘱或由公证员记录遗嘱人的遗嘱，由遗嘱人在书面遗嘱上签，注明年·月·日。公证员应制作《公证证明书》，并签名，加盖公证机构印章，注明年·月·日。

公证机构应该保守遗嘱秘密。公证机构可以应遗嘱人的请求为遗嘱人保管公证遗嘱。

第五百九十九条【自书遗嘱】

自书遗嘱应当由遗嘱人亲笔书写或亲自制作，签名，注明设立遗嘱的年·月·日。

自然人在遗书中涉及死后个人财产处分的内容，确为死者真实意思的表示，有本人签名并注明了年·月·日，又无相反证据的，视为自书遗嘱。如有增减·涂改，应注明增减·涂改之处所及字数，另行签名。

第六百条【代书遗嘱】

代书遗嘱应当有三个以上见证人在场见证。由遗嘱人口述遗嘱意旨，由见证人中之一人笔记·宣读·讲解，经遗嘱人认可后，并由遗嘱人·代书人·其他见证人签名，注明年·月·日，遗嘱人不能签名者，应按指印代替。不签字的见证人不发生见证效力。

代书人·其他见证人应保守遗嘱秘密，可以应遗嘱人请求为遗嘱人保管代书遗嘱。

第六百零一条【录音录像遗嘱】

录音录像遗嘱应当由遗嘱人主持制作，并应邀请两个以上见证人在场见证。遗嘱人·见证人应当在录音·录像资料中录下其姓名或者肖像，表明制作录音·录像遗嘱的时间。

见证人应保守遗嘱秘密，可以应遗嘱人请求为遗嘱人保管遗嘱。

第六百零二条【口头遗嘱】

遗嘱人在危急情况下，可以设立口头遗嘱。口头遗嘱应当有两个以上见证人在场见证，并由其中一人当场或事后书面记录遗嘱内容，见证人·记录人签名，注明设立口头遗嘱的年·月·日。

危急情况解除两周后，口头遗嘱无效。

第六百零三条【遗嘱见证人的不适格】

下列人员不能作为遗嘱见证人：

(一)无民事行为能力人·限制民事行为能力人；

(二)继承人·受遗赠人及其配偶或直系近亲属；

(三)公证人的配偶·助理人及近亲属。

第三节 遗嘱的变更与撤回

第六百零四条【遗嘱的明示变更与撤回】

遗嘱人立有数份形式相同的遗嘱，其内容相抵触的，以最后所立的遗嘱为准。

第六百零五条【遗嘱的默示撤回】

遗嘱人生前对其个人财产的处分行为与其所立遗嘱的意思表示相反，使遗嘱处分的财产在继承开始前灭失·部分灭失或者所有权转移·部分转移的，遗嘱应视为被撤回或者部分被撤回。

第六百零六条【公证遗嘱的效力优先】

遗嘱人立有数份形式不相同的遗嘱，其内容相抵触的，如果有公证遗嘱的，以最后所立的公证遗嘱为准；没有公证遗嘱的，以最后所立的遗嘱为准。

第四节 遗嘱处分

第六百零七条【遗赠的定义】

遗赠，指遗嘱人通过遗嘱将财产赠与继承人以外的人·组织或国家的行为。

遗嘱人通过遗嘱将财产赠与继承人的，视为对应继份的指定。

通过遗嘱实施捐助行为的准用关于遗赠的规定。

第六百零八条【遗赠的无效】

继承开始前，受遗赠人死亡的，遗赠无效。

附停止条件的遗赠在受遗赠人于条件成就前死亡时，亦与前款同。但是遗嘱人于其遗嘱中表示了另外意思时从其意思。

第六百零九条【候补遗赠】

遗赠不发生效力或因放弃丧失其效力时，受遗赠人所应受的财产，按照法定继承处理。但是，遗嘱人于其遗嘱中表示了另外意思时从其意思。

第六百一十条【受遗赠人的担保请求权】

继承开始后，受遗赠人与遗赠未届清偿期内，可以对遗赠义务人请求相当担保。附停止条件的遗赠，亦同。

第六百一十一条【孳息】

受遗赠人自可请求遗赠履行之时起，取得孳息。但是遗嘱人于其遗嘱中表示了另外意思时，从其意思。

第六百一十二条【遗赠义务人的留置权】

因为遗嘱人死亡后就遗赠标的物支出的费用，遗赠义务人对于遗赠物享有留置权。

第六百一十三条【遗赠标的】

遗嘱人死亡时遗赠标的不属于遗产的，遗赠不发生效力。但是遗嘱人另有意思表示者，从其意思。

第六百一十四条【不属于继承财产的权利遗赠】

以不属于继承财产的权利为标的的遗赠，以前条单数规定为有效时，遗赠义务人负取得权利并转移于受遗赠人的义务。如果不能取得或取得需要过分费用时应清偿其价额。但是，遗嘱人于其遗嘱内表示了另外意思时，从其意思。

第六百一十五条【不特定物遗赠】

以不特定物作为遗赠标的，受遗赠人受到追夺时，遗赠义务人对其负有与出卖人相同的担保责任。

于前款情形物有瑕疵时，遗赠义务人应以无瑕疵物替代。

第六百一十六条【遗赠的物上代位】

遗嘱人因遗赠标的物毁损灭失或占有丧失，而对第三人有损害赔偿请求权时，则该权利推定为遗赠标的。

遗赠标的物与他物附合或混合或被加工，遗嘱人依本法规定成为额合成物或混合物·加工物的单独所有人或共有人时，其全部所有权或共有权推定为遗赠标的。

第六百一十七条【债权遗赠】

以债权为遗赠标的，如遗嘱人已受清偿且受取物尚在继承财产中则推定该物为遗赠标的。

第六百一十八条【物上瑕疵承受】

遗赠标的物于遗嘱人死亡之际为第三人权利的标的时，受遗赠人不得请求遗赠义务人消灭该权利。但是遗嘱人于其遗嘱中表示了反对意思时，不在此限。

第六百一十九条【附负担遗赠】

受附负担遗赠者，只于不超过遗赠标的的价额的限度内，负履行负担的责任。

受遗赠人放弃遗赠时，应受负担利益者可以成为受遗赠人。但是遗嘱人于其遗嘱中表示了另外意思时，从其意思。

第六百二十条【遗托】

遗嘱人可以在遗嘱中指定接受遗产的继承人完成某种事物。

第六百二十一条【负担与遗赠的关系】

仅在可推定，被继承人如无此遗嘱负担即不为此赠与时，遗嘱负担的无效始导致附负担的遗赠无效。

第六百二十二条【负担的履行】

附负担的遗嘱继承或遗赠，如负担能够履行，而继承人呢·受遗赠人无正当理由不履行，经受益人或者其他继承人请求，人民法院可以撤销此部分的遗嘱处分，相应的遗产按照法定继承处理。接受该部分遗产的继承人须按遗嘱人的意愿履行负担。

第六百二十三条【遗嘱信托的成立与财产登记】

采取遗嘱形式设立信托的，遗嘱生效，信托成立。

对于设立遗嘱信托的信托财产，由受托人或受益人办理信托登记，信托生效后的效力溯及信托成立之时，由于受托人或受益人的过错。而不能依法进行信托登记，由此对于第三人造成的损失，有受托人或受益人承担赔偿责任。

第五节 遗嘱的效力

第六百二十四条【遗嘱生效的时间】

遗嘱自遗嘱人死亡时生效。

遗嘱附有停止条件或始期者，自条件成就或期限届至时起生效。

第六百二十五条【遗嘱无效】

有下列情形之一的，遗嘱全部无效：

(一)无民事行为能力人设立的遗嘱；

(二)除本法另有规定者外，限制民事行为能力人所设立的遗嘱；

(三)伪造的遗嘱；

(四)符合本法规定的其他情形。

第六百二十六条【遗嘱部分无效】

有下列情形之一的，遗嘱部分无效：

(一)遗嘱内容被部分篡改；

(二)处分了不属于遗嘱人所有的财产的遗嘱；

(三)符合本法规定的其他情形。

第六百二十七条【遗嘱部分无效与全部无效的关系】

如遗嘱部分无效，仅在可推定，如无此项无效的部分被继承人即不会为其他部分时，其他部分始为无效。

第六百二十八条【瑕疵遗嘱的撤销】

遗嘱人因受胁迫·欺诈·错误所立的遗嘱，继承人·受遗赠人或其他利害关系人可以向人民法院申请撤销遗嘱。

前款撤销权自权利人知道或者应当知道可撤销事由时起经过一年即消灭。

第六百二十九条【欠缺形式要件的处理方式】

自书遗嘱因非亲笔书写或者未签名而无效。由公证人制作的遗嘱因欠缺公证人本人制作的笔录·遗嘱人的声明或者公证人·遗嘱人的签名而无效。

对于欠缺其他形式要件的遗嘱，可以根据任一利害关系人的请求撤销。提起撤销遗嘱的诉权自遗嘱执行之日起经过一年不行使而消灭。

第六百三十条【遗嘱无效或被撤销的后果】

无效的遗嘱或遗嘱被撤销的，自始没有法律效力。相关遗产按照法定继承处理。

第六节 遗嘱的执行

第六百三十一条【遗嘱的开启和检视】

遗嘱保管人或发现遗嘱的人，知道继承开始后，应从速召集全体法定继承人，在村委会或居委会的主持下将遗嘱开启。遗嘱开启后，应检视遗嘱的内容，并制作记录，有所有在场的人签名。

遗嘱开启后，遗嘱由遗嘱执行人保管。继承人·利害关系人可以要求持有遗嘱的复印件或其他形式的副本。

遗嘱保管人或继承人违反上述规定者，应承担相应的法律责任。

第六百三十二条【遗嘱执行人】

继承开始后，遗嘱执行人按照喜爱列顺序确定：

(一)由遗嘱人指定的遗嘱执行人负责执行遗嘱。

(二)遗嘱人在遗嘱中委托第三人指定遗嘱执行人的，受委托指定遗嘱执行人者应从速指定并通知继承人。

(三)遗嘱人没有指定遗嘱执行人或指定的遗嘱执行人不能执行遗嘱的，由遗嘱人的法定继承人负责执行遗嘱。

(四)既没有遗嘱指定的遗嘱执行人也没有法定继承人能够执行遗嘱时，遗嘱人生前所在单位或者继承开始地的居民委员会或者村民委员会为遗嘱执行人。

第六百三十三条【遗嘱执行人的就职通知】

遗嘱指定的遗嘱执行人或受委托指定遗嘱执行人的第三人应及时通知法定继承人是否接受职位。但以法定继承人为遗嘱执行人时，法定继承人不得拒绝接受。

第六百三十四条【利害关系人的催告权】

继承人及利害关系人，可以定相当期间催告遗嘱执行人或第三人于十四日以内做出是否愿意就职的答复。遗嘱执行人于该期间内未给与继承人等答复的，视为其接受就职。

第六百三十五条【共同执行人】

执行人为多数的，全体继承人为被继承人遗嘱的共同执行人。继承人可以共同推举一热暖和数人作为代表来执行遗嘱。 遗嘱执行人的意见不一致时，除遗嘱人于遗嘱中表示了另外的意思外，按照半数以上的执行人的意见处理。

各遗嘱执行人可以不拘前款规定而实施保存行为。

第六百三十六条【遗嘱执行人的义务】

遗嘱执行人应执行下列义务：

除遗嘱中另有特别规定外，遗嘱执行人有下列权利和义务：

(一)清理遗产·制作财产目录；

(二)管理遗产；

(三)按照遗嘱内容将遗产最终转移给遗嘱继承人和受遗赠人；

(四)排除各种执行遗嘱的妨碍。

第六百三十七条【遗嘱执行人的责任】

遗嘱执行人执行遗嘱时，应当按照遗嘱人的意愿忠实·谨慎地履行自己的职责。遗嘱执行人因故意或者重大过失而给继承人·受遗赠人以及其他利害关系人造成损失时，应当承担赔偿责任。但遗嘱执行人有偿执行遗嘱的，应对自己的一切过失所造成的损失承担赔偿责任。

第六百三十八条【遗嘱执行人资格的解任·辞任】

遗嘱执行人不能适当地履行自己的职责时，遗嘱继承人·受遗赠人以及其他利害关系人可以申请人民法院撤销遗嘱执行人的资格。

遗嘱执行人有正当事由时，经遗嘱继承人·受遗赠人允许可以辞去其任务。

遗嘱执行人资格被撤销或辞去任务，按照本编规定重新确定遗嘱执行人。

第六百三十九条【遗嘱执行人的报酬】

遗嘱人可以在遗嘱中对遗嘱执行人指定报酬。遗嘱人没有作出上述指定的，遗嘱执行人不得请求报酬。但继承人或者受遗赠人自愿支付报酬的除外。

第六百四十条【执行遗嘱的费用】

执行遗嘱所需要的费用，由遗产中支付，但不得因此而减少特留份及酌给请求权人的请求份额。

第六百四十一条【遗嘱执行人的地位】

遗嘱执行人视为被继承人的信托受托人。关于遗嘱执行人的权利义务本编没有规定的，准用《信托法》的相关规定。

第四章 遗赠扶养协议

第六百四十二条【遗赠扶养协议的内容】

被扶养人可以与扶养人采取书面形式签订遗赠扶养协议，按照协议，扶养人承担被扶养人生养死葬的义务，享有在被扶养人死亡后，承受约定的遗产的权利。

第六百四十三条【扶养义务履行】

遗赠扶养协议签订后，扶养人无正当理由不履行扶养义务致使该协议解除的，不再享有受遗赠的权利，其支付的抚养费用不予补偿。因被扶养人的原因致使该协议解除的，被扶养人应偿还扶养人已支付的费用。

第六百四十四条【遗赠扶养协议与合同编的关系】

关于遗赠扶养协议，本法未作规定的，适用《中华人民共和国合同法》的有关规定。

第五章 遗产的处理

第一节 遗产的分割

第六百四十五条【遗产分割自由的限制】

继承开始后，继承人得随时请求分割遗产，但有下列情况的除外：

(一)遗嘱指定遗产于一定期间内不得分割，但此期间不得超过五年；超过五年的，缩短为五年；

(二)继承人协商同意于一定期间内不分割遗产；

(三)遗产中某项一经分割将会严重损害其价值的，如果继承人对其分割达不成协议，应当整体地分给某一个继承人，并由该继承人按照其他继承人应得的遗产份额进行补偿。

第六百四十六条【遗产分割的方法】

遗产的分割应按照下列方法进行：

(一)按遗嘱确定的方法；

(二)按遗嘱指定的第三人确定的方法；

(三)全体继承人协商；

全体继承人不能协商确定的，由利害关系人或继承人申请人民法院裁判分割。

第六百四十七条【遗产分割的原则】

遗产分割应当有利于继承人·受遗赠人的生活需要和经营活动·不损害遗产的效用。

第六百四十八条【瑕疵担保责任】

遗产分割后，各继承人以其所得的遗产份额为限，对其他继承人分得的遗产，负与出卖人同样的瑕疵担保责任。

各继承人对其他继承人分得的债权，就遗产分割时债务人的支付能力，负担保责任。

前项债权如附有停止条件或者未届清偿期的，则各继承人应就清偿时债务人的支付能力负担保责任。

第六百四十九条【担保责任的分担】

依前条规定负担保责任的共同继承人中，有无支付能力不能偿还其分担份额的，其不能偿还部分由有请求权的继承人与其他继承人按其所得遗产份额的比例分担。但不能偿还部分是由有请求权的继承人的自身原因所致的，其他共同继承人不负分担责任。

第二节 被继承人债务的清偿

第六百五十条【债务清偿次序】

继承人对遗产债务按下列次序进行清偿：

(一)继承费用，因继承人和遗产管理人过失而支出的费用不属于继承费用，由负有过失的继承人和遗产管理人承担；

(二)遗产税；

(三)被继承人生前欠下的债务；

(四)遗产酌给债务；

(五)因特留份扣减权·遗赠等产生的债务。

对遗产享有担保物权的债权人可申请担保物权优先受偿。

第六百五十一条【丧葬费用】

被继承人的·与其社会地位相称的丧葬费用，由继承人负担。

第六百五十二条【对遗产债权的公告】

继承人和遗产管理人应当于知道继承开始后三个月内向人民法院递交遗产清册，由人民法院依公示催告程序催告债权人申报债权。

前款公示催告程序的期间不得少于三个月。

继承人和遗产管理人在本条规定的公示催告期间内，得拒绝任何债权人和受遗赠人的给付请求。

第六百五十三条【遗产债务的清偿】

本法前条规定的催告期届满后，继承人和遗产管理人应当依据已申报债权和其他已知债权的数额或比例，以遗产分别偿还。

对于尚未到期的遗产债务或有争议的遗产债务，继承人和遗产管理人应当在遗产分割前保留为清偿此债务所必要的财产。

第六百五十四条【损害赔偿责任】

继承人和遗产管理人违反前两条规定，对遗产债权人和受遗赠人造成损害的，应当承担赔偿责任。

前款受有损害的遗产债权人和受遗赠人，可向明知有不当受偿情形的遗产债权人和受遗赠人请求偿还其不当受偿的数额。

第六百五十五条【不申报债权的效果】

遗产债权人不依本法规定的期限申报债权，而又为继承人和遗产管理人所不知者，仅得就剩余遗产，行使其权利。但就遗产享有担保物权者，不在此限。

第六百五十六条【共同继承人的连带责任】

共同继承人对遗产债务的清偿负连带责任，继承人相互间对于被继承人之债务，除另有约定外，按其应继份比例负担之。

第六百五十七条【遗产分割后债务清偿】

遗产分割后，如果尚未清偿的债务移归继承人承受或由各继承人分担，经债权人同意者，各继承人免除连带责任。

继承人之连带责任，自遗产分割时起，如债券清偿期在遗产分割后者，自清偿期届满时起，经过五年而免除。

第六百五十八条【继承人偿还责任的限制】

继承人以其所接受遗产的实际价值为限对遗产债务承担责任。超过遗产实际价值部分，继承人自愿偿还的不在此限。

继承人放弃继承的，对被继承人依法应当缴纳的税款和债务不负偿还责任。

第六百五十九条【遗嘱继承和遗赠的扣减】

遗嘱生效时，实际遗产的数额不足遗嘱所列的遗产数额时，应当对遗嘱继承和遗赠的数额按应得份额的比例进行扣减。

第六百六十条【对缺乏劳动能力又没有生活来源的人的特殊规定】

继承人中有缺乏劳动能力又没有生活来源的人，即使遗产不足清偿债务，也应当为其保留适当遗产，其余遗产用于清偿债务。

第三节 无人承受的遗产的处理

第六百六十一条【非诉程序】

继承开始时，有无继承人不明时，由村委会或居委会作为遗产管理人。遗产管理人应该从速申请人民法院按公示催告程序，公告通知可能存在的继承人·受遗赠人·债权人等其他利害关系人前来法院申报登记。

第六百六十二条【公告】

人民法院决定受理申请，应在三日内发布公告，催促继承人·受遗赠人·债权人等其他利害关系人申报·登记。公示催告的期间，由 根据情况决定，但不得少于六十日。

第六百六十三条【继承人出现后的处理】

继承人出现后，遗产管理人的管理权终止，并应向继承人办理移交手续。继承人出现以前遗产管理人的管理行为继续生效。

第六百六十四条【遗产管理人的权限】

遗产管理人于公告期间届满前，可以对依本法规定进行遗产管理并为必要的处分，但不得对被继承人的债权人或受遗赠人，进行清偿债务或交付遗赠物。

第六百六十五条【债权人或受遗赠人不申报的后果】

被继承人之债权人或受遗赠人，不于第六百六十二条所定期间内为报明或声明者，仅得就剩余遗产，行使权利。

第六百六十六条【无继承人的遗产归属】

公告期满，无继承人承认继承时，其遗产于清偿债权并教父遗赠物后，如有剩余，由遗产管理人移交有关部门上缴国库所有；如果死者生前是集体所有制组织成员的，则应移交所在的集体所有制组织并归其所有。

2

中国民法典：继承编条文建议稿*

中国民法典立法研究课题组**

目录

---

* 2003년 法律出版社에서 출판된『中国民法典草案建议稿』중 상속편 부분과 같은 내용이며, 2004년 출판된『中国民法典草案建议稿附理由』(侵权行为编, 继承编)은 이것을 기초로 작성되었다. 내용은 같되 조문 번호만 다른데, 예를 들어『中国民法典草案建议稿』제1848조는『中国民法典草案建议稿附理由』(侵权行为编, 继承编) 제15조이다.

** 본편 기초 과제조 구성원은 구오밍뤠이(郭明瑞) 교수, 팡샤오쿤(房绍坤) 교수, 꽌타오푸(关涛副) 교수이고, 조문 초안 토론에 참가한 구성원은 짱홍보(张洪波) · 짱핑화(张平华) · 쭝샹(仲相) · 스옌리(司艳丽) · 티엔예(田野) · 쭈정이(朱呈义) · 리우징징(刘经靖) 등이다. 이러한 토론을 기반으로 郭明瑞 · 房绍坤 교수가 초고의 최종 통일 편찬 작업을 하였고 량훼이싱(梁慧星) 교수가 최종 심사하였다.

第一章 总 则

第一条 [继承的定义]

本法所称继承, 是指自然人死亡时其法律规定范围内的亲属按照死者生前所立的合法有效的遗嘱或者法律的规定取得死者所遗留的个人合法财产。

在继承中, 其生前所享有的财产因其死亡而移转给他人的死者称为被继承人, 依法承接被继承人财产的人称为继承人。

第二条 [继承开始的时间]

继承从被继承人死亡时开始。

前款所称“死亡”包括生理死亡和宣告死亡。

第三条 [数人在同一事故中死亡先后的推定]

相互有继承关系的人在同一事故中死亡, 如不能确定死亡先后时间的, 推定没有继承人的人先死亡。各死亡人都有继承人的, 若死亡人辈份相同, 则推定同时死亡, 彼此不发生继承；死亡人辈份不同的, 若晚辈未成年, 则推定晚辈先死亡, 若晚辈已成年, 则推定长辈先死亡。

第四条 [继承开始的地点]

继承于被继承人生前最后住所地或者主要遗产所在地开始。

第五条 [法定继承 · 遗嘱继承 · 遗赠 · 遗赠扶养协议间的效力]

继承开始后, 按照法定继承办理；有遗嘱的, 按照遗嘱继承或者遗赠办理；有遗赠扶养协议的, 按照遗赠扶养协议办理。

第六条 [继承能力]

继承开始时生存的自然人方可继承。

第七条 [胎儿的继承能力]

被继承人死亡前已受孕的胎儿, 就继承视为已出生。

前款规定不适用于胎儿出生时为死体的情形。

第八条 [继承权的丧失]

继承人有下列行为之一的, 丧失继承权：

(一)为争夺遗产而杀害其他继承人的；

(二)故意杀害被继承人的，但属于正当防卫的除外；

(三)遗弃被继承人的，或者虐待被继承人情节严重的；

(四)伪造·篡改或者销毁遗嘱，情节严重的；

(五)以欺诈或者胁迫的手段，迫使或者妨碍被继承人设立·变更或者撤销遗嘱，情节严重的。

继承人因前款第(二)·(三)·(四)·(五)种情形丧失继承权，如经被继承人宽恕的，可不确认其丧失继承权。

继承权丧失的事由准用于受遗赠权的丧失。

第九条 [遗产的范围]

遗产是自然人死亡时遗留的个人合法财产。

前款规定的遗产包括自然人因其死亡而获得的未指定受益人的保险金·补偿金·赔偿金以及其他基于该自然人生前行为而应获得的财产利益。

下列权利义务不得作为继承的标的：

(一)与被继承人人身不可分离的人身权利；

(二)与被继承人人身有关的专属性债权债务；

(三)法律规定不得继承的其他财产。

第十条 [赠与的冲抵]

继承开始之前，继承人因结婚·分居·营业以及其他事由而由被继承人赠与的财产应当列入遗产范围，但被继承人生前有相反意思表示的除外。

前款规定的赠与财产数额应在遗产分割时从该继承人的应继份中扣除。

赠与财产的具体数额应依赠与当时的价值计算。

第十一条 [继承回复请求权]

继承人在其继承权受到侵害时，得请求回复。

前款规定的请求权，自继承人知道或者应当知道继承权被侵害之日起二年内不行使时消灭；自继承开始经过二十年的，亦同。

第二章 法定继承

第十二条 [法定继承的定义]

法定继承是指继承人范围 · 继承顺序 · 继承条件 · 继承份额 · 遗产分配原则及继承程序由法律直接规定的继承。

第十三条 [法定继承的适用范围]

有下列情形之一的，遗产中的有关部分适用法定继承：

(一)遗嘱继承人放弃继承或者受遗赠人放弃受遗赠的；

(二)遗嘱继承人丧失继承权或者受遗赠人丧失受遗赠权的；

(三)遗嘱继承人 · 受遗赠人先于遗嘱人死亡的；

(四)遗嘱无效部分所涉及的遗产；

(五)遗嘱未处分的遗产。

第十四条 [法定继承人及其顺序]

遗产按照下列顺序继承：

第一顺序：配偶 · 子女 · 父母。

第二顺序：兄弟姐妹 · 祖父母 · 外祖父母。

第三顺序：四亲等以内的亲属。

第十五条 [配偶的界定]

本法所称配偶，是指被继承人死亡时与被继承人有合法婚姻关系的人。

第十六条 [子女的界定及继承]

本法所称子女，包括婚生子女 · 非婚生子女 · 养子女和有扶养关系的继子女。

经夫妻双方协议实施人工生育的，其父母子女间的关系等同婚生父母子女关系。有扶养关系的继子女继承了继父母遗产的，不影响其继承生父母的遗产。

养祖父母与养孙子女的关系，视为养父母与养子女关系的，可互为第一顺序继承人。

第十七条 [父母的界定及继承]

本法所称父母, 包括生父母 · 养父母和有扶养关系的继父母。

有扶养关系的继父母继承了继子女遗产的, 不影响其继承生子女的遗产。

第十八条 [兄弟姐妹的界定及继承]

本法所称兄弟姐妹, 包括同父母的兄弟姐妹 · 同父异母或者同母异父的兄弟姐妹 · 养兄弟姐妹 · 有扶养关系的继兄弟姐妹。

有扶养关系的继兄弟姐妹之间相互继承了遗产的, 不影响其继承亲兄弟姐妹的遗产。

第十九条 [代位继承]

被继承人的子女在继承开始前死亡或者丧失继承权的, 由被继承人子女的直系血亲卑亲属代位继承。

代位继承人只能继承被代位人的应继份。

代位继承不受辈份的限制, 但以亲等为序。

第二十条 [转继承]

继承开始后, 继承人未放弃继承, 但于遗产分割前死亡的, 其所应继承的遗产份额由其继承人承受。

第二十一条 [继承顺序的优先]

前一顺序继承人优先于后一顺序的继承人继承。

第二十二条 [共同继承]

继承开始后, 继承人有数人的, 为共同继承。

共同继承中, 遗产属于数继承人共同共有, 各共同继承人, 按其应继份承继被继承人的权利义务。

第二十三条 [应继份]

同一顺序继承人有数人时, 按人数平均继承, 但法律另有规定的除外。

第二十四条 [继承份额的不均等]

对生活有特殊困难的缺乏劳动能力的继承人, 分配遗产时, 应当予以照顾, 可以多分遗产。对被继承人尽了主要扶养义务的继承人, 分配遗产时，可以多分。

有扶养能力和有扶养条件的继承人，不尽扶养义务的，分配遗产时，应当不分或者少分。但被继承人因有固定收入和劳动能力，明确表示不要求其扶养的，其继承份额不受影响。继承人协商同意的，继承份额可以不均等。

第二十五条 [继承人以外可适当分得遗产的人]

下列继承人以外的人可以分得适当的遗产：

(一)依靠被继承人生前继续扶养的缺乏劳动能力又没有生活来源的；

(二)对被继承人扶养较多的；

(三)其他与被继承人有特别关系的。

第三章 遗嘱处分

第一节 一般规定

第二十六条 [遗嘱的定义]

遗嘱是自然人按照法律的规定处分自己的财产，安排与此有关的事务，并于死亡后发生效力的单方民事行为。

第二十七条 [代理的禁止]

遗嘱应由遗嘱人亲自订立，第三人代理设立的遗嘱无效。

第二十八条 [遗嘱自由原则]

自然人可以依照本法的规定设立遗嘱，指定由法定继承人中的一人或者数人继承其遗产，或者将其个人财产赠给国家·集体或者法定继承人以外的其他人。

第二十九条 [特留份]

遗嘱人设立遗嘱时，必须为特留份继承人预留法律规定的份额，并不得为特留份设定负担。遗嘱人违反法律规定对特留份所作的遗嘱处分无效。

在被继承人死亡前，特留份继承人放弃特留份的声明无效。

本法规定的第一顺序·第二顺序法定继承人为特留份继承人。

第三十条 [特留份份额的确定]

第一顺序法定继承人的特留份为其应继份的二分之一；

第二顺序法定继承人的特留份为其应继份的三分之一。

特留份的继承顺序准用法定继承人的继承顺序。

第三十一条 [特留份的丧失]

继承人按照本法的规定丧失继承权的，其享有特留份权利同时消灭。

第三十二条 [遗嘱合法原则]

当事人设立遗嘱，不得违反法律规定和社会公德。

第三十三条 [遗嘱能力]

遗嘱人设立遗嘱时必须具有完全民事行为能力。限制民事行为能力人·无民事行为能力人设立的遗嘱无效。

遗嘱人的遗嘱能力以其设立遗嘱时为准。

无民事行为能力人所立的遗嘱，即使其本人后来恢复了民事行为能力，仍属无效遗嘱。遗嘱人立遗嘱时有民事行为能力，其后丧失了民事行为能力，不影响遗嘱的效力。

第二节 遗嘱的形式

第三十四条 [遗嘱的形式]

设立遗嘱可以采用公证遗嘱·自书遗嘱·代书遗嘱·录音遗嘱和口头遗嘱等法律规定的形式为之。

第三十五条 [公证遗嘱]

公证遗嘱由遗嘱人经公证机关办理。公证遗嘱必须由遗嘱人亲自申请办理公证，不能委托他人办理。

办理遗嘱公证应当有两个以上的公证员参加，公证员办理遗嘱公证应当遵守回避程序。遗嘱人须在公证员面前以书面或者口头形式表述出遗嘱的内容。遗嘱人亲笔书写遗嘱的，应在遗嘱上签名，并注明年·月·日；遗嘱人口授遗嘱的，由公证员作出记录并向遗嘱人宣读，经确认无误后，由在场的公证员和遗嘱人签名，并注明设立遗嘱的年·月·日。

公证员办理公证遗嘱应当对相关事项进行审查。审查的具体内容包括：遗嘱人的遗嘱能力·遗嘱意思表示的真实性·遗嘱形式的合法性以及其他按照公证规则应当审查的事项。

第三十六条 [自书遗嘱]

自书遗嘱应当由遗嘱人亲笔书写遗嘱的全部内容并签名，注明年·月·日。

自然人在遗书中涉及死后个人财产处分的内容，确为死者真实意思的表示，有本人签名并注明了年·月·日，又无相反证据的，视为自书遗嘱。

第三十七条 [代书遗嘱]

遗嘱人可以口述遗嘱内容，并由他人代为书写遗嘱。

代书人应当忠实地记载遗嘱人的意思表示，不得对遗嘱人的意思表示作篡改和修正。

代书遗嘱应当有两个以上见证人在场见证，由其中一人代书，注明年·月·日，并由代书人·其他见证人和遗嘱人签名。

第三十八条 [录音遗嘱]

遗嘱人可以用录音(含录像·光盘以及其他电子读物)的方式制作遗嘱。

以录音形式设立遗嘱，应当有两个以上见证人在场见证。

录音遗嘱应当由遗嘱人亲自制作，遗嘱人在录制完遗嘱后，应将记载遗嘱的磁带封存，遗嘱人·见证人应当在封存好的录音遗嘱的封口上签名并注明年·月·日。

录音遗嘱应当在见证人·继承人·受遗赠人以及其他利害关系人都到场的情况下当众启封。

第三十九条 [口头遗嘱]

遗嘱人在危急情况下，可以订立口头遗嘱。

遗嘱人按前款规定设立遗嘱的，应当有两个以上见证人在场见证。遗嘱人能够以其他方式将其订立遗嘱的真实意思告知见证人的，见证人可以不出席现场。见证人应当及时将其见证的遗嘱内容作成书面形式，注明

遗嘱设立的时间 · 签名并在危急情况解除后迅速交付继承人 · 受遗赠人或其他利害关系人。

危急情况解除后，遗嘱人能够用其他形式立遗嘱的，所立口头遗嘱自危急情况解除之日起两周后失效。

第四十条 [遗嘱见证人]

遗嘱见证人是证明遗嘱真实性的第三人。遗嘱见证人应由遗嘱人设立遗嘱时亲自指定。在紧急情形下，虽未经指定但确能证明口述遗嘱真实性的完全民事行为能力人可以作为遗嘱见证人。

下列人员不能作为遗嘱见证人：

(一)无民事行为能力人 · 限制民事行为能力人；

(二)继承人 · 受遗赠人及其配偶或者其他直系血亲；

(三)与继承人 · 受遗赠人有利害关系的其他人。

第三节 遗嘱的内容

第四十一条 [遗嘱的内容]

遗嘱人可以在遗嘱中对下列事项进行指定：

(一)指定继承人 · 受遗赠人以及候补继承人 · 候补受遗赠人；

(二)指定遗产的分配顺序 · 分配方法或份额；

(三)规定遗嘱继承人 · 受遗赠人的附加义务；

(四)指定遗嘱执行人；

(五)指定遗嘱信托的受托人和受益人；

(六)其他事项。

遗嘱不完全具备上述内容的，不影响其效力。

第四十二条 [遗赠]

遗嘱中指定的受遗赠人只能是国家 · 集体 · 法人或者其他组织以及法定继承人以外的人。受遗赠人须为遗嘱生效时生存的人，但遗赠人死亡时已经受孕的胎儿可以作为受遗赠人。遗嘱的公证人 · 见证人及其配偶或其他直系血亲不得作为受遗赠人。

遗赠的财产须为遗产，且在遗赠人死亡时执行遗赠为可能和合法。

遗赠的效力及于主物的从物及自遗嘱生效时起由遗赠物所生的孳息，但不影响遗嘱生效时已经存在于遗赠标的上的权利。

第四十三条 [遗嘱信托]

遗嘱人设立遗嘱信托的，应当符合信托法的有关规定。

第四十四条 [遗嘱附条件的限制]

遗嘱人可以在遗嘱中对遗嘱继承或者遗赠附加一定的条件。

遗嘱人对遗嘱继承或遗赠所附的条件不得违反法律规定，不得损害国家·社会·集体或他人的利益。遗嘱人不得对遗嘱继承或者遗赠附加非财产性质的限制条件。

遗嘱人违反上述规定所设立的条件无效。

第四十五条 [遗嘱内容的推定]

遗嘱人在遗嘱中仅指定了遗嘱继承人和遗产的名称·范围或者数额但没有指明各遗嘱继承人应继承的具体遗产和份额的，遗产应在其指定的遗嘱继承人中作等额分配。

第四十六条 [遗嘱的解释]

对遗嘱的内容作出解释时，应根据遗嘱的上下文采纳最符合于遗嘱人意思的解释。

第四节 遗嘱的变更和撤销

第四十七条 [遗嘱的变更和撤销]

遗嘱人可以按照法律规定的遗嘱设立的条件和方式撤销·变更自己所立的遗嘱。

第四十八条 [遗嘱撤销的方式之一：明示撤销]

遗嘱人得以任何一种法定遗嘱形式撤销其先前依其他法定形式所设立的遗嘱。

第四十九条 [遗嘱撤销的方式之二：推定撤销]

遗嘱人有下列行为之一的，视为其撤销遗嘱：

(一)遗嘱人立有数份遗嘱，且内容相抵触的，以最后的遗嘱为准；

(二)遗嘱人生前的行为与遗嘱的内容相抵触的，遗嘱就相抵触的部分视为撤销；

(三)遗嘱人故意销毁遗嘱的，视为撤销遗嘱。

第五节 遗嘱的效力

第五十条 [遗嘱生效的时间]

遗嘱自遗嘱人死亡时生效。遗赠附有生效条件者，自条件成就时起生效。

第五十一条 [遗嘱的无效]

有下列情形之一的，遗嘱无效：

(一)无民事行为能力人或者限制民事行为能力人所立的遗嘱；

(二)代理设立的遗嘱；

(三)伪造的遗嘱；

(四)被篡改的遗嘱部分；

(五)遗嘱处分属于国家·集体或者他人所有的财产的部分；

(六)违反法律规定对特留份进行处分的部分；

无效的遗嘱不具有执行效力，遗嘱部分无效的不影响其他部分的效力。

第五十二条 [瑕疵遗嘱的撤销]

下列遗嘱，继承人·受遗赠人或其他利害关系人可以申请撤销：

(一)受胁迫·欺诈所立的遗嘱；

(二)遗嘱不符合法律规定的形式要求。

遗嘱被撤销的，溯及遗嘱人死亡时起无效，尚未执行的，停止执行；已经执行的，应当返还被执行的遗产，不能返还的，受益人应折价补偿。

前款撤销权自权利人知道或者应当知道可撤销事由时起经过一年即消灭。

第六节 遗嘱的执行

第五十三条 [遗嘱执行人的条件]

遗嘱执行人应当具有完全民事行为能力。

第五十四条 [遗嘱执行人的确定]

遗嘱人可以在遗嘱中指定遗嘱执行人, 也可以在遗嘱中委托第三人指定遗嘱执行人。

遗嘱人未指定遗嘱执行人或者指定的遗嘱执行人不能执行遗嘱的, 遗嘱人的法定继承人为遗嘱执行人。

既没有遗嘱指定的遗嘱执行人也没有法定继承人能够执行遗嘱时, 遗嘱人生前所在单位或者继承开始地的居民委员会或者村民委员会为遗嘱执行人。

第五十五条 [遗嘱执行人的接受或拒绝]

继承人以外的人被指定为遗嘱执行人的, 有权决定是否担任遗嘱执行人 ; 不愿担任遗嘱执行人的, 应当及时通知继承人 · 受遗赠人或者其他利害关系人。

第五十六条 [多数执行人]

指定遗嘱执行人为二人以上的, 除遗嘱人在遗嘱中有另外的意思表示外, 应共同执行遗嘱。在无指定遗嘱执行人时, 法定继承人为多数人的, 全体继承人为共同遗嘱执行人。继承人可以共同推举一人或者数人为代表执行遗嘱。

遗嘱执行人对遗嘱的执行意见不一致时, 可以请求人民法院裁定。

第五十七条 [遗嘱执行人的权利和义务]

除遗嘱中另有特别规定外, 遗嘱执行人有下列权利和义务 :

(一)查明遗嘱是否合法真实 ;

(二)清理遗产 ;

(三)管理遗产 ;

(四)诉讼代理 ;

(五)召集全体遗嘱继承人和受遗赠人, 公开遗嘱内容 ;

(六)按照遗嘱内容将遗产最终转移给遗嘱继承人和受遗赠人 ;

(七)排除各种执行遗嘱的妨碍 ;

(八)请求继承人赔偿因执行遗嘱受到的意外损害。

第五十八条 [遗嘱执行人的责任]

遗嘱执行人执行遗嘱时，应当按照法律的要求和遗嘱人的意愿忠实地履行自己的职责。遗嘱执行人因故意或者重大过失而给继承人·受遗赠人以及其他利害关系人造成损失时，应当承担赔偿责任。但遗嘱执行人有偿执行遗嘱的，应对自己的一切过失所造成的损失承担赔偿责任。

第五十九条 [遗嘱执行人资格的撤销]

遗嘱执行人不能适当地履行自己的职责时，遗嘱继承人·受遗赠人以及其他利害关系人可以申请人民法院撤销遗嘱执行人的资格。

第六十条 [遗嘱执行人的报酬]

遗嘱人可以在遗嘱中对遗嘱执行人指定报酬。遗嘱人没有作出上述指定的，遗嘱执行人不得

请求报酬。但继承人或者受遗赠人自愿支付报酬的除外。

第四章 遗赠扶养协议

第六十一条 [遗赠扶养协议的定义]

遗赠扶养协议是自然人(遗赠人·受扶养人)与扶养人或者集体组织订立的，以被扶养人的生养死葬及其财产的遗赠为内容的协议。

关于遗赠扶养协议，本法未作规定的，适用合同法有关规定。

第六十二条 [遗赠扶养协议的形式]

遗赠扶养协议应当采取书面形式。

第六十三条 [遗赠扶养协议的效力]

遗赠扶养协议一经成立即发生法律效力，并受法律保护。

遗赠扶养协议生效后，扶养人应当履行对受扶养人的生养死葬的义务。在受扶养人死亡后，扶养人得依照遗赠扶养协议的约定取得受扶养人的遗产。

第五章 遗产的处理

第六十四条 [继承开始后的通知]

知道被继承人死亡的继承人为继承开始通知的义务人。继承人中无人知

道被继承人死亡或者知道被继承人死亡而不能通知的，被继承人生前所在单位或者住所地的居民委员会·村民委员会为继承开始通知的义务人。其他利害关系人知道继承开始的事实的，也可以通知继承人或遗嘱执行人。

第六十五条 [遗产管理人的选任]

继承开始后两个月内，继承人应当举行会议推选遗产管理人。共同继承人未推选遗产管理人的，由全体继承人共同行使遗产管理人的职责。

遗嘱中指定有遗嘱执行人的，由遗嘱执行人行使遗产管理人的职责。

在下列情况下，经利害关系人申请，人民法院可以指定遗产管理人：

(一)遗嘱未指定遗嘱执行人，继承人对遗产管理人的选任有争议的；

(二)没有继承人或者继承人下落不明，而遗嘱中又未指定遗嘱执行人的；

(三)遗产债权人有证据证明继承人的行为已经或将要损害其利益的。

人民法院在指定遗产管理人之前，经利害关系人的申请，可以对遗产进行必要的处分。

第六十六条 [遗产管理人的报酬]

继承人和遗嘱执行人以外的人担任遗产管理人的，有权请求与其所执行职务相当的报酬。遗产管理人的报酬应列入继承费用优先受清偿。

第六十七条 [遗产的保管]

继承开始后，存有遗产的人应当妥善保管遗产，并将其存有的遗产的种类·数量和状况及时通报遗产管理人，由遗产管理人与继承人协商决定该项遗产此后的保管方式。

第六十八条 [编制遗产清册]

遗产管理人应当及时清理被继承人的财产，编制遗产清册。

遗产管理人在编制遗产清册时，应当将被继承人财产与夫妻共同财产·家庭共同财产及其他人的财产区分开。

第六十九条 [遗产的使用·收益和处分]

继承人有数人时，遗产在分割以前归全体继承人共同共有。未经全体继承人同意，任何继承人不得进行有损于遗产价值的使用·收益和处分。遗产占有人在紧急情况下，为保存遗产价值而进行处分的，事后应当及时通知继承人和遗产管理人，并将所得价款移交遗产管理人。

第七十条 [遗产份额的转让限制]

在遗产分割前，共同继承人不得将其所继承的遗产份额转让于共同继承人以外的人。违反前款规定为遗产份额转让的，其转让行为无效。

第七十一条 [继承的接受和放弃]

继承人放弃继承的，应当在知道继承开始后两个月内以书面形式作出放弃继承的意思表示；逾期未表示的，视为接受继承。

受遗赠人接受遗赠的，应当在知道受遗赠后两个月内作出接受遗赠的意思表示；逾期未表示的，视为放弃受遗赠。

继承人接受或放弃继承·受遗赠人接受或放弃受遗赠的意思表示不得撤回，但在受欺诈·胁迫情况下做出的除外。

第七十二条 [附条件·期限的接受和放弃及部分的接受和放弃]

接受或者放弃继承不得附条件或期限。

部分接受或放弃继承的意思表示无效。

第七十三条 [放弃继承的溯及力]

放弃继承的效力，溯及于继承开始之时。

第七十四条 [放弃继承的无效]

继承人放弃继承损害其债权人利益的，债权人可以在知道或者应当知道继承人放弃继承之日起六个月内申请人民法院作出放弃继承无效的裁定，但继承人提供充分担保的除外。

第七十五条 [遗产债务的范围及共同继承人的连带责任]

遗产债务是指被继承人生前依法应当缴纳的税款和完全用于个人生活和生产需要所欠下的债务。家庭债务中应当由被继承人承担的部分也属于遗产债务。

共同继承人对遗产债务的清偿负连带责任，但遗产债权人同意免除的除外。

第七十六条 [继承人偿还责任的限制]

继承人以其所接受遗产的实际价值为限对遗产债务承担责任。超过遗产实际价值部分，继承人自愿偿还的不在此限。

继承人放弃继承的，对被继承人依法应当缴纳的税款和债务不负偿还责任。

第七十七条 [遗嘱继承和遗赠的扣减]

遗嘱生效时，实际遗产的数额不足遗嘱所列的遗产数额时，应当对遗嘱继承和遗赠的数额按应得份额的比例进行扣减。

第七十八条 [遗产处理的顺序]

遗产首先应当用于清偿遗产债务。清偿遗产债务后有剩余的，应当按遗嘱继承办理；仍有剩余的再由法定继承人按法律规定的比例分配遗产。同一顺序继承人有数人时，应当按其应得份额的比例进行分配，法律另有规定的除外。依前二款规定完成遗产处理程序可能导致缺乏劳动能力又没有生活来源的继承人难以维持生活的，应当在遗产处理前为其保留维持六个月生活所必要的费用。

第七十九条 [对遗产债权的公告]

继承人和遗产管理人应当于知道继承开始后三个月内向人民法院递交遗产清册，由人民法院依公示催告程序催告债权人申报债权。

前款公示催告程序的期间不得少于三个月。

继承人和遗产管理人在本条规定的公示催告期间内，得拒绝任何债权人和受遗赠人的给付请求。

第八十条 [遗产债务的清偿]

本法前条规定的催告期届满后，继承人和遗产管理人应当依据已申报债权和其他已知债权的数额或比例，以遗产分别偿还。对遗产享有担保物权的债权人可申请就担保物优先受偿。对于尚未到期的遗产债务或有争议的遗产债务，继承人和遗产管理人应当在遗产分割前保留为清偿此债务所必要的财产。

第八十一条 [损害赔偿责任]

继承人和遗产管理人违反第七十八条至第八十条规定, 对遗产债权人和受遗赠人造成损害的, 应当承担赔偿责任。

前款受有损害的遗产债权人和受遗赠人, 可向明知有不当受偿情形的遗产债权人和受遗赠人请求偿还其不当受偿的数额。

第八十二条 [不申报债权的效果]

遗产债权人不依本法规定的期限申报债权, 而又为继承人和遗产管理人所不知者, 仅得就剩余遗产, 行使其权利。但就遗产享有担保物权者, 不在此限。

第八十三条 [遗产分割自由及其限制]

继承开始后, 继承人得随时请求分割遗产, 但有下列情况的除外 :

(一)遗产债务尚未清偿完毕 ;

(二)遗嘱指定遗产于一定期间内不得分割, 但此期间不得超过五年 ; 超过五年的, 缩短为五年 ;

(三)继承人协商同意于一定期间内不分割遗产。

胎儿未出生的, 请求分割遗产时, 应为胎儿保留其应继份。出生后为死胎的, 保留份额按法定继承处理。

对特定遗产进行即时分割将会严重损害其价值的, 人民法院经继承人申请, 可裁决暂缓分割。

第八十四条 [遗产分割的原则和方法]

遗产的分割应当依照遗嘱中指定的遗产分割方法进行。遗嘱中未指定的, 应当依照有利于生产和生活 · 不损害遗产的效用的原则进行。

不宜分割的遗产, 可以采取折价 · 适当补偿或者共有等方法处理。

第八十五条 [遗产分割的溯及力]

遗产分割溯及于继承开始时发生效力, 但不得侵害第三人的利益。

第八十六条 [继承费用]

为完成管理 · 分割遗产及执行遗嘱而支出的继承费用先于遗产债务

清偿。

因继承人和遗产管理人过失而支出的费用不属于继承费用，由负有过失的继承人和遗产管理人承担。

第八十七条 [瑕疵担保责任]

遗产分割后，各继承人以其所得的遗产份额为限，对其他继承人分得的遗产，负与出卖人同样的瑕疵担保责任。

受遗赠人所接受的遗产为种类物的，有权要求继承人承担前款规定的责任。

各继承人对其他继承人分得的债权，就遗产分割时债务人的支付能力，负担保责任。

前项债权如附有停止条件或者未届清偿期的，则各继承人应就清偿时债务人的支付能力负担保责任。

第八十八条 [担保责任的分担]

依前条规定负担保责任的共同继承人中有无支付能力不能偿还其分担份额的，其不能偿还部分由有请求权的继承人与其他继承人按其所得遗产份额的比例分担。但不能偿还部分是由有请求权的继承人的自身原因所致的，其他共同继承人不负分担责任。

第八十九条 [遗托的实现]

附义务的遗嘱继承或遗赠，如义务能够履行，而继承人·受遗赠人无正当理由不履行，经受益人或者其他继承人请求，人民法院可以取消其接受附义务部分遗产的权利，由提出请求的继承人或受益人负责按遗嘱人的意愿履行义务，接受遗产。

第九十条 [无人承受遗产的处理]

无人承受的遗产，在人民法院指定的遗产管理人依本法规定清偿了遗产债务和继承费用之后仍有剩余的，由遗产管理人移交有关部门上缴国库所有；如果死者生前是集体所有制组织成员的，则应移交所在的集体所有制组织并归其所有。

3

《中华人民共和国继承法》修正案建议稿*

课题负责人：陈苇

目 录

* 이 수정안 건의고를 작성한 과제조 구성원은 다음과 같다. 천웨이(陈苇), 왕리핑(王丽萍), 주판(朱凡), 리쥔(李俊), 송위(宋豫), 란치위(冉启玉), 황위(黄宇), 두지앙용(杜江涌), 웨이시아오쥔(魏小军), 왕줴(王撅), 피시쥔(皮锡军), 친즈위엔(秦志远), 캉나(康娜), 까오웨이(高伟) 교수

第一章 总则

第一条 [立法根据]

根据《中华人民共和国宪法》的规定，制定本法。

第二条 [基本原则]

私有财产继承权受法律保护。

各继承人享有平等的继承权。

处理遗产，应当尊重被继承人和继承人的意愿。

处理遗产，应当注意发挥遗产的扶养功能。

处理遗产，应当注意保护遗产债权人的利益。

第三条 [继承开始的时间]

继承从被继承人死亡时开始。

被继承人被宣告死亡的，以判决书认定的死亡日期为继承开始的时间。如果 判决书中没有确定死亡时间，以判决宣告之日为死亡日期，但若有反证推翻的除外。

相互有继承关系的人在同一事件中死亡，如不能确定死亡先后时间的，推定没有继承人的人先死亡。死亡人各自都有继承人，如几个死亡人辈分不同，推定长辈先死亡；几个死亡人辈分相同，推定同时死亡，彼此不发生继承，由他们各自的继承人分别继承。

第四条 [继承开始的地点]

继承开始的地点是被继承人的最后住所地。

如果不能确定被继承人的最后住所地，则继承从被继承人主要遗产所在地开始。

在涉外继承中，动产继承适用被继承人死亡时的住所地法，不动产继承适用不动产所在地法。

第五条 [继承开始的通知]

知道被继承人死亡的继承人为继承开始通知的义务人。在无继承人知

道被继 承人死亡，或继承人无民事行为能力等不能通知的情形下，被继承人生前所在单位 或者住所地的居民委员会、村民委员会为通知义务人。被继承人异地死亡的，被继 承人死亡地的居民委员会、村民委员会为通知义务人。

被继承人死亡后，继承开始通知的义务人应当通知继承人、遗嘱执行人、受遗赠人、遗嘱保管人、遗产债权人等利害关系人。

第六条 [待继承遗产的保护]

继承开始后，依法律或遗嘱参加继承的继承人在未接受继承亦未放弃继承之前，应当对遗产进行必要的管理，以防止遗产损失。非经人民法院批准，继承人不得处分遗产。

继承开始后，存有遗产的人应当妥善保管遗产，并将其存有的遗产的种类、数量和状况及时通报遗产管理人，由遗产管理人与继承人协商决定该项遗产此后的保管方式。

第二章 遗产管理

第七条 [遗产管理人的产生]

继承开始后，遗嘱已经指定遗产管理人或遗嘱执行人的，由该被指定的人行使遗产管理人的职责遗嘱未指定或其不接受遗嘱指定的，继承人可协商推选遗产管理人。

在下列情况下，经利害关系人申请，人民法院可以指定遗产管理人:

(1) 遗嘱未指定遗产执行人，继承人对遗产管理人的选任有争议的；

(2) 遗嘱未指定遗产执行人，没有继承人或者继承人下落不明的；

(3) 遗产债权人有证据证明继承人的行为已经或可能损害其利益的。

人民法院在指定遗产管理人之前，经利害关系人的申请，可以对遗产进行必要的保全。

第八条 [遗产管理人的权利与义务]

(1) 收集遗产，编写财产清册。

(2) 在遗产管理期间忠实且谨慎地保护和管理遗产。

(3) 发出继承公告，催促相关债权人和债务人，申报遗产债权和债务。

(4) 向继承人报告管理账目。

(5) 清偿各种由遗产负担的费用、债务和税款。

(6) 将剩余财产分配给继承人。

(7) 负责与待继承遗产有关的起诉和应诉。

第九条 [遗产管理人的报酬请求权]

遗产管理人在一定条件下享有报酬请求权。非继承人担任遗产管理人的，应支付相应的报酬，其报酬从遗产内支付，遗产不足时，由接受继承的继承人负担。

第十条 [遗产管理人的损害赔偿责任]

遗产管理人因故意或过失未尽遗产管理义务，从而造成遗产毁损或灭失的，应当承担损害赔偿责任。

第三章 继承的接受与放弃

第十一条 [接受与放弃继承的一般规定]

继承人可以在继承开始前或继承开始后行使继承选择权，表示接受继承或放弃继承。

接受与放弃继承不得附条件或期限。部分放弃继承或部分接受继承的意思表示无效，仍视为继承人接受继承。

继承开始后，自继承人知道自己为继承人时起或自遗嘱开启时起二个月内，继承人可以声明放弃继承或者接受继承。继承人在国外的，此期限为六个月。

第十二条 [接受继承的方式及效力]

继承开始后，继承人可以采取制作遗产清册的方式接受继承。此为有条件的限定责任继承。

继承人没有在上述期限内提出声明接受继承或放弃继承，也没有以制作遗产清册的方式接受继承的，视为无条件的概括继承。

第十三条 [放弃继承的方式及效力]

继承人放弃继承的声明，须以书面的形式向所有已知的接受继承的继承人作出，有遗产管理人时，应当向遗产管理人作出。

如果已经有继承人向人民法院声明以制作遗产清册的方式接受继承，或者没有继承人接受继承，放弃继承的声明必须以书面形式向人民法院作出。

放弃继承的效力，溯及至继承开始之时。被放弃的继承份额按照放弃继承的人在继承开始前死亡的情形处理。

继承人在放弃继承后应当继续管理遗产，直至因其放弃而有权接受继承的继承人接受继承时止。放弃继承的人此前对遗产的管理为无因管理。

第十四条 [接受与放弃继承的意思表示的撤销]

接受与放弃继承的意思表示不得被撤回。但因受欺诈或胁迫而作出的，可以被撤销。

前款撤销应当在继承人知道撤销事由时起六十天内向法院提出。因受胁迫而表示接受或放弃继承的，撤销的期限自胁迫终止时起计算。自接受或者放弃继承时起经过二十年，不得再提起撤销之诉。

第四章 继承权的取得与丧失

第十五条 [继承权的取得依据]

继承权依遗嘱和法律的规定而取得。

第十六条 [民事行为能力有欠缺者继承权之行使]

无民事行为能力人的继承权，由其法定代理人代为行使。

限制民事行为能力人的继承权，由其法定代理人代为行使，或征得法定代理人同意后由其本人行使。如其本人行使的，须经其法定代理人同意后始生效力。

法定代理人代理被代理人行使继承权、受遗赠权，不得损害被代理人的利益。法定代理人一般不能代理被代理人放弃继承权、受遗赠权。如果确需代理被代理人放弃继承权、受遗赠权的，必须经诉讼程序请求人民法院批准。

法定代理人的行为明显地损害被代理人利益的，应认定其代理行为无效。

法定代理人因其代理行为导致被代理人的继承权益受到损害的，应当承担赔偿责任。

第十七条 [继承权的丧失]

继承人有下列情形之一的，丧失继承权:

(1) 故意杀害被继承人构成犯罪并且被判处刑罚的；

(2) 为争夺遗产而杀害其他继承人的；

(3) 遗弃被继承人或者虐待被继承人情节严重的；

(4) 伪造、篡改、销毁或者隐匿遗嘱情节严重的；

(5) 以欺诈或胁迫手段，迫使或者妨碍被继承人设立、变更或者撤销遗嘱，情节严重的；

(6) 诬告或作伪证陷害被继承人而被判处刑罚的。

继承人有前款丧失继承权的法定情形，但被继承人在遗嘱或公证书中明确表示宽恕的，不丧失继承权。被继承人知道继承人丧失继承资格的事由后，仍然在遗嘱中对其进行遗嘱处分的，视为宽恕。

第十八条 [继承权丧失的宣告]

继承权的丧失须经利害关系人申请，并经人民法院宣告，始产生效力。

但因被判处刑罚而丧失继承权的除外。

对继承权丧失的宣告，须自继承开始时起二年内，或自利害关系人知悉有关继承权丧失的原因之日起一年内提起。

第十九条 [继承权丧失的效力]

继承人丧失继承权的，其效力溯及继承开始之时。

继承人之法定继承权的丧失，同时丧失其必留份权利或特留份权利。

继承人丧失继承权的，其晚辈直系血亲仍得代位继承，但该继承人不得对其子女代位继承的遗产享有用益权。

法定继承权丧失的事由准用于受遗赠权的丧失。

第五章 继承权的保护与时效

第二十条 [继承回复请求权]

继承人的继承资格被利害关系人否认时，该继承人可以向人民法院请求确认其继承人资格，并基于该继承人资格有权参与继承或者请求遗产占有人返还遗产。但利害关系人不否认继承人的继承资格而仅侵害该继承人的遗产继承权的，不适用本条的规定。

第二十一条 [请求返还财产的范围]

遗产占有人善意占有遗产时，只对遗产及其诉讼提起时的掌息负有返还义务；遗产占有人恶意占有遗产时，遗产占有人不仅对遗产及其现存的草息负有返还义务，还对自恶意占有遗产之时起所产生的所有孳息负有返还义务。

第二十二条 [遗产占有人的权利与义务]

遗产占有人的权利。遗产占有人有权向继承人请求支付因遗产而支出的合理费用；遗产占有人在因遗产而支出的合理费用被清偿之前，享有拒绝返还遗产的权利；善意的遗产占有人对提起诉讼前已经分离的自然孳息和已经到期的法定孳息享有取得权。

遗产占有人的义务。遗产占有人应当妥善保管遗产；在继承人交付因遗产支出的合理费用之后，返还遗产和因遗产所生之不当得利；对因自身过失所致的遗产的毁损和灭失承担损害赔偿责任；向继承人答复关于遗产现状和遗产标的的询问。

第二十三条 [行使方式]

继承人为数人时，单个继承人有权单独行使继承回复请求权，在其提起诉讼后，人民法院应当追加其他继承人为共同原告。

第二十四条 [时效]

继承回复请求权，自继承人知道或者应当知道其权利被侵害之日起二年内不行使而消灭；自继承开始起逾二十年者，亦同。

前款规定的二年期间可以中止、中断和延长。

二十年期间不得中止、中断，但有法定特殊情况的可以延长。

继承回复请求权的时效完成后，表见继承人不取得继承权，但可以对抗继承人的继承回复请求权。继承回复请求权的时效排除取得时效的适用。

前两款规定不适用于仅请求确认继承人资格的请求权。

第六章 遗产

第二十五条 [遗产]

遗产是被继承人死亡时遗留的个人所有财产。

与被继承人人身不可分割的财产和法律规定不得继承的财产，不属于遗产。

第二十六条 [不完全遗产]

不完全遗产包括归扣中的不完全遗产和扣减中的不完全遗产。

第二十七条 [归扣中的不完全遗产的范围]

被继承人的晚辈直系血亲在被继承人生前从其处所获的下列财产利益：因结婚、分居、生产经营所受赠与财产；大学本科以上的教育费用；工作期间接受职业教育或培训的费用；储蓄性人寿保险金，在遗产分割时应当予以返还，计人被继承人的遗产总额，但已指定特定受益人的除外。

以上应予归扣的财产利益，被继承人生前有免除返还的意思表示的，不予归扣，但该意思表示以不超出其可处分份额为限。

第二十八条 [扣减中的不完全遗产的范围]

在计算特留份权利时，继承开始前二年内被继承人对该特留份权利人所为的赠与应按继承开始时的价值计人遗产范围。

被继承人生前赠与的财产超出特留份范围的，特留份权利人有权在其应得数额的不足限度内，对被继承人在其生前最后二年内的赠与财产请求扣减，但被继承人和受赠人双方都是明知故为的，不受此时间限制。

被继承人生前赠与的财产，如果属于一般礼仪赠与物的，不予返还。

被继承人以遗嘱处分财产而侵害了继承人之特留份的，特留份权利人有权要求受遗赠人返还财产，返还的数额以补足其特留份的数额为限。

受赠人已经将赠与财产转让给第三人的，扣减权在转让的对价物上继续存在。无偿或明显低价转让的，扣减权人或原受赠人有权要求撤销该转让。

第七章 遗嘱与遗嘱继承

第二十九条 [遗嘱能力]

具有完全民事行为能力的自然人，有订立遗嘱的行为能力。

遗嘱能力，以遗嘱人设立遗嘱时为准。遗嘱人立遗嘱时有行为能力，后来丧失了行为能力，不影响遗嘱的效力。

订立遗嘱时患有精神疾病的人所订立的遗嘱无效。患有精神疾病的人在精神恢复正常后可以订立遗嘱，但需要附有医院出具的疾病康复证明。遗嘱人立遗嘱时精神完全正常，但其后催患精神疾病的，不影响遗嘱的效力。

第三十条 [遗瞩自由及其限制]

具有遗嘱能力的自然人，可以依法立遗嘱处分其个人所有的财产及安排其他事务。

遗嘱人立遗嘱处分其个人所有的财产，受本法有关特留份及必留份的限制。

遗嘱人立遗嘱安排其他事务，不得违反法律和社会公共利益。

第三十一条 [遗嘱继承人与替补继承人]

自然人可立遗嘱将其遗产指定由法定继承人的一人或者数人继承，或遗赠给国家、集体或者法定继承人以外的人。

遗嘱人可以在法定继承人中指定替补继承人，在遗嘱指定的先位继承人丧失继承权或放弃继承或其他原因不能继承时，由替补继承人进行替补继承。

第三十二条 [特留份]

(一)[特留份权利人与特留份额]

遗嘱人以遗嘱处分财产，应当为配偶、晚辈直系血亲、父母保留特定的遗产份额。晚辈直系血亲作为特留份权利人时，以亲等近者为先。

配偶、晚辈直系血亲、父母的特留份额，为在无遗嘱继承时各自法定应继份的二分之一。

(二)[特留份扣减请求权]

如果遗嘱处分财产侵害了特留份的，特留份权利人可以请求扣减至特留份所需的份额。

(三)[特留份权利的丧失]

特留份权利人如果有实行无遗嘱继承时丧失继承权的法定情形之一的，其特留份请求权即丧失。

第三十三条 [必留份]

遗嘱人以遗嘱处分财产，应当为依靠被继承人扶养者留下必要的继承份额。

依靠被继承人扶养者之必要的遗产份额，可以少于、等于或多于法定继承人的法定应继份。

应必留份权利人的请求，在确定必要的遗产份额之合理的具体数额时，应当考虑以下因素：遗产的数量和性质；申请人的收人和生活状况；申请人与被继承人的关系以及申请人的年龄、性别及健康状况；申请人对被继承人已经提供的帮助；遗嘱中对申请人的承诺、申请人据此已采取的行动，申请人已从被继承人那里获得的利益等。

第三十四条 [遗嘱的种类]

遗嘱，包括普通遗嘱与特殊遗嘱。普通遗嘱的形式包括自书遗嘱、代书遗嘱、公证遗嘱、音像遗嘱、密封遗嘱。

特殊遗嘱，可以以口头形式订立。

(一)[自书遗嘱]

自书遗嘱，须由遗嘱人亲笔书写。遗嘱人须亲笔在遗嘱的每一页签名，并注明年、月、日。

(二)[代书遗嘱]

代书遗嘱，由代书人代遗嘱人书写。代书人可以用亲笔手写、打字印刷的方式进行。代书遗嘱应当有两名以上见证人在场见证，由代书人、见证人和遗嘱人分别亲笔在遗嘱的每一页签名，并注明年、月、日。

(三)[公证遗嘱]

公证遗嘱，遗嘱人订立遗嘱后提交给公证人办理公证手续。

被继承人的近亲属及相关利害关系人不得作为公证员办理公证遗嘱。

(四)[音像遗嘱]

音像遗嘱，由遗嘱人采用音像(含录音、录像、光盘以及其他电子读物等)的方式制作。以音像形式设立遗嘱，应当有两名以上见证人在场见证。

音像遗嘱，应当由遗嘱人亲自制作。遗嘱人在制作完遗嘱后，应将记载遗嘱的磁带、光盘以及其他电子读物等封存，遗嘱人、见证人应当在封存好的音像遗嘱的封口上分别亲笔签名，并注明年、月、日。

音像遗嘱，应当在两名以上见证人在场的情况下，当众启封。

(五)[密封遗嘱]

密封遗嘱，可按自书遗嘱或代书遗嘱的要求制作后加以密封和加盖封印。

遗嘱人可以自行制作密封并加盖有封印的遗嘱，并交给公证人及两名见证人；或者在公证人与两名见证人面前对其遗嘱加以密封和加盖封印。在后一种情况下，遗嘱人应声明此件之内容是其遗嘱，遗嘱是由其本人亲自书写或由另一人代为书写并经其本人签名。密封遗嘱的遗嘱人、见证人及公证人员应当在封存好的密封遗嘱的封口上分别亲笔签名，并注明年、月、日。

密封遗嘱，可以由遗嘱人自行保管，或由遗嘱人指定的继承人或遗产管理人保管。

(六)[口头遗嘱]

口头遗嘱，可以在下列情况下订立：遗嘱人，在灾害、意外事故、疾病等危急情况期间，或因流行性疾病被隔离期间；在海上航行或在航空器上航行出现紧急期间；军人、随军人员在战争期间；以及其他紧急情况。

遗嘱人设立口头遗嘱，应当有两名以上见证人在场见证，见证人应当将遗嘱人的口头遗嘱作成记录并签名。如果立遗嘱时没有条件记录，见证人应当在事后及时写出遗嘱内容并说明情况，注明遗嘱设立的时间并各自签名。在危急情况解除后，见证人应迅速将遗嘱交付继承人、受遗赠人或其他利害关系人。

遗嘱人订立口头遗嘱的原因消除后三个月内，遗嘱人可以依据法律规定的形式订立新遗嘱的，新遗嘱订立后，口头遗嘱失效。遗嘱人订立口头遗嘱的原因消除后满三个月，遗嘱人未依据法律规定的形式订立新遗嘱的，口头遗嘱失效。

第三十五条 [遗嘱见证人]

下列人员不得作为遗嘱见证人：

(1) 无民事行为能力人、限制民事行为能力人；

(2) 继承人、受遗赠人及其他利害关系人；

(3) 对设立遗嘱的意义和遗嘱的内容，不具有理解能力的人。

遗嘱见证人以及其他与遗嘱相关的人，包括翻译人员、公证人员、代书人员等负有保密义务。继承开始前，如果以上人员泄露遗嘱设立、变更或撤销等信息，给遗嘱人或遗嘱相对人造成损害的，侵权人应当承担损害赔偿责任。

第三十六条 [遗嘱执行人]

遗嘱执行人必须具有完全民事行为能力。

遗嘱执行人，可以由遗嘱指定，或遗嘱委托第三人指定；可继承人协商指定；或继承人请求人民法院指定。

被指定执行遗嘱的人，可以在接到该指定通知后的两周内，作出接受或拒绝指定的书面声明，未作任何声明的，视为接受指定。遗嘱执行人可以提出辞职。

遗嘱执行人在执行遗嘱时，承担与遗产管理人相同的义务。

遗嘱执行人可以根据执行遗嘱的实际情况，请求从遗产中给予适当的报酬。遗嘱人在遗嘱中有相反意思表示的除外。

如果遗嘱执行人不履行遗嘱执行职责，人民法院可以根据利害关系人的申请免去遗嘱执行人的职务。
如果遗嘱执行人在履行遗嘱执行职责中，有过错而造成遗产损害的，应当承担赔偿责任。

第三十七条 [遗嘱的保管]

遗嘱的保管，遗嘱人可以选择自行保管，或指定继承人保管，或提交遗嘱执行人保管，或提交公证机关保管。

第三十八条 [遗嘱的变更与撤回]

遗嘱人订立遗嘱后，可以变更或撤回所立遗嘱。
遗嘱人有权变更先前订立的遗嘱。前遗嘱与后遗嘱两者的内容不一致的，以最后订立的遗嘱为准。
遗嘱人有权撤回先前订立的遗嘱。
在下列情形下，推定遗嘱人撤回遗嘱：(1) 遗嘱人立有数份遗嘱，且内容互相抵触的，以最后的遗嘱为准，先前的遗嘱视为被撤回；(2) 遗嘱人生前的行为与遗嘱的内容相抵触，遗嘱相抵触的部分视为被撤回；(3) 遗嘱人故意销毁遗嘱，视为遗嘱被撤回；(4) 自书遗嘱全部或者部分被销毁、破损或删除的，视为遗嘱被全部或部分撤回，能证明自书遗嘱全部或者部分的销毁、破损、删除并非遗嘱人所为，或者能证明遗嘱人并没有撤销遗嘱的意图时，不在此限。
遗嘱的撤回权不得在遗嘱中事先放弃。对遗嘱撤回意思表示的再撤回将导致原遗嘱自动生效，除非遗嘱人有明确的使原遗嘱内容失效的意思表示。

第三十九条 [遗嘱的适用效力]

继承开始后，有遗赠扶养协议的，按照协议办理：没有遗赠扶养协议，但有遗嘱的，按照遗嘱办理；没有遗赠扶养协议或遗嘱的，按照法定继承办理。

第四十条 [遗嘱的生效时间]

遗嘱，以遗嘱人死亡的时间为生效时间。

附生效条件的遗嘱，依遗嘱所附条件成就的时间为生效时间。

第四十一条 [遗嘱的无效]

在下列情形下，遗嘱无效：

(1) 遗嘱人为无行为能力人或限制行为能力人；

(2) 遗嘱的内容或附加的条件违反法律或善良风俗；

(3) 遗嘱被伪造或被篡改的部分；

(4) 遗嘱对特留份、必留份处分的部分。

继承人、受遗赠人或其他利害关系人在知道或应当知道遗嘱无效的法定事由之日起一年内，可以向人民法院请求宣告遗嘱无效。

第四十二条 [遗嘱的撤销]

在下列情形下，遗嘱可以被撤销：

(1) 意思表示不真实的遗嘱。遗嘱人受胁迫、欺诈所立的遗嘱，或在精神耗弱、酗酒等情况下订立的未能表示真实意思的遗嘱为意思表示不真实的遗嘱。

如果遗嘱被订立后一年期满，遗嘱人未予撤回的，该遗嘱视为遗嘱人的真实意思表示。

如果遗嘱订立后未满一年遗嘱人去世的，继承人、受遗赠人或其他利害关系人在知道或应当知道遗嘱有上述可被撤销的法定事由之日起一年内，可以向人民法院请求宣告撤销该遗嘱。

(2) 不符合法定形式的遗嘱。对不符合法定形式的遗嘱，继承人、受遗赠人或其他利害关系人可以在继承开始一年内，向人民法院请求确一认该遗嘱是否有效。

如果遗嘱的形式没有违反遗嘱设立、签署或证明的程序，并且没有影响对遗嘱人意思表示的理解的，该遗嘱应被视为有效。

第四十三条 [遗嘱的不生效]

(1) 遗嘱继承人或受遗赠人，部分或全部先于遗嘱人死亡，遗嘱该部分或全部不生效；

(2) 遗嘱继承人放弃继承或丧失继承权，受遗赠人放弃遗赠或丧失受遗赠权，遗嘱不生效；

(3) 附条件的遗嘱，指定的继承人或受遗赠人在该条件成就前死亡，遗嘱不生效；

(4) 遗嘱被他人故意或过失毁坏、涂销，致使不能准确、完全地确定遗嘱内容，遗嘱不生效。

第四十四条 [遗嘱的解释]

在对遗嘱的语词及含义发生争议时，遗嘱继承人或受遗赠人以及利害关系人可以请求公证人或遗嘱执行人解释遗嘱，也可以向人民法院起诉，请求对遗嘱进行解释。

第八章 无遗嘱继承(法定继承)

第四十五条 [无遗嘱继承人的范围与顺序]

在无遗嘱或遗嘱不成立、遗嘱无效时，遗产按照下列顺序继承：

第一顺序：子女及其晚辈直系血亲；

第二顺序：父母；

第三顺序：兄弟姐妹及其子女；

第四顺序：父系祖父母、母系祖父母。

继承开始后，由顺序在先的继承人继承。无前一顺序继承人或前一顺序继承人都丧失继承权或放弃继承权的，由后一顺序继承人继承。

配偶为不固定顺序的继承人，其可以与前面三个顺序的继承人共同继承。

第四十六条 [代位继承]

被继承人的子女或兄弟姐妹先于被继承人死亡、丧失继承权或放弃继承权的，由被继承人子女的晚辈直系血亲或兄弟姐妹的子女代位继承。

代位继承人一般只能继承被代位人的应继份。同一亲等的数名代位继承人共同继承时，按人数均分遗产。

第四十七条 [血亲继承人与配偶继承人的应继份]

配偶与第一顺序继承人共同继承时，遗产按人数均分。

配偶与第二顺序继承人共同继承时，其应继份为遗产的二分之一，其余血亲继承人的应继份为遗产的二分之一。

配偶与第三顺序继承人共同继承时，其应继承份额为遗产的三分之二，其余血亲继承人的应继份为遗产的三分之一。

在无第三顺序血亲继承人时，配偶继承全部遗产。

在无配偶和第三顺序继承人时，由第四顺序继承人父系祖父母、母系祖父母分亲系继承。

第四十八条 [特定人员对遗产的先取权、使用权、用益权以及居住权]

(一) 生存配偶对特定遗产的优先权、使用权、居住权

生存配偶对遗产中的婚姻住宅和家庭日常生活用品享有先取权。

如其继承的遗产份额小于该家庭日常生活用品的价值时，其也可以选择对该家庭日常生活用品享有终身使用权。

生存配偶对遗产中的婚姻住宅享有优先扣除其继承遗产份额的权利。

如其继承的遗产份额小于该婚姻住宅的价值时，其也可以选择对婚姻住宅享有终身居住权。

(二) 非应召继承人对特定遗产的使用权、用益权

依靠被继承人扶养的无遗嘱继承人在未参加继承时，对遗产中供其个人日常生活使用的物品和住房享有终身的使用权或用益权。

第四十九条 [遗产分配方法]

配偶之外的其他近亲属继承时，同一顺序继承人继承遗产的份额，一般应当均等。

对生活有特殊困难的缺乏劳动能力的继承人，分配遗产时，应当予以照顾。

对被继承人尽了主要扶养义务或者与被继承人共同生活的继承人，分配遗产时，可以多分。

有扶养能力和有扶养条件的继承人，不尽扶养义务的，分配遗产时，应当不分或者少分。

继承人协商同意的，也可以不均分。

第五十条 [酌情分配遗产的请求权]

受被继承人扶养的继承人、对被继承人扶养较多的人或受被继承人扶养的继承人以外的缺乏劳动能力又无生活来源的人，可以请求酌情分给他们适当的遗产。

形成扶养关系的继父母与继子女，可以请求酌情分给适当的遗产。

丧偶儿媳对公、婆，丧偶女婿对岳父、母，尽了主要赡养义务的，可以请求酌情分给适当的遗产。

上列人员请求酌分遗产的数额，依其受扶养或尽扶养义务的情况，可以低于、等于或高于无遗嘱继承人的应继份额。

第五十一条 [依靠被继承人扶养人的临时生活费请求权]

在实行遗嘱继承或无遗嘱继承时，依靠被继承人扶养的人不能继承或取得的遗产不能维持生活的，受扶养人有权向继承人或人民法院提出，请求从被继承人的遗产中支付一定期间的生活费，该期间一般不超过一年。

确定前款生活费的具体数额时，应当考虑以下因素：遗产的数量；申请人的收入和经济状况；申请人与被继承人的关系以及申请人的年龄、性别和健康状况；申请人为被继承人提供的帮助等。

第五十二条 [互谅互让、协商处理遗产]

继承人应当互谅互让、协商处理继承问题。遗产分割的时间、办法和份额，由继承人协商确定。

第九章 遗赠

第五十三条 [受遗赠人]

自然人可以立遗嘱将个人财产赠给国家、集体或者无遗嘱继承人以外的人。

第五十四条 [遗赔的执行]

自然人可以订立遗嘱指定遗嘱执行人。

如果遗嘱没有指定遗嘱执行人，或被指定的人不能或不愿担任遗嘱执行人，遗嘱继承人或无遗嘱继承人承担执行遗赠的义务。

如果前述继承人对担任执行遗赠人发生争议的，当事人可以请求人民法院指定遗嘱执行人。

遗嘱执行人在遗产范围内，承担执行遗赠的义务。

第五十五条 [受遗赠人的权利]

受遗赠人从继承开始取得向执行遗赠义务人请求履行遗赠义务的权利，但受遗赠人表示放弃遗赠的除外。

第五十六条 [指定替补受遗助人]

自然人可以在遗嘱中指定替补受遗赠人，如果首先指定的受遗赠人不愿接受或者不能接受遗赠的，则替补受遗赠人作为受遗赠人。

第五十七条 [附条件或附期限的遗赌和附义务的遗珊]

遗赠可以附加条件、期限和义务。

如附加的条件不可能实现或违背强制性法律规范、公共秩序或善良风俗的附停止条件或者限定时期的期限超过三十年的，条件和期限无效，视为遗赠未附条件和期限。

遗赠可以附有义务。不可能实现的义务或者违法的义务视为不曾附加，如果该种义务是遗嘱人订立遗赠的唯一原因，则该遗赠无效。

对附义务的遗赠，接受遗赠的人应当履行该义务。任何一个利害关系人都可以起诉要求受遗赠人履行义务。应该履行义务的受遗赠人不履行义务的，经利害关系人的申请，人民法院可以取消该受遗赠人接受附义务遗赠物的权利，由提出请求的利害关系人履行义务，并接受遗赠。

第五十八条 [附条件遗赠和附期限遗赠的担保]

附延缓条件或起始期限的遗赠，受遗赠人可以要求执行遗赠义务人对遗赠的履行提供担保。

对附解除条件的遗赠经在条件成就时有权享有遗产或遗赠之人的申请，人民法院可以根据情况要求执行遗赠义务人为在条件成就时有权取得遗赠之人提供适当的担保。担保的方式由当事人协商，协商不成，由人民法院根据具体情况裁决。担保的数额不得超过遗赠的价值。

第五十九条 [遗赠的接受与放弃]

受遗赠人在遗赠人死亡以后，可表示放弃接受遗赠，放弃的效力溯及至继承开始之时。受遗赠人表示放弃遗赠的意思表示应该在知道或应当知道受遗赠后一年内作出，一年内未作出的视为接受遗赠。

遗赠义务人及其他利害关系人可以催告受遗赠人在二个月内作出接受或放弃的表示，受遗赠人在此期间没有表示的，视为接受遗赠。

受遗赠人对遗赠接受或放弃作出的意思表示，不得撤销。

第六十条 [遗赠的效力]

遗赠自继承开始时生效，受遗赠人即取得对执行遗赠义务人的债权请求权，但其表示放弃遗赠的除外。

遗赠义务人，应当在遗产的范围内执行遗赠。执行遗赠不得损害特留份权利人的份额。

有下列情形，遗赠不生效：

(1) 受遗赠人丧失受遗赠权，丧失遗赠的权利与丧失继承权的事由相同；

(2) 受遗赠人已经死亡且无替补受遗赠人的；

(3) 特定的遗赠物已经被遗嘱人生前处分而不再属于其遗产的；

(4) 遗赠人的遗赠侵害特留份部分；

(5) 受遗赠人放弃遗赠的。

遗赠不生效的，视为受遗赠人自始从未接受遗赠，溯及至继承开始之时。

第十章 继承合同(赠扶养协议)

第六十一条 [继承合同的主体]

自然人、法人和其他组织，可以与被继承人签订继承合同。按照继承合同，自然人、法人和其他组织作为扶养义务人，承担对被继承人生养死葬的义务，享有依照继承合同继承遗产或接受遗赠的权利。

第六十二条 [继承合同的生效要件]

继承合同的当事人必须具有完全民事行为能力。订立合同时必须双方意思表示真实。合同的内容不得违反法律和社会公共利益。

继承合同的订立，必须采取书面形式，应当有两名以上无利害关系的见证人在场或进行公证。

第六十三条 [继承合同主体的权利与义务]

继承合同当事人应约定扶养义务的履行标准。约定不明时，结合受扶养人的财产状况，根据受扶养人过去的生活标准或者当地平均生活标准确定扶养义务的履行标准。

受扶养的一方，除非合同另有约定，在订立合同后依然有权处分自己的财产，但是该处分应当是善意的。受扶养方不得以侵害继承合同相对人的目的而为赠与、在财产上设定负担或毁损、隐匿财产。

扶养人应当按照合同约定履行扶养义务，并有权按合同约定在被继承人死亡后取得受遗赠的财产。

第六十四条 [继承合同的解除]

继承合同，双方当事人经协商一致可以被解除；如果协商不成的，任何一方均可起诉，请求人民法院判决。

如果一方在继承合同中保留了解除权，则在约定条件成就时，有权解除合同的一方可以单方解除协议，并应及时通知对方。

扶养人出现丧失继承权的法定情形，或者不履行扶养义务的，受扶养人有权单方解除继承合同。

受扶养人违法处分其个人所有财产，扶养人有权单方解除合同。

扶养人先于受扶养人死亡，继承合同自动解除。受扶养人同意接受已经死亡的扶养人之继承人继续承担扶养的义务，继承合同继续履行。

第六十五条 [继承合同解除的效力]

继承合同解除时，除合同另有约定外，受扶养人应当对扶养人已经履行的扶养义务适当支付补偿费用；因扶养人的过错导致协议解除的，扶养人一般不能请求补偿扶养费用；因为受扶养人的过错导致协议解除的，扶养人有权请求受扶养人全额返还扶养费用，并可请求受扶养人承担解除协议的损害赔偿责任。

第六十六条 [继承合同的违约责任]

继承合同的违约责任可以适用《中华人民共和国合同法》的相关规定。但扶养义务不能强制履行。

第六十七条 [继承合同、遗嘱、无遗嘱继承的适用]

继承开始后，有继承合同或遗赠扶养协议的，按照继承合同或遗赠扶养协议办理；无继承合同或遗赠扶养协议，有遗嘱的，按照遗嘱继承或遗赠办理；无继承合同或遗赠扶养协议，又无遗嘱的，按照无遗嘱继承办理。

继承合同和遗赠扶养协议的效力优先于遗嘱继承和遗赠。遗嘱继承和遗赠的效力优先于无遗嘱继承。

第十一章 遗产债务清偿

第六十八条 [遗产债务的范围]

下列被继承人遗留的个人债务属于遗产债务：

(1) 继承费用。包括合理的丧葬费用、制作遗产目录、发布公告继承的通知或公告、清点和保管遗产所必要的费用、遗产分割的费用、执行遗嘱的费用等。

(2) 继承人生前所欠个人债务。

(3) 必遗份以及确为维持生存所需要的酌分遗产之债。对继承人以外的、依靠被继承人扶养的、缺乏劳动能力又没有生活来源的人，或者继承人以外的对被继承人扶养较多的人，可以分给他们适当的遗产。人民法院根据被继承人遗产的状况，继承人的生活状况，被扶养人受扶养的程度、年龄、生活状况以及扶养人对被继承人的扶养情况等，确定对其酌分遗产的份额。

(4) 特留份与必遗份之债。遗嘱人以遗嘱处分财产，应当为特留份权利人保留其法定应继份的二分之一；应当为依靠遗嘱人扶养的无劳动能力又无生活来源的继承人，保留必要的遗产份额。

(5) 遗赠之债。继承人生前所作的死后生效的赠与。

第六十九条 [遗产债务的清偿责任]

(一) 遗产债务的有限清偿责任

对被继承人的债务，继承人自愿选择实行有条件的限定继承且依法制作遗产清册的，仅在遗产的实际价值范围内承担有限清偿责任。

(二) 遗产债务的无限清偿责任

对被继承人的债务，继承人自愿选择实行无条件概括继承的，如果遗产的实际价值不足以清偿债务的，应当以继承人个人所有的财产承担无限清偿责任。

对被继承人的债务，如有下列情形之一的，继承人应当承担无限清偿责任：

(1) 继承人已全部或部分处分了遗产的；

(2) 继承人未在法定期间内依法制作遗产清册的；

(3) 继承人在法定期间制作遗产清册或放弃继承后，将遗产全部处分或部分处分的或故意未将全部或部分遗产记载于遗产清册的。

(三) 遗产债务的连带清偿责任

对被继承人的债务，共同继承人应当承担连带清偿责任。

遗产分割后，共同继承人对遗产的债权人以其全部财产承担连带责任。但实行有限继承的继承人仅以继承的遗产为限承担连带清偿责任。如果某共同继承人清偿被继承人的债务超出其应承担份额的，有权向其他继承人请求补偿。

共同继承人的连带责任，自遗产分割终了或自遗产的债权到期起，逾二年，因时效而消灭。

第七十条 [遗产债务的清偿程序]

(一) 一般程序

(1) 制作遗产清册。

制作遗产清册的期限。选择实行有条件限定继承的继承人应当继承开始后二个月内，在两名无利害关系的见证人在场的情况下制作忠实、准确的遗产清册。如果在二个月内不能完成遗产清册，继承人可以向人民法院申请延长该期限，但是，延长的期限最长不得超过三个月。

制作遗产清册的效力。遗产清册制作完成后，遗产与继承人的固有财产各自独立，不发生混同。继承人仅以遗产的实际价值为限承担清偿被继承人债务的责任。一个继承人制作了遗产清册，对全体共同继承人发生效力。

如果继承人不在法定期间内依法制作忠实、准确的遗产清册的，在遗产的实际价值不足以清偿被继承人的债务时，应当承担以其个人所有的财产清偿被继承人全部债务的法律后果。

(2) 遗产债务清偿的通知与公告。

被继承人死亡后，继承开始通知的义务人应当书面通知或发布通知与公告，告知继承人、遗嘱执行人、受遗赠人、遗嘱保管人、遗产债权人等利害关系人，在二个月的期限内申报权利或履行义务。

(3) 遗产管理。按照本法第二章有关遗产管理的规定处理。

(4) 债务清偿。共同继承人对被继承人的债务承担连带责任。

(二) 特别程序—财产分离程序

(1) 财产分离的请求权人。

被继承人的债权人、继承人的债权人在申报债权的同时，可以请求遗产管理人或继承人将遗产与继承人的固有财产分离。

(2) 财产分离的公告程序。

应被继承人的债权人或继承人的债权人提出的财产分离请求，人民法院可以发布财产分离公告，对其他遗产债权人及受遗赠人，就财产分离以及应在一定期间内申报参加债权分配等内容予以公告。此公告期限为二个月。

(3) 财产分离的效力。

被继承人的债权人申请财产分离，在公告期满后，就遗产债务的清偿，先于继承人的债权人享有优先受偿权。

继承人的债权人申请财产分离，在公告期满后，当遗产不足以清偿遗产债务时，继承人的债权人就继承人的固有财产享有优先受偿权。

无论何种主体提出财产分离，均不能损害有优先权的债权人的利益。并且，涉及不动产的，财产的分离非经登记不能对抗第三人。

第七十一条 [遗产债务的清偿顺序]

遗产债务应按如下顺序清偿：

第一顺序：继承费用；

第二顺序：有优先权的债务；

第三顺序：必遗份、确为维持生存所需要的酌分遗产；

第四顺序：劳动工资等债务；

第五顺序：死者生前所欠的税款及第二、三顺序以外的普通债务，其中，已行使财产分离请求权人的债务优先于本顺序的其他普通债务受偿；

第六顺序：遗赠扶养协议之债；

第七顺序：特留份之债；

第八顺序：遗赠之债。

第七十二条 [遗产管理人和继承人对遗产债权人的损害赔偿责任]

遗产管理人和继承人在任何时间都应当支付遗产债权人提出的合法请求。有下列情形之一的，遗产管理人和继承人应对因其支付行为受到损害的遗产债权之请求人承担个人赔偿责任：

(1) 支付是在通知规定的时间终止前作出的，而遗产管理人或继承人没有要求收款人提供适当的担保；

(2) 由于遗产管理人或继承人的疏忽或者故意，支付是以侵害其他请求人优先权的方式作出的；

(3) 对没有财产担保的债务提供财产担保的；

(4) 对未到期的债务提前清偿的，但如果未到期的债务在遗产分配之前到期或者未到期债务的债权人提供担保的除外；

(5) 继承人的债权人或被继承人的债权人提出财产分离，遗产管理人或继承人未在规定期限内履行告知义务，或故意告知虚假情况的。

第十二章 遗产分割

第七十三条 [遗产分割的依据]

遗产分割的时间、办法和份额，被继承人有遗嘱的，依遗嘱确定被继承人无遗嘱、遗嘱无效或对遗产分割事项指定不明时，由共同继承人协商确定。如果共同继承人协商不成，可以请求人民调解委员会调解或者向人民法院提起诉讼。

第七十四条 [遗产分割的时间及其限制]

继承开始后，继承人得随时请求分割遗产，其他继承人有协助的义务。但有下列情况的除外：

(1) 被继承人以遗嘱指定在一定期间内不得分割遗产，但被继承人以遗嘱禁止分割遗产的期限不得超过五年；

(2) 共同继承人协议确定在一定期间内不分割某遗产或永久不分割某遗产；

(3) 遗产分割将严重损害遗产的价值和功能的，经共同继承人申请，人民法院可判决暂缓分割；

(4) 继承人中有尚未出生的胎儿的，遗产分割的时间应当延缓至胎儿出生以后；

(5) 遗产债务尚未清偿的，遗产分割的时间应当延缓至遗产债务清偿完毕以后，但有不能及时清偿该债务的合理理由的除外；

(6) 继承人身份关系尚未确定的，遗产分割的时间应当延缓至继承人身份关系确定以后。

第七十五条 [遗产分割的原则]

(1) 保留胎儿的继承份额。

遗产分割，应当保留胎儿的继承份额。

如果胎儿出生时是死体的，保留的份额按照法定继承办理。应当为胎儿保留的遗产份额而没有保留的，应从继承人所继承的遗产中扣回。为胎儿保留的遗产份额，如胎儿出生后死亡的，由其继承人继承；如胎儿出生时就是死体的，由被继承人的继承人继承。

(2) 兼顾继承人的具体情况和发挥遗产效用。

遗产分割，应当有利于生产和生活需要，不损害遗产的效用。

第七十六条 [遗产分割的方法]

(一) 遗产分割的一般方法

遗产分割，应当按照遗嘱指定的分割方法进行；遗嘱未指定的，共同继承人可以协商确定。对遗产分割，共同继承人不能达成协议时，经继承人提起诉讼，由人民法院依法分配。

遗产分割，可以实物分割；如果实物分割会减损物之价值的，可采取折价补偿或者变价分割。

(二) 遗产分割的特殊方法—遗产分割时特定继承人的优先权

遗产分割时，生存配偶或其他与被继承人共同生活的继承人，对生活住房、家庭普通陈设、日用品等生活资料，相对于其他继承人有优先权。

遗产分割时，与被继承人共同经营企业、土地的继承人，对遗产中的该企业、土地，相对于其他继承人有优先权。

遗产分割时，与被继承人共同对不可分物享有共有权的继承人，对遗产中的该不可分物的权利份额，相对于其他继承人有优先权。

行使优先权的继承人对取得遗产中超出其应继份额的部分，应当向其他继承人进行相应的补偿。

第七十七条 [结算]

各继承人与被继承人之间发生的债权债务应当进行结算。

第七十八条 [遗产归扣]

(一) 遗产归扣的主体

在法定继承中遗产分割时，被继承人的子女在被继承人生前接受特种财产赠与的，为归扣义务人。除此义务人以外的其他参加继承的人，为归扣的权利主体。

在代位继承时，由代位继承人承担该被代位人的归扣义务。

归扣义务人，即使放弃继承或因法定事由丧失继承权的，仍然应当承担归扣义务。

(二) 遗产归扣的标的

归扣义务人，在被继承人生前所受的特种赠与财产，包括因结婚、分居、生产经营所受赠与财产；大学本科以上的教育费用；成年以后的职业教育或培训费用；储蓄性人寿保险金。

(三) 遗产归扣义务的免除

被继承人可以订立遗嘱或通过公证的文书，明确表示免除归扣义务人的归扣义务。

如果被继承人生前赠与的财产因偶然事件灭失，归扣义务人无过错的，该财产不计入归扣财产的范围。

(四) 遗产归扣的方法

遗产分割时，归扣义务人应当将其所受被继承人生前特种赠与财产原物或其价值返还归并于遗产总额之中，然后计算各共同继承人的应继份。

生前特种赠与财产的价值，依继承开始时的价值计算。

该生前特种赠与财产在继承开始后到遗产分割前的增值，应当计入归扣标的的价值。但计算该财产在受赠后的增值仅限于其自然增值的价值。

返还，得通过扣减应继份为之。如果生前特种赠与财产的价值，超过归扣的义务人应继份的，归扣义务人应当对其他继承人进行补偿，但被继承人有相反意思表示的除外。

第七十九条 [遗产分割的生效与共同继承人之间的担保责任]

遗产的分割，溯及至继承开始时发生效力。

遗产分割后，各共同继承人以其所得的遗产份额为限，对其他共同继承人分得的遗产，承担与出卖人相同的担保责任。

各共同继承人对其他继承人分得的未届清偿期的债权及附停止条件的债权，就清偿时债务人之支付能力，承担担保责任。

依前条规定，承担担保责任的共同继承人中有无支付能力而不能偿还其分担份额的继承人的，其不能偿还部分由其他共同继承人按比例分担。但如果其不能偿还部分是因为有请求权的该共同继承人自身原因所致的，其他共同继承人不承担责任。

第八十条 [共有物证书的保管及使用]

遗产分割后，各继承人应保存其所得物的证书。

遗产分割后，关于共有物的证书，由取得最大部分份额的共同继承人保存。

各共同继承人有权请求使用其他共同继承人所保存的证书。

第八十一条 [遗产分割的无效与撤销]

遗产分割时有欺诈或胁迫情形的，继承人可以向人民法院请求宣告无效。提起无效之诉的请求权，自胁迫或发现欺诈之日起经过二年不行使而消灭。

遗产分割后，继承人发现其分得的份额少于其应继份时，可以向人民法院请求撤销该遗产分割。其撤销请求权自遗产分割之日起经过二年不行使而消灭。被提起撤销之诉的共同继承人，可以补偿原告，以终止遗产分割撤销之诉。

遗产分割被宣告无效或撤销后，应继承人的请求，人民法院应当重新分割遗产。

第十三章 无人承受的遗产

第八十二条 [无人承受遗产的界定]

无人承受的遗产是指，在被继承人死亡时，经公告程序，无继承人或受遗赠人，或继承人不明的财产；已知的继承人放弃或丧失继承权的财产；已知的受遗赠人放弃或丧失受遗赠权的财产。

第八十三条 [遗产管理人的选任、更换与撤销]

继承开始后，继承人有无不明的，被继承人住所地的居民委员会、村民委员会应在居民委员会、村民委员会成员中选任一至二人作为遗产管理人。若被继承人死亡时不在户籍所在地的，可由住所地或主要财产所在地的居委会或村委会指定居民委员会、村民委员会成员中一至二人担任遗产管理人。

遗产管理人有不当之行为时，利害关系人可向居民委员会或村民委员会申请更换遗产管理人。

第八十四条 [遗产管理人的权利义务及责任]

遗产管理人接受遗产后，应编制遗产清册。编制遗产清册应有两名以上无利害关系的见证人在场，遗产清册编制完毕后，遗产管理人与证人应当场在遗产清册上亲笔签名。遗产清册一式二份，分别由遗产管理人和居民委员会或村民委员会分别保管。

遗产清册应该完整地记载继承开始时存在的遗产标的和遗产债务。遗产清册的内容还应该包含对遗产标的的详细情况的说明，但以为确定价额而有必要为限，并包含对价额的说明。遗产管理人应当在被继承人死亡后一个月内完成遗产清册的编制。

应遗产利害关系人的请求，遗产管理人须向其报告待继承遗产的状况。

为保存遗产价值，遗产管理人可以处分遗产，遗产管理人的遗产处分行为，应获得居民委员会或村民委员会的书面许可。

遗产管理人对遗产应尽善良管理人的注意义务。如其违反此项注意义务，给利害关系人造成损失的，或违反法定的程序处理遗产给利害关系人造成损失的，应依法承担损害赔偿责任。

继承人出现以前，遗产管理人的管理行为对继承人发生效力。

遗产管理人可视遗产的多少、管理事务的简繁，请求从遗产中获得适当的报酬。

第八十五条 [公告程序]

遗产管理人可以视遗产价值的多少，选择不予公告、在村或社区公告栏公告、在省一级报纸登报公告或申请人民法院公告。

人民法院在受理遗产管理人的公告申请后，应公示催告继承人和遗产利害关系人于规定期限内主张权利。

前款公告期为六个月，自发布公告之日起算。

在公示催告期内，继承人出现并主张权利，无人承受遗产程序终止，按法定继承程序处理。

第八十六条 [遗产债务清偿]

公示催告期满后，如仍无继承人承认继承，遗产管理人应开始遗产清算。在公示催告期内未申报并为遗产管理人所不知的债权，只能就清偿已申报债权后剩余的财产获得清偿。受遗赠人丧失受遗赠的权利。

未申报权利的继承人和享有优先权的债权人在公告的期限届满后出现的，享有继承回复请求权。

第八十七条 [交付遗产]

无人承受的遗产，经清偿债务、执行遗赠后有剩余的，遗产管理人经书面请求居民委员会或村民委员会主任并获同意及签字后，遗产管理人可依具体情况将遗产的全部或部分酌情分配给依靠被继承人扶养的人、对被继承人扶养较多的人、与被继承人一同生活的人或其他与被继承人有密切关系的人。

在无前款规定人员的情形下，遗产管理人应当将剩余的遗产移交国家或者集体组织所有。

第八十八条 [失踪人的应继份]

在继承开始后，继承人下落不明的，处理遗产时其应继份应依《中华人民共和国民法通则》第二十一条的规定实行代管。

对下落不明的继承人，利害关系人可依《中华人民共和国民法通则》第二十条的规定向人民法院请求宣告其为失踪人。

对失踪人的应继份，其他继承人可向人民法院请求在其提供担保后移交该应继份，此为准继承。提供担保的期限，失踪人遭遇重大危险而下落不明的为五年，其他情形下为十年，并不超过失踪者百岁之日。该期限的起算点为重大危险发生之日或接到失踪人的最后音讯之日。

如果失踪人返回或有优先权利人主张行使权利时，准继承人应当返还财产。但准继承人对优先权人仅在一般诉讼时效期间内承担返还财产的义务。

对失踪人的应继份，如果没有任何人请求行使权利的，该应继份经遗产管理人保管已逾二十年的，应遗产管理人的申请，人民法院应按无人承受遗产的规定处理。

第十四章 附则

第八十九条 [民族自治地方变通的或者补充的规定]

民族自治地方的人民代表大会可以根据本法的原则，结合当地民族财产继承的具体情况，制定变通的或者补充的规定。自治区的规定，报全国人民代表大会常务委员会备案。自治州、自治县的规定，报省或者自治区的人民代表大会常务委员会批准后生效，并报全国人民代表大会常务委员会备案。

第九十条 [法律适用]

中国公民继承在中华人民共和国境外的遗产或者继承在中华人民共和国境内的外国人的遗产，动产适用被继承人住所地法律，不动产适用不动产所在地法律。

中华人民共和国与外国订有条约、协定的，按照条约、协定办理。

第九十一条 [施行日期]

本法自 年 月 日起施行。

4

《中华人民共和国继承法》修正草案建议稿(2012)

杨立新 杨震 等*

第一章总则

第一条[立法目的]

为保护民事主体在遗产继承中的合法权益, 保障遗产继承顺利进行, 制定本法。

第二条[继承的原则]

继承应当遵循下列原则:

(一) 保护私有财产继承权;

(二) 继承权男女平等;

(三) 养老育幼 · 照顾病残;

(四) 互谅互让 · 和睦团结;

(五) 权利义务一致。

---

* 계승법수정안초안건의고과제조(继承法修正案草案建议稿课题组)는 중국인민대학민상사법률과학중심과 흑룡강대학민상사법학연구중심이 공동으로 조직하였고, 중국인민대학민상사법률과학중심 주임인 양리신(杨立新) 교수와 흑룡강대학당위서기인 양쩐(杨震) 교수가 공동으로 과제조 조장을 담당하였다. 이외 과제조 구성원은 흑룡강대학법학원 교수 왕꺼아(王歌雅), 흑룡강대학법학원 부교수 순이(孙毅), 흑룡강대학법학원 교수 선젠핑(申建平), 흑룡강대학법학원 부교수 양쩐홍(杨振宏), 흑룡강대학민상법학원연구중심 연구원 리홍타오(李宏弢), 중국인민대학법학원민상법학 박사연구생 웨예펑(岳业鹏), 흑룡강대학법학원 민법학박사 스단(司丹) · 런짱(任江), 중국인민대학법학원 법학석사연구생 왕이춘(王毅纯)이다.(본 건의고는 2012년 발표되었다)

第三条[继承开始的时间与地点]

继承从被继承人死亡时开始。

继承于被继承人死亡时经常居所地 · 最后住所地或主要遗产所在地开始。

第四条[死亡时间的推定]

相互有继承关系的数人在同一事件中死亡，不能确定死亡先后时间的，推定没有生存继承人的人先死亡。死亡人各自都有生存继承人的，如数个死亡人辈分不同，推定长辈先死亡；数个死亡人辈分相同，推定同时死亡，彼此不发生继承，由其各自的继承人分别继承。

第五条[概括承受]

继承开始时，由继承人全体概括承受遗产上的权利与义务。遗产分配于遗产承受权利人名下时，取得单独的权利。依照法律规定需要办理登记的权利，未经登记不得处分该权利。

前款遗产承受权利人包括继承人 · 受遗赠人 · 遗赠扶养协议的扶养人 · 遗产酌分请求权人。

第六条[共同继承]

数个继承人共同继承遗产的，遗产在分割前由继承人共同共有。未经全体继承人同意，任何继承人不得进行有损于遗产价值的使用 · 收益和处分。遗产分割后，继承人取得单独的财产权利。依照法律规定需要办理登记的权利，未经登记不得处分该权利。

第七条[遗产的范围]

遗产是被继承人死亡时遗留的个人财产，包括:

(一) 房屋 · 林木 · 牲畜 · 储蓄等不动产或动产的所有权;

(二) 个人享有的土地承包经营权和承包收益;

(三) 建设用地使用权;

(四) 可继承的财产债权及其担保;

(五) 有价证券载有的财产权利;

(六) 股权或合伙中的财产权益;
(七) 知识产权中的财产权益;
(八) 被继承人享有的人格权衍生的财产利益;
(九) 互联网络中的虚拟财产;
(十) 被继承人的其他财产权益。

被继承人的专属性权利和法律规定不得继承的权利不属于遗产。

涉及被继承人个人信息权 · 隐私权的互联网络虚拟财产不属于遗产。

第八条[关于遗产的特殊规定]

经济适用住房的继承人不符合申购条件的, 可以继承由政府回购所得价款, 也可以按照规定标准向政府交纳土地收益等相关款项后, 继承房屋。

因被继承人死亡而获得, 但未指定受益人的保险金, 比照法定继承人的规定确定权利人。

遗体 · 骨灰 · 灵牌 · 墓地等特殊遗产的继承不得违反公序良俗。无遗嘱的, 由继承人协商处理 ; 协商不成的, 依习惯; 无习惯的, 可在继承人中合理确定管理人, 不进行分割。

祖传物的继承与分割, 无遗嘱的, 由继承人协商处理; 协商不成的, 依习惯; 无习惯的, 可在继承人中合理确定管理人, 不进行分割。未经全体继承人同意, 不能采取拍卖 · 变价等处分所有权的方式分割。

第九条[遗产的归入与扣除]

继承开始前, 晚辈继承人因结婚 · 分家 · 营业 · 教育 · 生育等事项, 接受被继承人生前赠与的财产, 依据被继承人生前的意思表示或者风俗习惯, 属于提前处分遗产的, 应当按照赠与时的价值归入遗产计算价额。

赠与的价额在遗产分割时应当从该继承人的应继承数额中扣除。但超过应继承数额的部分不必返还。

第十条[继承能力]

继承人应当是继承开始时生存的自然人。但遗嘱继承人 · 受遗赠人可以是继承开始时尚未出生的人。

胎儿出生后视为自继承开始时有继承能力。

经被继承人生前同意，于继承开始后二年内通过人工生殖技术孕育并出生的自然人，视为在继承开始时已生存。

第十一条[继承权的丧失]

继承人有下列行为之一的，丧失继承权:

(一) 故意不法杀害被继承人的;

(二) 为争夺遗产而杀害其他继承人的;

(三) 故意不法使被继承人丧失遗嘱能力的;

(四) 遗弃被继承人的;

(五) 虐待被继承人情节严重的;

(六) 伪造·篡改·隐匿或者销毁遗嘱的;

(七) 以欺诈或胁迫的手段，迫使或者妨碍被继承人设立·变更或者撤销遗嘱的。

继承人因第(三) 项至第(七) 项规定而丧失继承权，如经被继承人事后宽恕，可恢复其继承权。

被继承人知道继承人有丧失继承权的事由，仍然在遗嘱中指定其为继承人的，视为宽恕。

受遗赠权的丧失与宽恕准用前三款的规定。

第十二条[继承权·受遗赠权的接受与放弃]

继承人应当自知道或者应当知道继承开始并有资格继承遗产之日起三个月内，作出是否接受继承的表示。逾期未表示或者已经接受遗产分配的，视为接受继承。接受或者视为接受继承后不得再放弃继承。接受或放弃继承的表示附条件·附期限的无效。

继承开始后，受遗赠人在知道或者应当知道受遗赠后未作出放弃表示的，视为接受遗赠。接受遗赠后，取得遗赠财产之前，可以放弃受遗赠。

放弃继承·受遗赠的效力，溯及于继承开始之时。相应遗产份额归属于其他继承人。

第十三条[放弃继承·受遗赠的意思表示]

放弃继承·受遗赠的表示应当以书面形式向其他继承人·遗产管理人或遗嘱执行人作出。用口头方式表示放弃继承，本人承认，或有其他证据证明的，应当认定为有效。

没有或者不知其他继承人·遗产管理人或遗嘱执行人的，放弃继承·受遗赠的意思表示向民政部门作出或者以公证的方式作出。

第十四条[接受或者放弃继承的意思表示不得撤销]

接受或者放弃继承的意思表示不得撤销。但下列情形除外:

(一) 因欺诈·胁迫·乘人之危或重大误解而作出的;

(二) 遗产分配前，经济状况严重恶化的。

前款规定的撤销，应当自知道或应当知道可撤销事由之日起三个月内提出。因受胁迫而表示放弃继承的，撤销的期限自胁迫消除时起计算。

第十五条[概括受遗赠人的地位]

概括承受全部遗产的受遗赠人在接受与放弃意思表示的作出·权利义务的承担上，视同继承人。

第十六条[欠缺民事行为能力人继承权·受遗赠权的行使]

无民事行为能力人的继承权·受遗赠权，由其法定代理人代为行使。

限制民事行为能力人的继承权·受遗赠权，由其法定代理人代为行使，或者征得法定代理人同意后自己行使。

法定代理人代理被代理人行使继承权·受遗赠权，不得损害被代理人的利益。法定代理人一般不能代理被代理人放弃继承权·受遗赠权。明显损害被代理人利益的代理行为无效。

第十七条[代位继承]

被继承人的子女先于被继承人死亡·丧失继承权或者放弃继承权的，由被继承人的子女的晚辈直系血亲代位继承。

代位继承人只能继承被代位人的法定应继份。

代位继承不受辈数的限制，由辈分在先者代位。

第十八条[转继承]

继承开始后，继承人没有表示放弃继承，并于遗产分割前死亡的，其继承遗产的权利转移给他的继承人。

继承开始后，受遗赠人没有表示放弃受遗赠，并于遗产分割前死亡的，其接受遗赠的权利转移给他的继承人。

第十九条[继承回复请求权]

有下列情形之一时，继承人可以请求确认继承权并返还遗产:

(一) 无继承权的人没有合法依据而占有遗产的;

(二) 占有遗产的人否认继承人的继承权的。

继承回复请求权的诉讼时效期间为二年，自继承人知道或者应当知道继承权被侵害之日起计算。

但是，自继承开始之日起超过二十年的，不再保护。

第二章遗嘱

第二十条[遗嘱处分]

自然人可以通过设立遗嘱处分个人财产。其个人财产可以由指定的法定继承人继承，也可以遗赠给法定继承人以外的自然人·法人·其他社会组织或国家。

自然人可以依法设立遗嘱信托。

遗嘱人应当亲自立遗嘱。

第二十一条[遗嘱能力]

遗嘱人立遗嘱时必须有完全民事行为能力。无民事行为能力人或者限制民事行为能力人所立遗嘱无效。

遗嘱人立遗嘱时有完全民事行为能力，后来丧失完全民事行为能力的，不影响遗嘱的效力。

第二十二条[遗嘱方式法定]

遗嘱应当依据本法规定的自书遗嘱·代书遗嘱·打印遗嘱·电子数据遗

嘱 · 录音遗嘱 · 录像遗嘱 · 公证遗嘱 · 密封遗嘱 · 口头遗嘱方式设立。

第二十三条[自书遗嘱]

自书遗嘱由遗嘱人亲笔书写全文并在遗嘱结尾处签名或按指印，注明年 · 月 · 日。

第二十四条[代书遗嘱]

代书遗嘱应当有两个以上见证人在场见证，由其中一人根据遗嘱人的口述，代书遗嘱内容，并向遗嘱人宣读 · 解释，经遗嘱人认可后，注明年 · 月 · 日，并由代书人 · 其他见证人和遗嘱人在遗嘱每一页内容的结尾处签名或按指印。

第二十五条[打印遗嘱]

通过打印机打印的遗嘱，应当有两个以上见证人在场见证。遗嘱人和见证人应当在遗嘱每一页内容的结尾处签名或按指印，注明年 · 月 · 日和遗嘱的页数。

第二十六条[电子数据遗嘱]

遗嘱人可以用电子数据的形式设立遗嘱。电子数据遗嘱应当有可靠的电子签名，并有两个以上见证人见证。见证人应当记录电子数据遗嘱所在的电子系统和制作日期，并保存公钥。

第二十七条[录音 · 录像遗嘱]

以录音 · 录像形式设立的遗嘱，应当有两个以上见证人在场见证。

录音 · 录像遗嘱中应当有对录制日期 · 地点 · 见证人姓名的说明和见证人自愿做见证的说明。

录音 · 录像遗嘱作成后，应当当场密封，并由遗嘱人 · 见证人在密封处签名或按指印，注明年 · 月 · 日。

第二十八条[公证遗嘱]

公证遗嘱由遗嘱人经公证机关办理。

公证机关办理遗嘱公证，应当由二名以上公证员共同办理。特殊情况下只能由一名公证员办理时，应当有一名以上见证人在场。

公证遗嘱应记明年·月·日，由公证员·见证人及遗嘱人签名或者盖章。遗嘱人不能签名的由本人捺指印，公证员将其事由加以记载。

第二十九条[密封遗嘱]

遗嘱人可以将遗嘱密封，并在遗嘱密封处签名或按指印，有两个以上见证人在场见证，交与公证机关·律师事务所·有关组织机构或个人保存。密封封面应当记明见证人情况以及该遗嘱提交的年·月·日，可以附记遗嘱人的其他陈述，由遗嘱人·遗嘱保存人及见证人签名·按指印或加盖公章。

遗嘱保存人应当向遗嘱人交付遗嘱保存证书。遗嘱保存证书由保存人签名或加盖公章。

被密封的遗嘱不符合自书·代书·打印·录音·录像·电子数据等遗嘱形式，但符合密封遗嘱形式的，不影响其效力。密封遗嘱形式上有瑕疵·被不当开启或被返还给遗嘱人，但符合其他遗嘱方式的，按照其他遗嘱方式确定效力。

第三十条[口头遗嘱]

遗嘱人在危急情况下，可以设立口头遗嘱。口头遗嘱应当有两个以上见证人在场见证。危急情况解除后，口头遗嘱自遗嘱人能够用其他方式设立遗嘱之时起，经过三个月失效。

见证人应当及时将口头遗嘱作成记录并签名，注明年·月·日。

第三十一条[遗嘱见证人]

下列人员不能作为遗嘱见证人：

(一) 无民事行为能力人·限制民事行为能力人；

(二) 继承人·受遗赠人；

(三) 与继承人·受遗赠人有利害关系的人；

(四) 因盲·聋等障碍，不具有见证能力的人。

第三十二条[遗嘱证书的涂改]

遗嘱证书如有增减·涂改而变更遗嘱内容的，应在增减·涂改之处另行签名或按指印，否则变更部分不生效力。

第三十三条[遗嘱的撤回与变更]

遗嘱人可以另立遗嘱明确表示撤回·变更自己以前所立的遗嘱。

遗嘱人故意销毁遗嘱的，视为撤回。

设立遗嘱后，遗嘱人实施与遗嘱内容相反的行为，视为对遗嘱相关内容的撤回。

立有数份遗嘱，内容相抵触的，以最后的遗嘱为准，前遗嘱抵触部分视为撤回。

第三十四条[遗嘱的相对无效事项]

遗嘱中没有注明年·月·日的，只有存在其他遗嘱且不能确定设立先后时，或不能判断遗嘱能力时，才可认定遗嘱无效。

遗嘱证书没有标明页数·见证人对口头遗嘱·电子数据遗嘱没有记录·没有保管公钥·没有在每一页签字的，只有在对遗嘱内容的确定和真实性判断产生实质影响时，才可认定遗嘱无效。

第三十五条[遗嘱指定]

遗嘱人应当在遗嘱中亲自指定遗嘱继承人或受遗赠人。未亲自指定的遗嘱不成立。

遗嘱人可以在遗嘱中排除法定继承人的继承权而不特别指定遗嘱继承人。被排除的法定继承人仅在没有其他法定继承人和受遗赠人·其他法定继承人和受遗赠人丧失或放弃权利的情况下，才可以依法定继承。

遗嘱人可以在遗嘱中指定遗产分配比例或者指定所处分的特定财产。遗嘱中没有指定，继承开始后又协商不成的，在遗嘱继承人·受遗赠人间平均分配。

第三十六条[附负担的遗嘱继承与遗赠]

遗嘱继承或者遗赠附有负担的，继承人或受遗赠人应当以其所受利益为限履行负担。

无正当理由不履行负担的，经其他继承人或受益人请求，可以取消其接受与所附负担相应遗产的权利。该部分遗产及负担由其他继承人接受。无继承人愿意接受的，由受益人取得遗产。

第三十七条[夫妻共同遗嘱]

夫妻可以设立共同遗嘱。共同遗嘱的效力以配偶一方死亡前婚姻关系存续为前提。

夫妻互相指定对方为继承人的遗嘱，自配偶一方死亡时生效。配偶一方撤回指定的，另一方的指定失效。

夫妻可以共同指定遗嘱继承人或受遗赠人。若无相反内容，共同遗嘱在夫妻一方生存时对遗嘱继承人和受遗赠人不发生效力。

夫妻双方经协议，在共同遗嘱中对遗产作出效力上相互依存的关联处分的，该共同遗嘱的撤回适用合同解除的规定。在夫妻一方死亡后，另一方效力上相关联的遗产处分不得撤回。但继承人或受遗赠人对后死亡一方有丧失继承权情形的除外。

第三十八条[替补继承人·替补受遗赠人]

遗嘱人可以在遗嘱中为继承人或受遗赠人指定替补继承人或替补受遗赠人。 继承人或受遗赠人先于遗嘱人死亡·丧失继承权或受遗赠权·放弃继承或受遗赠时，由替补继承人·替补受遗赠人承受相应遗产。

继承人可以被相互指定为替补继承人。

第三十九条[后位继承人]

遗嘱人可以指定后位继承人按照一定的条件或期限取得前位继承人已经继承的遗产。遗嘱人未规定后位继承人取得遗产条件的，遗产在前位继承人死亡时归属于后位继承人。

后位继承人可以是继承开始时尚未出生的人。

后位继承人只能指定一次。

后位遗赠准用后位继承的规定。

第四十条[前位继承人·后位继承人·替补继承人的推定]

遗嘱人在遗嘱中仅指定继承人在条件成就或期限到来时取得遗产的，

推定遗嘱人的其他法定继承人是前位继承人。

遗嘱人仅指定继承人在条件成就或期限到来之前为继承人，而没有指定此后的遗产承受权利人的，推定遗嘱人的其他法定继承人是后位继承人。

后位继承人推定为替补继承人。

第四十一条[前位继承人的权利义务]

前位继承人对遗产有使用·收益的权利。对正常使用引起的遗产损耗不负责任。

前位继承人对遗产的处分，损害后位继承遗产的价值或者使后位继承无法实现的，不生效力。造成损害的，承担损害赔偿责任。

前位继承人负担对遗产进行保养维护的必要费用。

第四十二条[后位继承人的遗产取得]

后位继承开始后，前位继承人应当将遗产交付给后位继承人。

因遗产灭失·占有丧失而对第三人有请求权的，应当将该请求权移交给后位继承人。

前位继承人应担保移交给后位继承人的遗产没有权利瑕疵。

前位继承人因过错造成遗产损害的，应负赔偿责任。

第四十三条[后位继承的消灭]

后位继承因以下情形而消灭：

(一) 后位继承人丧失继承权·放弃继承权的；

(二) 后位继承人在后位继承开始前死亡的；

(三) 后位继承开始的条件确定不能发生的；

(四) 继承开始后经过30年，后位继承开始的条件仍未发生的。

第四十四条[遗嘱的生效]

遗嘱自遗嘱人死亡时发生效力。若遗嘱所附生效条件尚未成就·所附始期尚未到来，则遗嘱自条件成就·期限到来时发生效力。

遗嘱继承人或受遗赠人于遗嘱发生效力前死亡·丧失·放弃继承权或

受遗赠权, 没有替补继承人 · 替补受遗赠人的, 遗嘱相应部分不生效力。遗嘱排除了部分法定继承人的继承权的, 该应继份按照其余继承人的应继份比例分配给其他继承人。没有其他继承人的, 依法定继承处理。

第四十五条[遗嘱效力打破]

继承开始后, 出现遗嘱人设立遗嘱时尚不存在或不知道其存在的有继承权的晚辈直系血亲, 该继承人以其法定应继份为限, 可以请求遗嘱执行人或已取得遗产的继承人 · 受遗赠人向其移交遗产。

前款规定的请求权, 自继承开始时起五年内没有行使而消灭。

第四十六条[遗嘱的无效]

下列遗嘱全部或部分无效 :

(一) 伪造的遗嘱 ;

(二) 遗嘱中违反法律 · 行政法规强制性规定的内容 ;

(三) 遗嘱被篡改的内容 ;

(四) 其他依法应当认定无效的情形。

第四十七条[遗嘱的撤销]

遗嘱必须是遗嘱人的真实意思表示。因受胁迫 · 受欺诈 · 乘人之危以及因错误所立的遗嘱, 遗产承受权利人可以请求人民法院撤销。

请求撤销遗嘱的权利, 应当自知道或者应当知道撤销事由之日起一年内行使。

第四十八条[必留份]

遗嘱应当对缺乏劳动能力又没有生活来源的继承人保留必要的遗产份额。

继承人是否缺乏劳动能力又没有生活来源, 应按遗嘱生效时该继承人的具体情况确定。

必要的遗产份额依据继承开始时的城镇居民人均消费性支出 · 农村居民人均生活消费支出计算。

但最高不超过其应继份。

第四十九条[特留份]

被继承人的配偶·晚辈直系血亲·父母享有特留份继承权。特留份额是其法定继承数额的二分之一。

特留份额应在继承开始时所存遗产的价额基础上，加上继承开始前二年内，遗嘱人赠与财产的价额，扣除债务额后，依据法定应继份计算。

既符合特留份又符合必留份的，优先适用必留份的规定。

第五十条[不适用特留份的情形]

有下列情形之一的，不受特留份限制：

(一) 特留份继承人丧失继承权的；

(二) 被继承人与扶养人签订遗赠扶养协议，使特留份继承人无需承担扶养义务的；

(三) 有扶养能力和有扶养条件的特留份继承人，不尽扶养义务的；

(四) 特留份继承人对被继承人或其近亲属有严重违背伦理或犯罪行为的；

(五) 特留份继承人依遗嘱继承而取得相当于特留份的遗产的。

第五十一条[扣减]

遗嘱继承或遗赠超过可处分的遗产数额，致使必留份·特留份的数额不足的，可以请求扣减遗嘱继承或遗赠的相应数额。

第五十二条[生前赠与的撤销]

继承开始前二年内，因遗嘱人的赠与行为导致必留份·特留份遗产不足的，必留份·特留份继承人可以在不足限度内请求撤销赠与并返还财产。但以对遗嘱继承或遗赠扣减后，仍不足为前提。

对遗嘱人于继承开始前二年内所为不合理低价的买卖行为，以相对人恶意为限，可行使第一款的权利。

第五十三条[存在遗嘱的通知与遗嘱公布]

遗嘱的保管人或发现人知道继承开始后，应立即将存在遗嘱的事实通知可能有继承权的人。

遗嘱的内容应当向所有已知的继承人公布。密封遗嘱，应当在所有已知的法定继承人在场时或在法院·公证处开启。

第五十四条[遗嘱执行人]

遗嘱人可以在遗嘱中指定遗嘱执行人，也可以委托他人指定。

受托人应当在遗嘱开启后十日内指定遗嘱执行人，并通知已知的遗产承受权利人和其他利害关系人。

遗嘱未指定遗嘱执行人，又未委托他人指定的，由继承人协商选定。不能达成一致意见时，由全体完全民事行为能力继承人担任遗嘱执行人。

无民事行为能力人·限制民事行为能力人不得担任遗嘱执行人。

第五十五条[遗嘱执行人的职责]

遗嘱执行人应当严格依照遗嘱人的意愿，忠实勤勉地执行遗嘱，使遗嘱内容得以实现。

遗嘱执行人在执行遗嘱的职责范围内，视为继承人的代理人。

遗嘱执行人的职责内容·辞任·解任·共同执行， 准用遗产管理人的规定。

第五十六条[继承人处分遗产的限制]

遗嘱执行人执行遗嘱期间，继承人不得处分与遗嘱有关的遗产，不得妨碍遗嘱执行人执行职务。

第三章法定继承

第五十七条[继承顺序]

遗产按照下列顺序继承:

第一顺序 ： 配偶·子女·父母。

第二顺序 ： 孙子女·外孙子女·兄弟姐妹·祖父母·外祖父母。

第三顺序 ： 曾祖父母·外曾祖父母·伯·叔·姑·舅·姨·堂兄弟姐妹·表兄弟姐妹·侄子女·甥子女等四代以内的其他直系或者旁系血亲。

第五十八条[顺位在先优先]

继承开始后，由前一顺序继承人继承。没有前一顺序继承人继承的，由后一顺序继承人继承。

同一顺序继承人有数人时，原则上平均分得遗产，仅有一人时，则由其单独继承。但在第三顺序继承人中，亲等近者优先，只有在前一亲等的继承人死亡·丧失继承权或放弃继承权时，后一亲等的继承人才可以继承被继承人的遗产。

第五十九条[继承人的解释]

本法所说的子女，包括婚生子女·非婚生子女·养子女和有扶养关系的继子女。

本法所说的父母，包括生父母·养父母和有扶养关系的继父母。

本法所说的兄弟姐妹，包括同父母的兄弟姐妹·同父异母或者同母异父的兄弟姐妹·养兄弟姐妹·有扶养关系的继兄弟姐妹。

因生存配偶的过错，被继承人已申请离婚或已经同意离婚，并具备离婚的实质要件的，配偶不属于继承人范围。

第六十条[丧偶儿媳和丧偶女婿的继承权]

丧偶儿媳对公·婆，丧偶女婿对岳父·岳母，尽了主要赡养义务的，无论是否再婚，作为第一顺序继承人。

第六十一条[遗产酌分请求权]

对继承人以外的依靠被继承人扶养的缺乏劳动能力又没有生活来源的人，或者继承人以外的对被继承人扶养较多的人，可以分给他们适当的遗产。具体份额可以根据情况多于或少于继承人。

被收养人对养父母尽了赡养义务，同时又对生父母扶养较多的，除可继承养父母的遗产外，还可分得生父母的适当的遗产。

遗产酌分请求权人因受遗赠或被继承人生前赠与而取得的财产，应当归入到遗产酌分份额中。

遗产酌分请求权人的权利受到侵害时，自知道或者应当知道继承开始之日起二年内，可以向人民法院提起诉讼。

第六十二条[法定继承的适用范围]

继承开始后，没有遗赠扶养协议和遗嘱的，按照法定继承办理。

有下列情形之一的，遗产中的有关部分按照法定继承办理，但法律另有规定或遗嘱另有安排的除外：

(一) 遗嘱继承人放弃继承或者受遗赠人放弃受遗赠的；

(二) 遗嘱继承人丧失继承权的；

(三) 受遗赠人丧失受遗赠权的；

(四) 遗嘱继承人·受遗赠人先于遗嘱人死亡的；

(五) 遗嘱无效部分所涉及的遗产；

(六) 遗嘱未处分的遗产。

第六十三条[法定应继份的确定]

同一顺序继承人继承遗产的份额，一般应当均等。继承人协商同意的，也可以不均等。

对被继承人尽了主要扶养义务或者与被继承人共同生活且尽扶养义务较多的继承人，分配遗产时，可以多分。对被继承人生活提供了主要经济来源，或在劳务等方面给予了主要扶助的，应当认定其尽了主要扶养义务。

有扶养能力和有扶养条件的继承人，所尽扶养义务较少的，应当少分。不尽扶养义务的，应当不分或者少分。但愿意尽扶养义务，被继承人明确表示不要求其扶养的，不应因此而减少其继承份额。

对生活有特殊困难的缺乏劳动能力的继承人，分配遗产时，应当予以照顾。

第六十四条[隐藏侵吞遗产]

故意隐匿·侵吞遗产的，非经其他继承人宽恕，剥夺该继承人对此遗产继承的份额。

第六十五条[胎儿应继份的保留]

遗产分割时，应当保留胎儿的法定应继份。胎儿出生后死亡的，该份额由胎儿的继承人继承。胎儿出生时是死体的，保留的份额由被继承人的继承人继承。

未保留胎儿应继份的，应从继承人所继承遗产中扣回。

第四章遗产的处理

第六十六条[遗赠扶养协议的订立]

需要扶养的人可以与扶养人签订遗赠扶养协议。按照协议，扶养人承担该被扶养人生养死葬的义务，享有受遗赠的权利。

扶养人可以是自然人·集体所有制组织·承担养老职能的法人或社会组织。

签订遗赠扶养协议应当采取书面形式。

关于遗赠扶养协议，本法有规定的，依照其规定；本法无规定的，准用合同法的有关规定。

第六十七条[遗赠扶养协议的不履行]

遗赠扶养协议生效后，扶养人无正当理由不履行的，被扶养人可以解除遗赠扶养协议；被扶养人的继承人和利害关系人也可以主张解除遗赠扶养协议。因不履行致协议被解除的，扶养人不能享有受遗赠的权利，其支付的扶养费用不予补偿，并赔偿所造成的损失。

被扶养人无正当理由不履行遗赠扶养协议中的义务，致使扶养人获得遗赠的目的不能实现的，扶养人可以解除遗赠扶养协议。被扶养人应当偿还扶养人已支付的扶养费用，并赔偿所造成的损失。

第六十八条[遗赠扶养协议的解除]

扶养人丧失扶养能力的，被扶养人或扶养人可以单方解除遗赠扶养协议。被扶养人应当偿还扶养人已支付的扶养费用。

第六十九条[继承扶养协议]

被继承人可以与继承人订立继承扶养协议，由继承人承担比法定扶养义务更高的扶养义务，并继承约定的遗产。

违反继承扶养协议的继承人，除符合丧失继承权的条件外，仍享有法定继承权。

本法未规定的，继承扶养协议准用遗赠扶养协议的相关规定。

第七十条[继承开始的通知]

继承开始后，知道被继承人死亡的继承人应当及时通知其他继承人和遗嘱执行人。继承人和遗嘱执行人均不知道被继承人死亡或无能力通知的，由负责处理被继承人死亡事件的部门或基层组织通知。

恶意隐瞒被继承人死亡事实的继承人，给他人造成损害的，应当承担损害赔偿责任。

第七十一条[遗产的临时保管]

继承开始后，遗产的占有人应当妥善保管遗产，任何人不得侵吞或者争抢。

财产由被继承人生前自己占有的，继承开始后，知道被继承人死亡的继承人或无因管理人可以对遗产进行临时保管。临时保管人负有向遗嘱执行人·遗产管理人报告和应遗嘱执行人·遗产管理人的要求移交遗产的义务。

遗产占有人在紧急情况下，为保存遗产价值而进行处分的，事后应当及时通知继承人和遗产管理人，并将所得价款移交遗产管理人。

第七十二条[遗产管理人的选任与指定]

继承人可以在继承开始后协商推选遗产管理人。有遗嘱执行人的，由遗嘱执行人担任遗产管理人。

遗嘱未指定遗嘱执行人，继承人对遗产管理人选任有争议的，由有完全民事行为能力的法定继承人共同管理遗产。

有证据证明继承人的行为已经或将要损害其他遗产承受权利人·遗产债权人等利害关系人利益的，经利害关系人申请，人民法院可以在继承人之外指定遗产管理人。

第七十三条[共同遗产管理人]

数个遗产管理人共同管理遗产的，对遗产通常管理所采取的必要措施，各遗产管理人负有协助义务。

对遗产管理行为有分歧的，应当经半数以上继承人同意。但遗嘱执行人担任遗产管理人而遗嘱另有指示的，或为保护遗产采取必要措施的除外。

第七十四条[遗产管理人的职责]

遗产管理人应当勤勉谨慎地履行以下职责：

(一) 查明被继承人是否留有遗嘱，并且确定遗嘱是否真实合法；

(二) 查明并通知遗产承受权利人·被继承人的债权人·债务人；

(三) 管理遗产，制作遗产清单并公证；

(四) 清偿遗产债务；

(五) 分割·移交遗产；

(六) 在管理权限之内，可以采取必要的措施或通过诉讼保全遗产；

(七) 进行与管理遗产有关的其他必要行为。

第七十五条[遗产管理人的辞职和解任]

继承人以外的人不愿意担任遗产管理人的，可以辞任。辞任的意思表示应当向继承人作出。指定的遗产管理人不得辞任。

遗产管理人怠于履行职责或不当履行职责的，继承人可以解任或者请求人民法院解任遗产管理人。

受遗赠人·遗产债权人或其他利害关系人可以请求继承人或人民法院解任遗产管理人。

第七十六条[遗产的禁止分割保全请求权]

遗产债权人在债权没有得到清偿或继承人没有提供担保的情况下，可以向继承人·遗产管理人或人民法院请求禁止分割遗产而首先用于清偿遗产债权。

第七十七条[有条件的限定继承]

继承人制作遗产清单并公证后，可以其所接受遗产的实际价值为限，清偿被继承人依法应当缴纳的税款和遗产债务。超过遗产实际价值部分，继承人自愿偿还的不在此限。

继承人放弃继承的，对被继承人依法应当缴纳的税款和债务不负偿还责任。

第七十八条[制作遗产清单]

遗产管理人应当在就任后六个月内编制遗产清单并进行公证。

没有遗产管理人的，继承人应当在知道继承开始后六个月内编制遗产清单并进行公证。

第七十九条[对遗产清单的异议]

对遗产清单有合理异议的利害关系人可以要求由专业机构对遗产清单进行复核。异议不成立的由该利害关系人承担复核费用。

第八十条[限定继承的排除]

有下列情形之一的，继承人在制作遗产清单并公证后，仍应对全部遗产债务承担责任：

(一) 隐匿重要遗产的；

(二) 在遗产清单中故意漏记重要遗产，或者计入不存在的债务的；

(三) 处分遗产损害遗产债权人权利的。

第八十一条[遗产清算程序]

继承开始后遗产分割前，未得到清偿的债权人可以向继承人·遗产管理人或人民法院请求开始遗产清算程序。

进入遗产清算程序后，继承人或遗产管理人应当通知已知的债权人，并公告通知可能存在的未知债权人。公告中规定的债权申报期不得少于三个月。遗产债权人未在债权申报期限内申报债权的，仅就剩余遗产行使权利。但对遗产享有担保物权的除外。

继承人·遗产管理人在债权申报期限内不得分割遗产或向债权人清偿债务。

继承人故意不通知债权人的，对该债权人丧失限定继承利益。

第八十二条[债权人的撤销权]

被继承人生前通过赠与或明显不合理的价格进行交易，导致遗产不当减少，对债权人造成损害的，债权人可以行使撤销权。

第八十三条[遗产的清偿顺序]

遗产按下列顺序清偿：

(一) 合理的丧葬费用·遗产管理费用·遗嘱执行费用等继承费用；

(二) 被继承人生前欠缴的税款；

(三) 被继承人生前所负债务；

(四) 遗赠扶养协议与继承扶养协议中扶养人取得遗产的权利；

(五) 受遗赠人取得遗赠的权利。

遗产不足以清偿全部遗产债务时，同一顺序的债权按比例受偿。

有缺乏劳动能力又没有生活来源的继承人的，即使遗产不足清偿债务和税款，也应在清偿前为其保留必要遗产份额。

第八十四条[剩余遗产分配]

清偿继承费用·税款·遗产债务后剩余遗产的分配，遗赠扶养协议和继承扶养协议优先于遗赠和遗嘱继承；遗赠和遗嘱继承优先于法定继承。

第八十五条[遗产分割自由及其限制]

继承开始后，继承人可以随时请求分割遗产。

有以下情形的，遗产不得分割：

(一) 共同继承人约定不得分割的；

(二) 遗嘱禁止分割的，但是禁止分割的期限不得超过五年，超过五年的，缩短为5年；

(三) 遗产被债权人申请禁止分割保全的；

(四) 依遗产性质不得分割的；

(五) 依法律规定禁止分割的。

第八十六条[共有财产的分割]

夫妻在婚姻关系存续期间所得的共有财产，除有约定的以外，在分割遗产之前，应当先将共有财产的一半分出为配偶所有，其余的为被继承人的遗产。

遗产在家庭共有或其他共有的财产之中的，遗产分割时，应当先分出他人的财产。

第八十七条[遗产的分割方式]

遗产的分割应当依照遗嘱中的遗产分割方式进行。

遗嘱中没有分割方式或者没有遗嘱的，依照《中华人民共和国物权法》第一百条的规定分割。

遗产分割时有个别继承人下落不明的，由其财产管理人代管分得的遗产。没有财产管理人的，应依照本法第九十二条发出寻找继承人公告，公告期满后继承人没有出现的，其遗产份额由其他继承人继承。遗产分割后该继承人出现的，自继承开始时起五年内，可以请求已取得遗产的继承人移交其应继承

的遗产。

第八十八条[遗嘱继承和遗赠的扣减]

遗嘱生效时，实际遗产的数额不足遗嘱所列的遗产数额时，应当对遗嘱继承和遗赠的数额按应得份额的比例进行扣减。

第八十九条[分割对继承人的效力]

遗产分割溯及至继承开始时发生效力，但不得损害第三人的利益。

各继承人以其所得遗产的价值为限，对其他继承人分得的遗产，按继承比例承担与出卖人相同的瑕疵担保责任。

继承人以其所得遗产的价值为限，对其他继承人因分割所得债权，按继承比例对债务人在遗产分割时的清偿能力承担担保责任。

前项债权如未届清偿期或者附有停止条件的，则各继承人应就清偿时债务人的支付能力负担保责任。

第九十条[分割对债权人的效力]

遗产已被分割而有未清偿债务的，除债权人免除连带的以外，继承人对遗产债务负连带责任。

在限定继承中，如有法定继承又有遗嘱继承和遗赠的，首先由法定继承

人以其所得遗产清偿债务 ； 不足清偿时，剩余的债务由遗嘱继承人和受遗赠人按比例以所得遗产偿还 ； 如果只有遗嘱继承和遗赠的，由遗嘱继承人和受遗赠人按比例以所得遗产偿还。

第九十一条[有无继承人不明]

继承开始后，有无继承人不明的，或者已知的继承人 · 受遗赠人丧失 · 放弃继承权或受遗赠权的，有关人员 · 部门或基层组织应将情况及时通知民政部门。

民政部门在接到通知后，应指定遗产管理人管理遗产。

第九十二条[寻找公告]

遗产管理人应当在接受指定后十日内发出寻找遗产承受权利人 · 遗产债权人的公告，催促权利人于规定期限内主张权利。

前款公告期限不得少于六个月。

第九十三条[无人承受遗产的清算与清偿]

遗产管理人应对无人承受的遗产编制遗产清单 · 缴纳相关税款 · 接受债权申报 · 主张应继财产中的债权。

公告期满后，遗产管理人应当对死者生前债务进行清偿。有特定遗赠的受遗赠人的，应当向其交付特定遗产。有遗产酌分请求权人的，应当分给他们适当的遗产。

公告期内没有申报的未知债权，只能就清偿已申报债权后剩余的遗产获得清偿。

第九十四条[遗产的归属]

继承人 · 概括受遗赠人在遗产移交国库或集体所有制组织之前出现的，遗产管理人应当向其移交剩余的遗产 · 遗产清单和有关凭证，报告遗产处理情况。遗产管理人此前的职务行为对继承人 · 概括受遗赠人有效。

无人继承又无人受遗赠的遗产，归国家所有 ； 死者生前是集体所有制组织成员的，归所在集体所有制组织所有。

无人承受的遗产处理完毕后，有继承人或概括受遗赠人出现的，自继承开始后五年内，可以请求国家或者集体所有制组织归还相应遗产。

第五章附则

第九十五条[变通或补充规定]

民族自治地方的人民代表大会可以根据本法的原则，结合当地民族财产继承的具体情况，制定变通的或者补充的规定。自治区的规定，报全国人民代表大会常务委员会备案。自治州·自治县的规定，报省或者自治区的人民代表大会常务委员会批准后生效，并报全国人民代表大会常务委员会备案。

第九十六条[涉外继承]

涉外继承关系适用的法律，依据《中华人民共和国涉外民事关系法律适用法》的有关规定确定。

第九十七条[实施日期]

本法自 年 月 日起施行。

5

中华人民共和国民法继承法编(草案)建议稿(2015)*

杨立新 杨震 等**

第六条 [遗产的范围]

遗产是被继承人死亡时遗留的个人合法财产, 包括：

动产；

不动产；

建设用地使用权；

财产性债权；

著作权 · 专利权 · 商标权中的财产权利；

有价证券；

股权；

数字遗产；

其他合法财产。

下列遗产的继承, 须依照法律规定的方法进行：

土地承包经营权；

宅基地使用权；

* 본 상속법 개정안은『杨立新继承法修订入典之重点问题』, 中国法制出版社, 2016에 부록으로 실려있는 것인데, 양리신(杨立新) 교수와 양쩐(杨震) 교수의 2012년『中华人民共和国继承法修正草案建议稿』(부록 4)와 비교하여 내용이 달라진 조문만 발췌하였다.

** 본 건의고는 2015년 양리신(杨立新) 교수와 양쩐(杨震) 교수가 공동으로 편찬을 주재하였고, 이에 참여한 학자는 왕꺼야(王歌雅), 순이(孙毅), 션젠핑(申建平), 양쩐홍(杨振宏), 리홍타오(李宏弢), 웨예펑(岳业鹏), 흑룡강대학민상법학연구중심연구원 스단(司丹) · 런짱(任江), 중국인민대학민상사법률과학연구중심박사연구생 왕이춘(王毅纯)이다.

经济适用房·限价商品房

第八条 [遗产的归入与扣除]

被继承人于继承开始前赠与继承人财产时，应以明示方式确定适用归扣制度。被继承人明确以书面等方式表示，其赠与财产须加人继承开始时被继承人的财产范围的，该赠与价额计人应继承财产，赠与的具体价额，依赠与时的价值计算。

被继承人做出确定适用归扣意思表示的，可以随时用书面等方式撤回。表示撤回适用归扣的意思表示一经作出，即发生撤回其归扣意思表示的效力。

被继承人生前作出适用归扣的意思表示，并且没有明示将其撤回的，在适用归扣将继承人取得的赠与财产计人应继财产后，于遗产分割时，应将该赠与财产由该继承人的应继份中扣除。超过应继份的赠与，继承人应予返还。

应当实行归扣的赠与财产，限于个人特种赠与。包括以下内容：

因结婚而为的赠与；

因培训或超过普通教育而为的赠与；

因分家或独立生活而为的赠与；

因生产或营业而为的赠与；

因生育而为的赠与

第十条 [继承权的丧失]

继承人有下列行为之一的，丧失继承权：

有意不法杀害被继承人的；

为争夺遗产而杀害其他继承人的；

故意不法使被继承人丧失遗嘱能力的；

遗弃被继承人的；

虐待被继承人情节严重的；
伪造·篡改·隐匿或者销毁遗嘱的；
以欺诈或胁迫等手段, 迫使或者妨碍被继承人设立·变更或者撤销遗嘱的。
继承人因前款规定丧失继承权, 经被继承人宽宥的, 其继承权不丧失。
如被继承人在遗嘱或公证书未明示恢复继承人已丧失的继承权, 但遗嘱人在明知继承人丧失继承权的情况下仍向其作出遗嘱处分, 则丧失继承权的人得在有关遗嘱处分的限度内继承财产。
如被继承人生前未以口头或遗嘱表达对继承人的宽宥, 但已接受继承人的扶养或与之共同生活, 或赠与其财产等, 均可理解为被继承人已宽宥继承人。
以上规定, 适用于特留份的丧失与恢复

第三十五条 [遗托制度]
遗嘱人可以在遗嘱中指定接受遗产的继承人或者受遗赠人完成特定的事务。遗嘱继承人或者受遗赠人接受遗产, 应当完成遗托的事务。归属是遗嘱继承人或者受遗赠人负担义务的承认和接受。 遗嘱继承人或者受遗赠人决定接受或者承认遗赠时, 负担受益人产生请求负担履行的权利。归属的时间是继承开始的时间, 从继承开始之时起, 遗嘱的负担受益人产生权利, 而遗嘱继承人或者受遗赠人作为负担义务人产生负担义务, 必须履行负担。
遗嘱继承人与受遗赠人以其所受利益为限负履行的义务。超过所受利益范围的部分为无效。负担受益人主张负担义务人承担超出所受利益范围的部分负担的, 负担义务人有权拒绝。
无正当理由不履行负担的, 经其他继承人或受益人请求, 可以取消其接受与所附负担相应遗产的权利。该部分遗产及负担由其他继承人接受。无继承人愿意接受的, 由受益人取得遗产。

第三十六条 [夫妻共同遗嘱]

两个以上的被继承人不得订立同一遗嘱。但夫妻双方订立同一遗嘱，符合法律关于遗嘱有效条件要求的，应当认定为有效。共同遗嘱的效力以配偶一方死亡前婚姻关系存续为前提。

夫妻互相指定对方为继承人的遗嘱，自配偶一方死亡时生效。配偶一方撤回指定的，另一方的指定失效。

夫妻可以共同指定遗嘱继承人或受遗赠人。若无相反内容，共同遗嘱在夫妻一方生存时对遗嘱继承人和受遗赠人不发生效力

夫妻双方经协议，在共同遗嘱中对遗产作出效力上相互依存的关联处分的，该共同遗嘱的撤回适用合同解除的规定。在夫妻一方死亡后，另一方效力上相关联的遗产处分不得撤回。但继承人或受遗赠人对后死亡一方有丧失继承权情形的除外。

第三十八条 [后位继承人]

遗嘱人可以在遗嘱中规定，在某种条件成就或期限到来时，由遗嘱继承人将其继承的财产移转给其他继承人承受。前位继承人放弃继承权或存在丧失继承权的事由，只能在遗产分割之前进行。后位继承人在前位继承人死亡后，直接取得遗产 ；遗产指定后位继承发生的条件与前位继承人无关或为特定的期限的，不发生后位继承，遗产由被继承人的法定继承人继承。如果该项遗产依法定继承由后位继承人取得，则不再发生后位继承。后位继承人发现前位继承人滥用权利，实施有损害自己期待权的行为的，有权请求人民法院予以制止，保护继承权。

后位继承人可以是继承开始时尚未出生的人。

后位继承人只能指定一次。

后位遗赠准用后位继承的规定

第四十七条 [必留份]

遗嘱应当为缺乏劳动能力又无生活来源的继承人保留必要的遗产份额。该份额应结合继承开始时城镇居民人均消费性支出 · 农村居民人均生活消费支出计算，最高额为法定应继份的1/2。发生争议，可由法院根据被继承人的遗产数额及必留份权利人的具体情况在上述限额内确定。

必留份为遗产继承份。对不宜分割的遗产，应从有利生产 · 生活需要，发挥遗产使用效益出发，兼顾各继承人的利益，采取折价 · 适当补偿或共有等方式进行处理。必留份与遗嘱继承发生冲突，应允许遗嘱继承人采用金钱等替代方式代为偿付。

继承人丧失继承权同时丧失必留份。继承人放弃继承权视为同时放弃必留份。继承人也可单独放弃必留份而不丧失继承权。必留份经放弃后均不得再主张。因法定情形丧失的必留份，均可因被继承人的宽宥而恢复。同时享有必留份 · 遗嘱继承份 · 法定继承份 · 特留份的，法定继承人只能择一权利行使，且必留份可优先于特留份等其他继承份。

遗嘱未保留缺乏劳动能力又无生活来源的继承人必要遗产份额，遗产处理时，应当为该继承人留下必要的遗产，剩余部分再参照遗嘱确定的分配原则处理。继承人中有缺乏劳动能力又无生活来源的人，即使遗产不足清偿债务，也应当为其保留适当遗产，剩余遗产再用于清偿债务。继承人是否缺乏劳动能力又没有生活来源，应按遗嘱生效时该继承人的具体情况确定。

第四十八条 [特留份]

特留份是遗嘱人依法不得以遗嘱取消的，由特定的法定继承人继承的遗产份额。被继承人的配偶 · 子女 · 父母享有特留份继承权。配偶 · 子女享有的特留份为其应继份的1/2；父母享有的特留份为其应继份的1/3。特留份额应在继承开始时所存遗产的价额基础上，加上继承开始前二年内，遗嘱人赠与财产的价额，扣除债务额后，依据法定应继份计算。

在继承开始后，特留份权利人可基于保全请求权保全其特留份。如果遗嘱人在遗嘱中没有对特留份作出安排，特留份权利人有权请求遗产管理人或相关人从遗产中扣减出特留份的份额。

因法定情形丧失的特留份，均可因被继承人的宽宥而恢复。

既符合特留份又符合必留份的，优先适用必留份的规定。

第四十九条 [不适用特留份的情形]

有下列情是之一的，不受特留份限制：

特留份继承人丧失继承权的；

特留份继承人明示放弃或其为具有放弃特留份权利的性质的行为的；

被继承人与扶养人签订遗赠扶养协议，使特留份继承人无须承担扶养义务的；

有扶养能力和有扶养条件的特留份继承人，不尽扶养义务的；

特留份继承人对被继承人或其近亲属有严重违背伦理或犯罪行为的；

特留份继承人依遗嘱继承而取得相当于特留份的遗产的。

第五十六条 [继承顺序]

遗产按照下列顺序继承：

第一顺序：子女及孙子女·外孙子女；

第二顺序：父母；

第三顺序：兄弟姐妹；

第四顺序：祖父母·外祖父母；

第五顺序：侄子女·外甥子女。

配偶的顺序不固定，其可依序与第一·第二·第三顺序继承人一并继承。

第五十七条 [顺位在先优先]

继承开始后，遗产由第一顺序继承人继承，其后顺序继承人均不参与继承。没有前一顺序继承人继承的，由后一顺序继承人继承。
当配偶与第一顺序继承人子女同为继承时，遗产在继承人之间实行均分；当配偶与第二顺序继承人父母同为继承时，配偶应继份为遗产的1/2，父母均分遗产的1/2，如父或母不生存时，不生存父或母的份额归配偶；当配偶与第三顺序继承人兄弟姐妹同为继承时，配偶应继份为遗产的2/3，其他第三顺序继承人均分遗产的1/3。当第一·第二·第三顺序继承人都不存在时，配偶独自继承全部遗产，其他第四·第五顺序继承人不得继承；当配偶及第一·第二·第三顺序继承人均不存在时，遗产依序由第四·第五顺序的法定继承人继承。

第五十九条 [姻亲继承的酌分请求权]
丧偶儿媳对公·婆，丧偶女婿对岳父·岳母，尽了主要赡养义务的，继兄弟姐妹间以及旧社会形成的一夫多妻家庭中子女与生母以外的父亲的其他配偶间形成扶养关系的，可以基于其曾为的赡养扶助行为或扶养行为对被赡养人或被扶养人的遗产享有酌分遗产请求权。
对被赡养人或被扶养人的生活提供主要经济来源，或在劳务等方面给予主要帮助的，应认定其尽了主要赡养义务或主要扶养义务，其分得遗产的份额可以比照第一顺序继承人的应得份额；其他对被赡养人或被扶养人赡养扶助较多的，分给他们的遗产，按具体赡养扶助情况可以多于或少于继承人。

第六十条 [遗产酌给请求权]
依靠被继承人扶养的缺乏劳动能力又没有生活来源的非应继承人，或者对被继承人扶养较多的非应继承人，其未获得适当遗赠的，在遗产处理前，可以向继承人或遗产管理人请求分得适当遗产。
被收养人对养父母尽了赡养义务，同时又对生父母扶养较多的，除可继承养父母的遗产外，还可分得生父母的适当的遗产。

遗产酌分请求权人因受遗赠或被继承人生前赠与而取得的财产，应当归入到遗产酌分份额中。

继承人或遗产管理人应当根据请求人受被继承人扶养的程度或其对被继承人扶养的状况等扶养扶助因素，于遗产债务清偿后，确定分给遗产的份额，该份额至多不得高于应继承人应继份的1/2。该遗产份额的支付不以遗产实物为必要。

继承人或遗产管理人拒绝分给遗产或请求人认为其权利受到侵犯的，自知道或者应当知道继承开始之日起二年内可以向法院提起诉讼，法院应根据请求人的条件及与被继承人生前的扶养程度及状况在上述限额内确定可分遗产的份额。在遗产处理前，明知而未提出请求的，法院可不予受理；不知而未提出请求，在两年以内起诉的，法院应予受理

第七十三条 [遗产管理人的职责]

遗产管理人应当勤勉谨慎地履行以下职责：

查明被继承人是否留有遗嘱，并且确定遗嘱是否真实合法；

查明并通知遗产承受权利人·被继承人的债权人·债务人；

管理遗产，制作遗产清单并公证；

清偿遗产债务；

分割·移交遗产

在管理权限之内，采取必要的措施或通过诉讼保全遗产；

进行与管理遗产有关的其他必要行为。遗产管理人须忠实·谨慎履行上述职责，因遗产管理人不当履行上述义务给遗产债权人造成损害的，遗产管理人有权要求遗产管理人承担民事责任。遗产管理人是继承人的，继承人须对遗产债务承担无限责任。

第七十四条 [遗产管理人的辞职和更换]

不愿意担任遗产管理人的，可以辞任。辞任的意思表示应当向继承人作

出。法定继承人·村民委员会·居民委员会担任遗产管理人的，不得辞任，但继承人放弃继承权的除外。

遗产管理人怠于履行职责或不当履行职责的·其行为已经或者将要损害继承人利益的，继承人可以请求人民法院更换遗产管理人。受遗赠人·遗产债权人或其他利害关系人可以请求继承人或人民法院更换遗产管理人。人民法院在指定遗产管理人之前，经利害关系人的请求，可以对遗产进行必要的处分。

第八十二条 [遗产的清偿顺序]

遗产按下列顺序清偿：

遗产管理费用·遗嘱执行费用；

被继承人生前所负债务；

遗赠扶养协议与继承扶养协议中扶养人取得遗产的权利；

受遗赠人取得遗赠的权利。

遗产不足以清偿全部遗产债务时，同一顺序的债权按比例受偿。

有缺乏劳动能力又没有生活来源的继承人的，即使遗产不足清偿债务，也应在清偿前为其保留必要遗产份额

第九十二条 [无人承受遗产的清算与清偿]

对于无人继承又无人受遗赠的遗产，应当设立遗产管理人，对遗产进行处理。

遗产管理人对无人承受的遗产管理的职责是：

遗产管理人应以善良管理人的注意义务，管理遗产；

遗产管理人在确认死者的遗产系无人继承又无人受遗赠的遗产的同时，应当清点遗产，编制遗产清单，记明遗产名称·数量·价值·特征等；

对遗产进行公告，督促权利人在一定期间内主张权利；

公告期满后，对死者生前应当缴纳的税款和债务进行清偿；公告期内

没有申报的未知债权，只能就清偿已申报债权后剩余的遗产获得清偿。在处理无人继承又无人受遗赠的遗产时，有特定遗赠的受遗赠人的，应当向其交付特定遗产。有遗产酌分请求权人的，应当分给他们适当的遗产。如果有继承人以外的依靠被继承人扶养的缺乏劳动能力又没有生活来源的人，或者继承人以外的对被继承人扶养较多的人，则可以分给他们适当的遗产。

第九十三条 [遗产的归属]

继承人在法定公告期间内出现，或于遗产清算完毕前主张权利者，遗产管理人应当在证实继承人身份后，向其移交剩余的遗产·遗产清单和有关凭证，报告遗产处理情况。遗产管理人此前的职务行为对继承人·概括受遗赠人有效。

直至遗产清算完毕前，无人继承又无人受遗赠的遗产，遗产管理人应当将剩余遗产移交有关部门上缴国库所有 ；死者生前是集体所有制组织成员的，将遗产移交给所在的集体所有制组织。归国家所有；死者生前是集体所有制组织成员的，归所在集体所有制组织所有。

无人承受的遗产处理完毕后，有继承人或概括受遗赠人出现的，自继承开始后五年内，可以请求国家或者集体所有制组织归还相应遗产

참고 문헌

◆ 한국문헌

[단행본]
곽윤직, 『상속법(개정판)』, 박영사, 2004.
김상훈, 『미국상속법』, 세창출판사, 2012.
김주수 · 김상용, 『친족 · 상속법(제12판)』, 법문사, 2015.
문숙자, 『조선시대 재산상속과 가족』, 2004.
박동섭, 『친족상속법(제4판)』, 박영사, 2013.
법원행정처, 『북한의 민사법』, 법원행정처, 2007.
사법연수원, 『중국법』, 사법연수원출판부, 2011.
윤진수, 『친족상속법 강의』, 박영사, 2016.
장명봉 편, 『2015 최신 북한법령집』, 북한법연구회, 2015.
전대규, 『중국민사소송법』, 박영사, 2008.
한국학중앙연구원, 『조선시대 재산상속문서 분재기』, 한국학중앙연구원출판부, 2014.
한대원 외 9인, 『중국법개론(개정판)』, 박영사, 2009.

[논문]
곽윤직, 「상속의 근거와 상속법의 본질」, 『이화여대법학논집』 창간호, 1996.
김민중, 「유언의 자유와 유류분」, 『아세아여성법학』 7호, 2004.
_____, 「유류분제도의 개정에 관한 검토」, 『동북아법연구』 4권 2호, 2010.

김은아, 「배우자의 재산상속상 지위와 그 강화」, 『민사법학 30호』, 한국사법행정학회, 2005.12.

김형석, 「우리 상속법의 비교법적 위치」, 『가족법 연구』 제23권 제2호, 한국가족법학회, 2009.

변동열, 「유류분 제도」, 『민사판례연구』 제25권, 2003.

소재선 · 양승욱, 「한 · 독 · 일 유류분 제한 규정의 비교법적 고찰」, 『성균관법학』 24권 1호.

신영호, 「피대습자의 배우자의 대습상속」, 『가족법의 변동요인과 현상(창간호)』, 세창출판사, 1998.

오용규, 「중화인민공화국상속제도」, 『청연논총』 제9집, 사법연수원, 2012.

_____, 「북한과 중국의 법제비교」, 『통일사법정책연구』 제3권, 사법정책연구원, 2016.

윤진수, 「상속제도의 헌법적 근거」, 『헌법논총』 10집, 1999.

_____, 「민법개정안 중 부부재산제에 관한 연구」, 『가족법연구』 21권 1호, 2007.

_____, 「관습상 분재청구권에 대한 역사적, 민법적 및 헌법적 고찰」, 『민사재판의 제문제』 22권, 2013.

윤진숙, 「조선시대 균분상속제도의 그 의미」, 『법철학연구』 제16권 제2호, 세창출판사, 2013.

이봉민, 「프랑스법상 유류분 반환방법」, 『가족법연구』 23권 3호, 2009.

이상욱, 「중국의 상속법개정논의와 전망」, 『가족법연구』 제28권 제2호, 한국가족법학회, 2014.

정긍식, 「조선시대 제사승계법제의 성립에 관한 연구」, 서울대학교 박사학위논문, 1996.

최금숙, 「현행민법상 상속인규정에 대한 재검토」, 『가족법연구』 18권 1호.

최달곤, 「중국상속법」, 『가족법연구』 제25권 제2호, 한국가족법학회, 2011.

최준규, 「독일의 유류분 제도」, 『가족법연구』 22권 1호.

최현숙 · 최명구, 「배우자 상속의 제한」, 『민사법학』 47호, 2009.

Karlheinz Muscheler(윤철홍 역), 「독일상속법의 기본원칙」, 『숭실대 법학논총』 14집, 2004.

◆ 중국 문헌

[단행본]

姜海順, 『中韓家族法的比較研究』, 法律出版社, 2009.

郭丽红,『冲突与平衡 婚姻法实践性问题研究』, 人民法院出版社, 2005.

国家法官学院案例开发研究中心 编,『中国法院2014年度案例1(婚姻家庭与基础纠纷)』, 中国法制出版社, 2014.

梁慧星,『中国民法典草案建议稿附理由(侵权行为编, 继承编)』, 法律出版社, 2004.

刘耀东,『继承法修改中的疑难问题研究』, 法律出版社, 2014.

刘春茂 主编,『中国民法学 · 财产继承(修正版)』, 人民法院出版社, 2008.

巫昌祯 主编,『婚姻与继承法学 第五遍』, 中国政法大学出版社, 2011.

房绍坤 · 郭明瑞 · 唐广良,『民商法原理(三)』, 中国人民大学出版社, 1999.

史尚宽,『继承法论』, 中国政法大学出版社, 2000.

徐国栋 主编,『绿色民法典草案』, 社会科学文献出版社, 2004.

杨大文 主编,『婚姻家庭法(第三版)』, 中国人民大学出版社, 2006.

杨立新 · 刘德权 · 杨震 主编,『继承法的现代化』, 2013.

杨立新 · 朱呈义,『继承法专论』, 高等教育出版社, 2006.

杨立新 主编,『婚姻家庭继承法』, 北京师范大学出版社, 2012.

__________,『继承法修订入典之重点问题』, 中国法制出版社, 2016.

吴汉东 总主编,『孟令志 · 曹诗权 · 麻昌华』, 婚姻家庭与继承法, 2012.

王歌雅 主编,『婚姻家庭继承法』, 清华大学出版社, 2008.

王利明,『中国民法典草案建议稿及说明』, 中国法制出版社, 2004.

王洪,『婚姻家庭法』, 法律出版社, 2003.

张寿民,『俄罗斯法律发达史』, 法律出版社, 2000.

陈苇 · 宋豫 主编,『中国大陆与港 · 澳 · 台继承法比较研究』, 2007.

陈苇 主编,『外国婚姻家庭法比较研究』, 群众出版社, 2006.

__________,『改革开放三十年(1978~2008)中国婚姻家庭继承法研究之回顾与展望』, 中国政法大学出版社, 2010.

__________,『外国继承法比较与中国民法典继承编制定研究』, 北京大学出版社, 2011.

陈苇,『中国婚姻家庭法立法研究(第二版)』, 群众出版社, 2010.

何志 主编,『婚姻继承法原理精要与事务指南』, 人民法院出版社, 2008.

[논문]

陈苇, 冉启玉,「完善我国法定继承人范围和顺序立法的思考」,『继承法的现代化』, 人民法院出版社, 2013.

杨立新(赵晓舒 역),「继承法繼承法修訂入典之障碍與期待(중국 상속법의 개정과 민법전 편입의 장애와 기대)」,『가족법연구』 제30권 제2호, 한국가족법학회, 2016.

杨立新,「对修正继承法十个问题的意见」,『继承法的现代化』, 人民法院出版社, 2013.

杨震，王歌雅，「继承法修正：体系设计与制度完善」，『继承法的现代化』，人民法院出版社，2013.
张冬梅，「第三届国际民法论坛暨第九届法官与学者对话论坛纪要」，『继承法的现代化』，人民法院出版社，2013.
张燕玲，「比较法视域下我国特留份制度的建构-兼评《继承法》中必有份条文的取舍」，『继承法的现代化』，人民法院出版社，2013.

◆ 웹 자료

대법원 종합법률정보 (http://lawworld.scourt.go.kr)
세계법제정보센터 (http://world.moleg.go.kr)
http://www.legifrance.gouv.fr
http://www.gesetze-im-internet.de
http://www.legislation.gov.uk

아 시 아
태평양법
연구시리즈 **5**

한국과 중국의 상속법 비교연구

초판1쇄 발행 2019년 2월 15일

지은이 오용규
펴낸이 홍종화

편집 · 디자인 오경희 · 조정화 · 오성현 · 신나래
김윤희 · 박선주 · 조윤주 · 최지혜
관리 박정대

펴낸곳 민속원
창업 홍기원 **편집주간** 박호원
출판등록 제1990-000045호
주소 서울 마포구 토정로 25길 41(대흥동 337-25)
전화 02) 804-3320, 805-3320, 806-3320(代)
팩스 02) 802-3346
이메일 minsok1@chollian.net, minsokwon@naver.com
홈페이지 www.minsokwon.com

ISBN 978-89-285-1258-4 94360
SET 978-89-285-1113-6

이 도서의 국립중앙도서관 출판시도서목록(CIP)은
서지정보유통지원시스템 홈페이지(http://seoji.nl.go.kr)와
국가자료공동목록시스템(http://www.nl.go.kr/kolisnet)에서 이용하실 수 있습니다.
(CIP제어번호 : CIP2019003442)

책 값은 뒤표지에 있습니다.
잘못된 책은 바꾸어 드립니다.